指挥与控制系列丛书

指挥与控制原理

张维明　朱　承　黄松平　阳东升　著

电子工业出版社

Publishing House of Electronics Industry

北京·BEIJING

内 容 简 介

指挥与控制（C2）的成效是战争胜负的决定因素。在战争中，任何一项其他活动的重要程度都无法和指挥与控制相提并论。因此，指挥与控制的理论是军事理论研究中最活跃的领域之一。本书对指挥与控制的原理进行了系统的梳理与介绍，涵盖指挥与控制的概念、历史发展、组成要素、本质特征、理论体系、理论基础、领域、模式、组织设计、过程模型、系统、未来发展等内容。

本书不仅可供本领域的研究工作者借鉴，还可供相关专业的师生、相关领域的从业人员学习与参考。

图书在版编目（CIP）数据

指挥与控制原理 / 张维明等著. —北京：电子工业出版社，2021.1
（指挥与控制系列丛书）
ISBN 978-7-121-40451-1

Ⅰ. ①指…　Ⅱ. ①张…　Ⅲ. ①指挥控制系统　Ⅳ. ①E072

中国版本图书馆 CIP 数据核字（2021）第 002061 号

责任编辑：李树林　　　文字编辑：曹　旭
印　　刷：三河市龙林印务有限公司
装　　订：三河市龙林印务有限公司
出版发行：电子工业出版社
　　　　　北京市海淀区万寿路 173 信箱　　邮编：100036
开　　本：787×1092　1/16　印张：15.25　　字数：371 千字
版　　次：2021 年 1 月第 1 版
印　　次：2025 年 4 月第 13 次印刷
定　　价：79.00 元

凡所购买电子工业出版社图书有缺损问题，请向购买书店调换。若书店售缺，请与本社发行部联系，联系及邮购电话：（010）88254888，88258888。

质量投诉请发邮件至 zlts@phei.com.cn，盗版侵权举报请发邮件至 dbqq@phei.com.cn。

本书咨询和投稿联系方式：（010）88254463，lisl@phei.com.cn。

前　言

指挥与控制（C2）的成效是战争胜负的决定因素。在战争中，任何一项其他活动的重要程度都无法与指挥与控制相提并论。因此，指挥与控制的理论是军事理论研究中最活跃的领域之一。

20 世纪 90 年代以来，新一轮以信息化为标志的军事变革掀起了以消除各军兵种"烟囱系统"、建立 C2 要素之间的"互联、互通、互操作"为目的的指挥与控制系统发展高潮。C2 迅速从单纯的 C2 演化到 C3、C3I、C4I、C4ISR 等，技术元素与功能形式等越来越多，结构与过程越来越复杂，涉及的人、信息与结构及其对象等指挥与控制要素都发生了深刻变化。智能技术的迅速兴起又给指挥与控制注入了新的发展动力，以智能化为特征的指挥与控制系统成为未来发展的重点，整个领域面临着一场深刻的变革。例如，在信息与智能时代，指挥与控制可以突破传统的统一指挥、统一意图、等级组织、直接控制等方式，并表现出不确定性、动态性、随机性、涌现性、非线性等特点。

这些变革，都触及指挥与控制的本质——领域、模式、过程、组织等问题，但现有诸多指挥与控制系统设计与使用仍然没有突破工业时代机械化战争的思维模式的限制，对指挥与控制本质的认识仍然缺乏从现代科学的角度进行的深刻剖析。因此，重新认识和理解信息和智能时代的指挥与控制成为一项十分迫切的重要任务。对指挥与控制本质的认识，需要从源头探究其基础理论的发展，以新的技术、新的使命与任务为出发点，建立新的指挥与控制基础理论。

作者及所在研究团队从 21 世纪初开始，在国家自然科学基金、装备预研、军口 863 等项目的支持下开展了指挥与控制的相关理论与方法的研究，同时通过承担相关型号项目，进行了相关系统与关键技术的研发实践。在此过程中，我们对指挥与控制基础理论的研究经历了三个阶段。第一阶段是从相关实践中梳理出问题，并在国内率先开展了指挥与控制组织设计等问题的研究。这一时期的研究出发点，是通过自顶向下的优化设计，期望实现指挥与控制的最优结构与过程。虽然抓住了指挥与控制基础理论中的关键问题，但这一研究视角并不完整，也未能充分体现出信息与智能时代的特点与内涵。第二阶段是从理论上进行全新探索，从指挥与控制的源头出发，对其基础理论问题再认识、再梳理，从概念、领域、模式、过程、组织设计等多个角度，重新构建指挥与控制的基础理论。第三阶段，也是目前正在开展的阶段，是从认识再回到实践，结合新一代智能化、边缘作战特性的 C2 系统的研究与开发，用新的理论来指导实践，并从实践中检验理论。

全书共 8 章。第 1 章为绪论，介绍了指挥与控制的起源与演化、概念、组成要素、本质特征与理论体系等内容。第 2 章介绍了指挥与控制理论基础，包括控制论、系统论、信息论模型及其他科学原理。第 3 章介绍了指挥与控制的领域，包括域的概念、领域的划分与关系、各域的特点及作战形式。第 4 章介绍了指挥与控制的模式，包括模式的内涵、分类、度量等。第 5 章介绍了指挥与控制组织设计，包括基本概念、测度指标、基于计算组织理论的设计方法等。第 6 章介绍了指挥与控制过程模型，包括经典的 OODA 环模型、面向信息处理的模型、面向认知的模型、PREA 模型等。第 7 章介绍了指挥与控制系统，包括功能、关键技术、典型系统介绍。第 8 章介绍了智能时代的指挥与控制，包括发展趋势、时代特征、新形态与新架构。

在作者经历的近 20 年关于指挥与控制理论问题的艰苦探索的过程中，多次否定自己的认识，又重新构建自己的思路，始终都在犹豫与徘徊。本书历经 3 年，先后五易其稿，直到今天面世，作者仍然认为本书还是探索之作，在指挥与控制基础理论的诸多方面还有待进一步完善。再加上作者本身的能力和水平所限，其中错误、疏漏在所难免，恳请广大读者朋友提出宝贵的意见和建议，以利于我们继续研究。

本书的出版得到了国家自然科学基金及教育部"指控组织设计与优化"创新团队等项目的资助，在此深表谢意。感谢本研究团队朱先强副研究员、修保新副研究员、周鋆副教授、汤罗浩博士等各位老师，他们的思想和工作为本书内容提供了宝贵思路和指导。感谢徐飒、杨昊、孙立健、王云飞等研究生，他们参与了书稿的整理工作。

作 者

目　录

第 1 章

绪　　论

　　20 世纪 90 年代，信息技术的迅猛发展掀起了新军事变革的浪潮，这一浪潮冲击了国防和军队建设的各个领域，从编制体制调整、武器装备的研制到战场建设的信息化，历经 30 年。目前，军队的信息化已经物化为四通八达的信息高速公路、林林总总的信息系统，以及不胜枚举的信息化手段和装备。新一轮的变革已经基本"肃清"了军队信息化改造的外围，聚焦在眼前的就是信息化变革的最后"堡垒"，也是信息化战争的核心要素——指挥与控制（Command and Control，C2）。信息化战场指挥与控制的方式与方法如何选择，指挥与控制系统的结构与功能如何设计，指挥与控制组织如何体现敏捷行为，等等，这些问题的本质重新诠释了信息时代的指挥与控制。

　　自 21 世纪初以来，西方主要发达国家联合对指挥与控制展开了基础性的研究，研究的主要问题集中在指挥与控制的概念模型和成熟度模型上，旨在理解指挥与控制的本质，并建立适合信息化战场的指挥与控制的方式与方法，具有代表性的著述包括《信息时代的指挥与控制》《敏捷组织》《指挥与控制的理解》《网络中心战概念框架》《北约网络赋能 C2 成熟度模型》等。

1.1　指挥与控制起源及概念的演化

　　指挥与控制是我们今天再熟悉不过的军事术语，在军事领域，没有人质疑其重要性和不可或缺性，任何理性的人都会认为在军事行动上实施指挥与控制是理所当然的，就像牛顿发现万有引力之前我们看待苹果落到地上。然而，对现象的漠视往往是我们认识科学、掌握真理的桎梏。自指挥与控制应用于军事领域以来，不乏真知灼见和鸿篇巨制的研究文献，也有从战术到战略指挥与控制系统的设计与运用，但对指挥与控制本质的认识仍然缺乏从现代科学（系统论、控制论、信息论等）角度进行的深刻剖析。诸多指挥与控制系统的设计与使用仍然没有突破工业时代机械化战争的思维模式的限制。

　　历史唯物主义告诉我们，要以发展的眼光看待问题。在军事领域，现有指挥与控制理论探索的成就应该说满足了工业时代机械化战争的需要，其代表性成果是指挥机构各专业职能部门的设置和与之相匹配的各军兵种不同层次指挥与控制系统的设计，如装备在作战平台的战术指挥与控制系统、作战编队的指挥与控制系统、战区指挥与控制系统及战略指挥与控制系统等。然而，这些成就是否能够满足信息时代信息化战争的需要呢？

自20世纪90年代以来，新一轮以信息化为标志的军事变革掀起了以消除各军兵种"烟囱系统"、建立指挥系统之间的"互联、互通、互操作"为目的的指挥与控制系统重建高潮。在高潮之后，我们不得不反思今天在系统重建上遇到的新问题。这些问题包括：一是在信息获取上为什么从一个极端走向了另一个极端——指挥员淹没在信息的海洋之中，信息广泛获取并没有带来期望的信息优势，反而导致了决策的劣势；二是无人作战平台广泛投入战场后，其自主作战行动与有人作战平台是否能同步，未来作战系统在多大程度上自主，如何实现优势自主；三是为什么在装备有先进指挥与控制系统的战场，仍然摆脱不了传统战场的英雄主义情节——指挥员及其层级指挥体制统驭战争、决定战争的胜负，扁平化的组织体系及体系对抗作战理念是否只是我们的一种臆想；等等。所有这些问题，都涉及指挥与控制的本质——结构与过程、决策与智能等问题，在解决所有这些问题之前，我们不得不说军队指挥与控制领域仍然处于必然王国，与期望的自由王国相距千里。

对指挥与控制本质的认识，需要从源头探究其概念的形成及发展。本节对指挥与控制起源进行考证的主要目的在于：

（1）厘清指挥与控制的相关概念；

（2）梳理古今中外指挥与控制相关概念术语的演化历程；

（3）通过指挥与控制相关术语的演化历程分析军事指挥学科发展规律；

（4）为后续进行指挥与控制的本质及规律研究奠定基础。

1.1.1 指挥与控制的起源与演化

指挥与控制这一概念术语源于指挥（Command），是工业时代军事科技发展突飞猛进，并广泛运用于战场后导致战争指挥手段方式的演化而产生的新的概念术语。

指挥职能同战争本身一样古老。一个石器时代的酋长就已经尽其所能为指挥其军队创立最佳的组织形式，并寻找各种方法和技术手段了。炎黄时代（距今4600多年）的部落之争（如发生在蚩尤部落集团与炎黄部落联盟之间的涿鹿之战）就已经实现了（南方蚩尤）集团与（北方炎黄）联盟各自的统一指挥。

然而，指挥这一术语的演化同战争样式、指挥手段方法一样烙上了时代的特征，伴随着人类社会文明的进步与科技发展，其称谓与内涵都在不断地演化之中。

1. 指挥术语的演化

在古汉语中，"挥"通"麾"，"麾"是最早描述军事指挥职能的术语，可以说是指挥术语的起源。麾其本义是供统帅指挥部队用的旌旗（如《旧五代史》①卷七十五："望麾而进，听鼓而动"），其延伸意义为指挥。用指挥的工具术语来描述指挥的职能，这也是社会文明发展程度的限制所致，在今天，我们断然不会用电话来替代军事指挥内涵的表达。麾作为指挥术语的使用最早见著于文献《尚书·周书·牧誓》："王左杖黄钺，右秉白旄以麾"。

指挥的另一表达是"挥"，从文献考究看始自宋代，在《尉缭子·武议第八》中阐述将帅职责："将专主旗鼓耳。临难决疑，挥兵指刃，此将事也，一剑之任，非将事也。"指挥是否源于"挥兵指刃"？这一问题有待考证，但从形式与内容上，都算较为接近的术语称谓。在内涵上，也是最早明确将帅指挥的职责，即发号施令，临危决策，指挥军队的作战行动，直接拿起兵器与敌人格斗的事不是将帅的事，而是士兵的事。

指挥这一术语在形式上的完整表达源于五代至宋代，只是在内涵上与今天我们理解的指挥有本质的差异，其本义多重。一则为军队编制单位名称（五代至宋代），如《五代会要》卷十二："后唐长兴三年（公元 932 年）敕……改为左右羽林，置四十指挥，每十指挥立为一军。"二则为军事职官名称。可以说彼指挥非此指挥。

今天我们广泛使用的指挥术语源于中国人民解放军和国民革命军历史。20 世纪 30 年代我军编制序列开始以指挥、总指挥或副总指挥对战区和方面军的统帅冠名，指挥在冠名职务的同时，也代表了其职能。而我国关于军队指挥在军事科学领域的学术研究源于 20 世纪 70 年代，由苏联传入我国。中华人民共和国成立前，中华民族主要以武装斗争夺取政权，反抗侵略，因此历史上我们更多关注"作战指挥"。20 世纪 80 年代以后，我国陆续出版了一些有关军队指挥方面的理论著作，在借鉴苏联理论研究成果的基础上，结合我国实际，对指挥这一概念逐步形成了相对统一的认识。

指挥的英文术语——Command 源于中世纪晚期（1250—1300 年），在 Command 广泛使用之前与这一术语近似的替代术语为"coma(u)nden"，而更为早期的近似术语为英国法语，即"com(m)a(u)nder"，"com(m)a(u)nder"的使用从诺曼人征服英国持续至中世纪。Command 在形成之初并非现代意义上的指挥，而是与指挥个体密不可分的管理艺术，其拓展解释也仅限于指挥个体及非正式管理团队（现代司令部的雏形）的行为。现代意义上的 Command 源于二战后指挥与控制概念的产生。

2．控制术语的演化

与指挥漫长的演化历史相比，控制就是襁褓中的新生儿。控制在军事领域出现可考证的最早文献是约米尼（Jomini）的《战争艺术概论》（1838 年），在该书的第二章标题使用"Control of Operations"。科学意义上的控制源于维纳的《控制论》，自该书问世以来，控制论的思想和方法就开始渗透到几乎所有的自然科学和社会科学领域，军事科学自然成为控

---

① 《旧五代史》原名《五代史》，也称《梁唐晋汉周书》，为我国二十四史中的五部通史（《史记》《南史》《北史》《旧五代史》《新五代史》）之一，由宋太祖诏令编纂的官修书，共一百五十卷，含纪六十一卷，志十二卷，列传七十七卷，梁书、唐书、晋书、汉书、周书各十余卷至五十卷不等，上起朱温代唐称帝（公元 907 年），下迄北宋王朝建立（公元 960 年）。

制论的首选阵地。

控制在辞书上解释为驾驭、支配、掌握，使不超出范围。在较长的一段时期内都被理解为对敌方的控制和对武器的操纵控制。控制论如何进入作战指挥领域，并与指挥成为浑然一体、不可分割的概念，要想解释回答这一问题我们不得不探究另一概念——作战控制。

作战控制是指挥员及其指挥机关对所属的部队和分队作战行动的掌握与制约，是指挥员为实现决策、计划的要求，以命令、指示等形式对被指挥员的行动的驾驭与支配，是军队指挥的一种活动。除此之外，作战控制还有诸多解释，如指挥员及其指挥机关为左右战场态势的发展而进行的指挥活动，即战场态势是指挥人员控制的对象，也是战场控制活动的受控客体；指挥员在作战指挥实施过程中所进行的下达命令（指令）、追踪反馈、态势分析、纠偏调控等一系列活动，是作战指挥的一个重要环节；等等。对作战控制的理解划分为五类："行动说""态势说""职能说""力量说""权力说"。从对作战控制的理解上可以看出，无论哪一类控制活动，都是作战指挥的一部分，指挥与控制似乎天生一对。

那么，指挥与控制这两个有本质差异的术语合为一体成为现代战争关键要素——指挥与控制（C2）的起点与起因在哪里呢？

3. 指挥与控制概念术语的形成

指挥与控制术语在军事领域的广泛使用源于第二次世界大战（简称"二战"）时期，这一结论可以从控制论的产生推测。然而，指挥是如何演化为指挥与控制的？指挥演化为指挥与控制的里程碑在哪里？对这两个问题的回答至今无文献可考。对指挥演化为指挥与控制的解释存在两种争论：一种认为从二战开始，战场分工为对人的指挥和对机器的控制，从而导致了战场上指挥与控制职能兼顾的需求，这种观点的立足点是人类战争对战场硬件设施和技术的依赖性越来越强；另一种认为由于战争态势的复杂性达到一定的程度，以至于对战场必须实施集中控制，由此导致控制与指挥必须并驾齐驱才能掌控战场。从 C2 衍生的相关术语，如 C3、C3I、C4I 和 C4ISR 等，即源于第二种观点。在《战争中的指挥》一书中，作者更系统地总结了 C2 这一术语产生的原因：一是现代战争对指挥系统不断提高要求；二是技术的进步为指挥系统各方面的发展提供了不断增多的手段；三是由于各种因素的相互作用、相互影响使指挥过程的性质发生了变化；四是新的武器系统的出现及指挥系统本身内部结构的变化，使指挥系统的易损性增加了；五是上述原因同时又造成了经费消耗的增加。

在军事学术领域关于 C2 这一术语的出现可追溯到 19 世纪 30 年代，在《战争艺术》（1836年）中，约米尼在阐述军队指挥与作战控制时分别使用了 Command 和 Control of Operations。而完整意义上的 C2 术语源于 20 世纪 60 年代，在麦克阿瑟的回忆录[①]中记录了杜鲁门总统对麦克阿瑟将军授权时使用了 C2——take command and control of the forces。C2 的最初研究是结合控制论建立 C2 的过程模型，而在 C2 领域占有统治地位的理论模型是 20 世纪 80 年代后期 John Boyd 建立的"观察—判断—决策—行动"（Observe-Orient-Decide-Act，OODA）

---

① MacArthur Douglas, *Reminiscences*, McGraw-Hill, New York, 1964.

环模型。在 OODA 环模型基础上建立的 C2 理论模型得到广泛认可后，美军将其先后写入各军兵种作战条令，最先将其写入作战条令的是美海军（1991 年），随后是美空军（1999 年）、陆军（2003 年）及其他国防力量。

在哲学上存在一种观点——存在即合理，无论指挥与控制出于何种目的演化而来，它代表了工业及后工业时代、信息时代符合战争形态演化需要的先进战争指挥理念。这一概念术语的出现界定了战争科学与艺术，明确了指挥员与参谋人员的职责，是军事科学发展的里程碑。

1.1.2 指挥与控制相关概念术语的演化分析

1. C2 相关概念术语的演化过程

在上一节中考证了东西方指挥与控制概念术语演化过程中出现的相关术语，从概念术语的历史考证可以看出两条主线：一是东方军事指挥概念的演化，"麾"→"挥"→"指挥"，在"挥"→"指挥"的演化过程中出现的非现代概念的指挥，主要是五代至宋代时期在军制上所使用的概念；二是西方军事指挥概念的演化，"com(m)a(u)nder"→"coma(u)nden"→"Command"，"com(m)a(u)nder"作为"Command"的近似术语产生在诺曼人征服英国时期（时间约始于公元 1050 年），是诺曼底法语系的指挥概念，而"coma(u)nden"是中世纪西方军事指挥广泛使用的"Command"替代术语，直到中世纪晚期，东西方开始军事领域的对抗与碰撞，促进了 Command 的诞生。

C2 概念术语形成的另一个原动力是科技的进步，直接例证就是工业时代控制论作为一门科学诞生，促进军事指挥领域的变革，建立与机械化战争相匹配的指挥系统，传统军事指挥概念与新的控制概念结合，形成我们今天广泛使用的 C2 术语概念。这也是今天我们在理解认识 C2 本质时把它作为艺术与科学结合体的根源。

尽管 C2 概念的形成经历了漫长的战争历史，但它形成后"统治"军事指挥领域的进程却昙花一现，很快就湮没在更多的新概念之中，如 C3、C3I、C4I 和 C4ISR 等。C2 概念术语的演化过程如图 1-1 所示。

C2 概念形成之后，出现了令人眼花缭乱的新的概念术语，这源于指挥技术的迅猛发展，以及其在军事指挥系统中的广泛应用，而不断更新的概念术语却掩盖了指挥系统的本质，让我们盲目追求大而全的指挥体系概念研究，忽视了对 C2 本质的探索。

2. C2 相关概念术语的演化历史进程分析

从指挥与控制概念术语的演化历史来看，指挥概念的形成经历了长达 1700 多年的漫长演化进程，跨越了原始时代的部落群体对抗与氏族之争（如蚩尤部落集团与炎黄部落联盟的涿鹿之战），以及农耕时代的区域国家战争（如长平之战[①]）时期。从指挥到 C2 的演化

---

① 长平之战：是我国战国时期的一场大规模野战，也是我国历史上最早、规模最大的包围歼灭战，发生在公元前 262 年—公元前 260 年，地点位于赵国长平（今山西省高平市西北），是最有实力统一中国的秦、赵两国之间的一次较量，参战人数赵军 45 万，秦军保守估计百万以上，历时 3 年，其结果是赵国遭受了毁灭性的打击，加速了秦统一中国的进程。

经历了中世纪晚期、20 世纪初等东西方之间的军事对抗，而 C2 的形成及后续概念的发展以二战为起点，涉及世界各国的军事对抗与现代化的军事变革。从这一演化历程看，可以得出 C2 概念术语形成的两个结论：一是 C2 的演化伴随着战争规模的扩大，是战争规模促进了军事指挥概念的产生与演化发展；二是 C2 的演化是一个加速的发展过程，是军事技术的发展加快了 C2 概念的演化。图 1-2 是 C2 相关概念术语形成的时间跨度示意图。

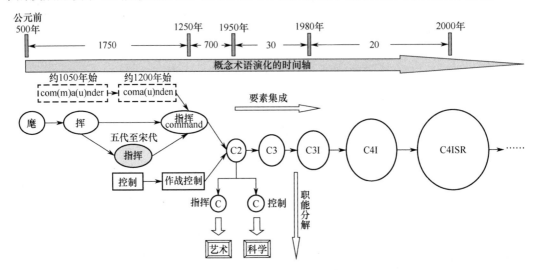

图 1-1　C2 概念术语的演化过程

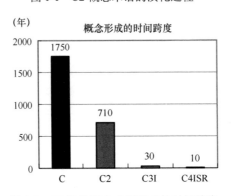

图 1-2　C2 相关概念术语形成的时间跨度

　　从概念演化两条主线看，西方 Command 概念的形成源于东西方在军事领域的直接对抗，具体地说是中世纪晚期后，西方军事指挥领域进行了一次以学习东方先进军事思想为目的的变革促进了这一概念术语的诞生。而东方指挥概念的演化经历了非现代意义上的指挥概念的波折，现代意义上的指挥应该说也是源于近代东西方的军事对抗的，是学习西方军事指挥领域先进理念与思想的结果。

3．C2 职能与术语演化的不同步

　　在考证 C2 概念术语的演化时发现，C2 职能的演化与其概念术语的演化并不同步。

　　今天，在 C2 概念术语的研究上，将指挥界定为指挥员的职能，控制界定为参谋人员

职责，但并不意味着 C2 概念术语形成后才出现指挥员与参谋人员的职能分工，这两者的演化并不同步，而是职能分工带有超前性，可以说在军事指挥领域长期以来一直都是实践走在理论的前面。

指挥职能事实上的分工要远远早于指挥与控制概念的形成。我国战国时期就出现了专职参谋人员，在《史记》中就有关于孙膑的参谋职责的记载①。我国古代的军制从春秋时期开始设将帅，但孙膑之前，将帅往往是既为帅又为军师，将帅与谋士二者集于一身。自孙膑开始，将帅与军师分离。西方关于 C2 职能分工的里程碑是 18 世纪普鲁士总参谋部②的出现，普鲁士总参谋部使传统的依附于指挥个体的管理团队有了正式的机构。而具备现代司令部雏形的是拿破仑时代建立的指挥系统，其结构从 1805 年起常设为三个部分：皇帝的内务部，由贝尔蒂埃领导的总参谋部及在德鲁领导下的后勤部（德鲁领导的后勤部，通常距总司令部几十英里③有时甚至几百英里之远），其内务部和总参谋部的设置如图 1-3 所示。

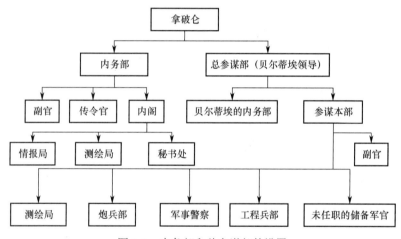

图 1-3　内务部和总参谋部的设置

1.2　指挥与控制概念、组成要素

2003 年，罗伯特·威拉德在《海军学会学报》撰文指出："美国在将指挥、控制与通信、计算机结合生成了 C4 这个缩略词时犯了一个错误。根据这种提法，C2 的工具（如计算机、通信设施及相关支撑软件等）与 C2 的方式方法相提并论，混为一谈，将会误导国防力量建设……"

---

① 据《史记》记载：公元前 353 年魏伐赵，赵急，请救于齐，齐威王欲将孙膑，膑辞谢曰：'刑余之人不可'，于是乃以田忌为将，而孙子为师，居辎车中，坐为计谋。"明确指出了孙膑的职务是军师，职能为参谋。战国后期，军师、谋士、策士、主薄、赞军、参军等专职参谋人员在军队中普遍出现了，如齐国军师孙膑、秦昭王的客卿范雎、汉高祖的军师张良、曹操的谋士荀攸、朱元璋的刘基、成吉思汗的耶律楚材等。
② 普鲁士总参谋部源于 18 世纪的军需部，早期作用是考察及处理军营外部的事情，最初，总参谋部在战争中建立，战争结束后解散，直至 17 世纪 90 年代才设为永久性的部门，并且从弗里德里希的军事学院抽调军官，对它的职能进行了书面规定，1800 年冯·里科克将使它的职权有了一点扩大。
③ 1 英里约等于 1.61 千米。

C2 概念术语形成于二战时期，是机械化战争指挥系统精确、快速、高效运作的需要，也是工业时代科学技术进步在军事领域运用的产物，尤其是控制论作为一门科学的诞生，直接导致了指挥与控制的理论与技术的萌芽。

C2 是一支军队的灵魂和大脑，不同的社会文明、战争形态和作战样式有不同的 C2 方式，C2 是军事指挥的"基因"，也是任何一次军事对抗中双方争夺的制高点。尽管 C2 是战争系统的核心，是制胜的关键法宝，但这一概念并没有成为军事理论研究的热点和军事变革的前沿。自 20 世纪 80 年代以来，层出不穷的新概念（诸如未来作战系统、全球信息网格、网络中心战、自同步作战、基于信息系统的体系作战等），令人眼花缭乱的新术语（诸如 C3、C3I、C4I、C4ISR 和 C4KISR 等），都被涌到了新军事变革的潮头，成为军事科学与军事技术的前沿与热点。与之相反，在二战时期形成的 C2 概念术语逐渐淡出了我们的视线，消失在一个接一个军事变革的浪潮之中。那么，信息时代新军事变革是否改变了 C2 本质，或者说 C2 是否已经成为历史，取而代之的是 C3、C3I、C4I 和 C4ISR 了呢？C2→C3→C3I→C4I→C4ISR 的过程是否真正体现了军事变革的历程，或者我们是否被这些表面的概念所蒙蔽，误导了我们对军事变革本质的理解？

C2 概念术语的出现是军事指挥学发展的一个里程碑，概括了军事指挥活动的全部过程与内容，实现了军事指挥艺术与科学的完美结合。下面综合各国军事学术及条令条例关于 C2 的定义，从"指挥"与"控制"的本质结合信息时代的特点的角度，给出 C2 的定义，分析信息时代 C2 的特点及与其他相关术语之间的关系，建立 C2 概念模型的认知基础。

1.2.1 指挥与控制的相关定义与概念

由于历史、文化、传统及军队现代化建设现状的差异，世界各国武装力量关于指挥与控制的定义都存在差异，而在同一国家/区域范围内，关于指挥与控制的定义也存在军兵种的差异及军事条令与军事学术研究上的差异。

1. 美国

《美联合参谋手册》（JCS Pub. 1，军事相关术语词典）定义指挥："指挥是部队现役指挥员对部属（军衔上较其级别低的人员或配属人员）合法行使职权，指挥包括权力和职责，即有效使用可获取的资源，部署计划、组织、指导、协调和控制部队完成所赋予使命的职责和权力，同时，还包括确保所属人员的健康和福利、维持部队士气与纪律的职责"。指挥与控制——"经授权的指挥员在执行使命过程中对配属部队行使职权，实施指导"，其内涵包括：

（1）指挥与控制是指挥员对部属行使职权。

（2）指挥与控制对象不仅仅是部属人员，还包括系统、设施与程序等。

（3）指挥与控制的行为不仅限于决策环内的决策和命令发布，还包括态势评估、计划和信息收集。

（4）指挥与控制职责还包括确保所属人员的健康和福利、维持部队士气与纪律，也就是说，指挥与控制的职责包括了部队的士气鼓舞、领导、组织、管理与控制。

（5）控制是指挥的一部分。

《美国海军作战条令》（1995 年）指出：指挥是武装部队指挥员根据军衔和职务行使在下级之上的法定权力。指挥既包括有效使用现有资源的权力和责任，也包括计划、组织、指导、协调和控制军队的使用以完成所分配的任务。指挥同时也负有管理所属人员的保健、福利、士气和训练的责任。指挥与控制是指定的指挥员为完成任务对所属和相关部队行使的权力和指导。指挥与控制的职能是指挥员在完成任务的过程中，通过计划、指导、协调和控制部队及作战行动所需的人员、装备、通信、设施和程序的安排来实现的。指挥与控制既是一个过程又是一个系统，指挥员利用这个过程和系统决定必须做什么，并监督其计划的实施情况。

《美国海军陆战队作战条令》指出：指挥与控制是一种手段，指挥员通过 C2 掌握战场情况，了解任务需求及任务执行需要的合适的行动。指挥与控制包含了所有的军事职能与行动，并把这些职能与行动融合为一个有意义的整体。指挥与控制不是专家的行为，而是每一个指挥员的基本工作。指挥与控制的基础是授予指挥员对下属的权威，权威源于两个方面：一是官方法定的；二是个人的声望。

《美国陆军新版野战条令》（FM6-0）指出：指挥是指挥员在军衔上或通过授权获取对部属的合法权威，包括有效使用可获取资源进行兵力计划、部署、组织、指导、协调和控制以完成赋予使命的职责权力，也包括对维持其部属健康、财富、士气、纪律的职责。控制是确保战场兵力与作战系统在作战目标与意图上与指挥员保持一致的手段，是成功指挥不可或缺的部分。控制职能包括：

（1）收集、处理、显示、存储、分发形成公共作战视图（Common Operational Picture，COP）的相关信息，同时也包括在作战进程中使用信息（主要是参谋人员使用）。

（2）支持指挥员发布其作战意图信息、执行决策的指令及根据战场态势变化而调整计划与方案的指令信息。

（3）根据战场态势的变化调整指挥员的可视化信息。

（4）在作战准备和执行过程中，支持指挥员把握着急决策点。

控制要素包括信息、通信和结构。信息是分配到指挥主体与客体的数据，是指挥主体最重要的 C2 资源，是控制最重要的因素。信息包括来源于各作战单元的与 COP 相关的数据、对态势的理解、执行信息与信息对抗等。通信是指使用任何手段与方式把信息从一个个体传递到另外一个个体。结构是指一个既定的组织，在这个组织中建立了其要素或程序（各种活动）之间的各种关系，它包括内部结构关系和外部结构关系。内部结构关系是指司令部或指挥所里的关系，外部结构关系是指与配属兵力间的指挥或支援关系。

《美国空军作战条令》（AFDD 2-8，1990 年 11 月）对指挥与控制的界定援引了《美联合参谋手册》（JCS Pub. 1-02）中的定义。关于指挥与控制，条令着重强调了其三类因素：一是人的因素，即指挥与控制主体行为；二是技术因素，即支持跨越时间与空间而集成作战行动的指挥与控制装备、通信与设施等；三是过程，包括战术技术上的 C2 过程、程序或规则。指挥与控制的职能包括计划、指导、协调和控制。

控制是指挥主体计划和指导作战的过程，是一种动态平衡，这种动态平衡是指挥主体对客体的指导及允许客体的行动自由。控制发生在作战准备和作战进程中，通常由于距离与时间因素而影响指挥主体对部属的直接控制，指挥主体须以授权委托和指挥意图来控制部队，在以指挥意图控制部队时需明确目标、优先次序、可接受的风险及作战的限制约束条件。

2. 北约

北约关于指挥与控制的定义（NATO，1988 年）：指挥赋予指挥员指导、协调和控制部队的权威；控制是指挥员对所属部队或配属部队行使其指挥权威。指挥与控制是经授权的指挥员对所分配的兵力行使其指挥与指导权力以完成所赋予的使命，指挥与控制的职能通过人、装备、通信、设施与程序来执行，这些都是指挥员在计划、指导、协调和控制兵力以完成使命过程中所运用的要素。持续获取、融合、审查、描述、分析和评估态势信息，发布计划，分配任务，规划行动，组织协调兵力行动，为部属作战行动提供指挥与控制准备，监督和协助下级部属、参谋和兵力，直接领导部队完成作战使命。指挥与控制在不同层次上有不同的内涵，在部队层面，C2 确定兵力编成的目的，兵力配置的优先次序，并最终确定其能力；在使命任务层面，C2 根据作战意图或具体的使命/目标确定具体的人员、系统、设施及这些要素之间的相互关系。

3. 中国

我军关于指挥与控制相关概念的阐释也不尽相同。

指挥在辞书上解释为"发令、调度"，《中国大百科全书·军队指挥分册》认为，指挥是"军队指挥员及其指挥机关对所属部队的作战行动和其他活动的组织领导活动"。而《中国人民解放军军语》则认为，指挥是"军队各级指挥员及其指挥机关对所属部队的作战和其他行动进行组织领导的活动。包括对行动的计划、组织、控制、协调等"[①]。其他各军兵种关于指挥的概念基本沿用了这一概念模式与内涵，如海军作战指挥的定义是"海军指挥员及其指挥机关，对所属部队作战行动所进行的特殊的组织领导活动"；空中作战指挥是指挥员为达成战役目的对参加空中作战的诸军种部队的作战准备与实施进行的一系列的组织领导活动。

控制在辞书上解释为"驾驭、支配、掌握，使不超出范围"。《中国人民解放军军语》（1997 年）把控制具体化为两层含义：一是在一定区域内，以兵力或火力限制敌人活动的

---

① 全军军事术语管理委员会，军事科学院. 中国人民解放军军语（全本）[M]. 北京：军事科学出版社，2011：167.

战斗行动；二是掌握、操纵。第二层含义往往是针对武器的使用的。在大多数关于指挥基础概念研究的文献中，控制都被认为是指挥的一部分。

指挥与控制在《中国人民解放军军语》（2011 年版）中的定义为"指挥员及其指挥机关对部队作战或其他行动进行掌握和制约的活动"[①]。与之相近的概念有作战控制。关于作战控制没有统一的认识，典型的解释有：

（1）行动说。作战控制是指挥员及其指挥机关对所属的部队和分队作战行动的掌握与制约，指挥员为实现决策、计划的要求，以命令、指示等形式对被指挥员的行动进行驾驭与支配，是军队指挥的一种活动。

（2）态势说。作战控制是指挥员及其指挥机关为左右战场态势的发展而进行的指挥活动。即战场态势是指挥人员控制的对象，也是战场控制活动的受控客体。

（3）职能说。作战控制是指挥员在作战指挥实施过程中所进行的下达命令（指令）、追踪反馈、态势分析、纠偏调控等一系列活动，是作战指挥的一个重要环节。

（4）力量说。作战控制是指挥员和指挥机构对诸军兵种部队的掌握与驾驭活动，是为达到一定目的，通过运用指挥与控制系统，以信息流对人员和武器系统所产生的物质流和能量流实施有效的组织、协调活动。

1.2.2　指挥与控制的理解

在信息时代，科学发展既延续了工业时代的发展——学科分支越来越细化，同时又呈现出新的特征——高度的集成与综合。在军事科学领域，在武器装备的发展上，这一特征尤为突出。一方面，现代兵器谱越来越庞杂，形形色色的新概念武器层出不穷，从太空卫星及反卫星武器到电磁频谱空间的网络战、电子战武器，涵盖了信息化战场的各个领域和维度；另一方面，武器装备的发展从单平台作战性能的提高转化为装备体系的整体效能优化，武器装备不再仅仅是一个平台或者一个火力终端，更多的是高度综合集成的系统，如海上编队作战系统、区域防空作战系统、战区导弹防御系统及全球战略指挥与控制系统等。由于这些武器装备系统不仅集成了各种作战平台、火力终端武器，还涵盖了各专业领域的相关设施，如情报侦察设施、信息处理设施、辅助决策系统及战场监控与评估设施等，对其操纵掌握不仅仅只是控制，更多的时候需要指挥相关职能的履行，如在使用编队作战系统时的火力分配、区域防空系统中地面防空兵力的配置部署。

由于现代军事科学分工细化，军兵种专业部队众多，联合作战使作战兵力组成结构复杂，而信息化战场新的作战样式——网络中心战、自同步作战及基于网络信息体系的联合作战、全域作战要求指挥员对战场的不确定性问题做出敏捷的反应，指挥员必须有所为有所不为，除委托授权外，必然的选择是控制的协助。

指挥与控制两者的发展，有各自的分化，更有两者的综合。传统的 C2 概念必须赋予

① 全军军事术语管理委员会，军事科学院. 中国人民解放军军语（全本）[M]. 北京：军事科学出版社，2011：183.

新的内涵，否则将会制约武器装备的发展和军事指挥的变革。

1. 指挥的理解

指挥的基础是个人的威信，这是大多数官方都认可的关于指挥概念的观点，指挥的威信来自两个方面。一方面是法定的威信，法定的威信可通过授权、任命的方式赋予个人，也可以从相关法规条令中规定的等级及服从原则中获取，如指挥员的职务、级别、军衔确定的等级服从关系。法定途径获取的威信通常是级别（或职务/军衔）越高，指挥权限越大，反之则指挥权限越小。另一方面是个人的威信，个人的威信源于其影响力，它依赖于个人经历、经验、能力、声望和个性特点。指挥的优劣往往与两方面威信的匹配程度有关，不匹配的指挥往往会降低指挥效能，如法定的指挥权大，而个人的威信不足，或者个人的威信高而法定的权限小。

指挥是兵力组织系统的原动力。如果说赋予兵力组织系统的使命是目标，那么指挥就是兵力组织系统的第一动力，使兵力组织系统启动运行，并驶向目标。任何兵力组织，无论是战略力量，还是战术编组，没有指挥就没有使命任务的开始，就没有兵力组织整体运作的内在动力。具体地说，其原动力包括两个方面的含义：一是建立或营造兵力组织系统运行的初始条件，包括使命任务的分解、分配、作战意图和交战规则或约束的建立等；二是建立兵力系统运行过程中动态调整的规则或机制，包括监视、评估战场态势和作战进程。

指挥是一种作战构想，是指挥员在实施指挥过程中思维活动的前奏，是指挥个体创造性地表达执行使命的主观意愿。所谓创造性是指指挥个体在使命问题上努力寻求解决方案的主观能动性，其主观意愿包括对战场态势演化的预测和评估，对作战意图的建立和描述，对作战任务的分解与分配等。指挥构想可以是意图[①]，也可以是计划。指挥构想是指挥系统的输入。

指挥是一种决策和判断，是指挥员在实施指挥过程中的思维活动。判断与决策作为指挥的传统理解与认识，被大多数概念与定义所引用，甚至有概念认为指挥即为决策，指挥决策经常出现在有关作战指挥研究的文献上。在指挥上的决策、判断是有限的，并不是兵力组织中所有个体和集体的决策都包含于指挥概念之中，在指挥上的决断仅限于部署计划、组织、指导、协调和控制部队完成所赋予使命活动相关的决断。超出这一范围的决策、判断，非作战活动中的决策、判断，或者与作战相关但与指挥无关的决策、判断（如后勤保障、装备维护活动中的决断问题，武器控制活动中的操作支配问题的决断）都不属于指挥的决策判断。指挥的决策与判断通常是指挥主体运用专业知识确定指挥客体做什么和不做什么。

指挥是遵循责、权、利相匹配原则，与管理类似的组织领导活动。战场上的作战指挥

---

① 美国在 FM100-7 中，把"指挥员意图"定义为"在分析使命后，战役指挥员明确描述作战目的、期望的最终状态、可接受的风险程度和所有部属统一行动的方法"。战役层次指挥员的意图包含了在其指挥链上更低一级的指挥员意图的陈述。指挥员的意图是其部属行动的参考，有助于部属把行动重点聚焦于获取成功的途径与方法上，即使在计划不再适用时，指挥员的意图也有助于部属根据实际情况把行动聚焦于成功途径上。

是在激烈竞争对抗环境中的组织领导活动，具有激烈变化与对抗的特性。指挥的"责"体现在两个方面：一是完成使命的责任；二是保证其部属健康、福利、士气和纪律的责任，对作战指挥，换一种说法就是用最小的牺牲换取最大胜利的责任。指挥的"权"是基础和前提，包括法定的授权与个人的威信。指挥的"利"是对"权"的促进，包括法定的职务、等级或军衔上的提升，以及个人威信的提高和其他的奖励或荣誉。

指挥具有个性化艺术、共性化信息交互与强制性影响等特点。艺术指"富有创造性的方式、方法"，指挥艺术是富有创造性的指挥方式、方法，而个性化是指挥个体所特有的，不被他人复制的独特风格。并不是每一个指挥个体都具有个性化的指挥艺术，指挥的个性化艺术是指挥个体追求卓越指挥表现的最高境界。指挥是发生在指挥主体与指挥客体之间的信息交互与影响的活动，是针对一定目标的信息转换和信息传递的动态过程。指挥主体根据战场态势与作战进程释放出的信息，进行运筹决策，转换成指令信息，并传递给指挥客体，从而对指挥客体施加具有强制性的影响，使所属部队在指挥意图之下，统一意志，同步行动，做好作战准备或最大限度地发挥整体的作战能力。指挥的强制性既是法定的纪律约束，也是指挥主体对客体施加权力的无形影响。

2．控制的理解

控制指一个有组织的系统，根据其内部和外部条件的变化而进行调整，以克服系统的不确定性，使系统稳定地保持或达到某种特定的状态这样一种过程。控制通过信息的获取、变换和处理的过程来实现。控制通常是一个过程的实现，包括三个基本环节：一是通过感知设施获取系统周围环境及内部状态的信息；二是中枢控制机构对所获取的信息进行分析比较、加工处理；三是执行机构依据指令信息，产生相应的控制作用。控制的类型有开环控制、闭环反馈控制、定值控制、程序控制、前馈控制、过程控制和自组织控制等。不同类型的控制方式适用于不同的控制目标条件与控制环境。

根据《汉语大词典》，控制是掌握住不使任意活动或超出范围，操纵（动），使处于自己的占有、管理或影响之下，控制的同义词是节制、掌管、掌握，反义词是放任。从一般意义上说，控制是指控制主体按照给定的条件和目标，对控制客体施加影响的过程和行为。在军事领域，控制可理解为狭义的控制和广义的控制。狭义的控制是指对武器和敌人的操纵和支配，狭义的控制适用于简单的、战争层次低的指挥（如战斗指挥、战术指挥）。广义的控制有三类解释。一是上级对下级的军事领导活动称之为指挥，而下级把上级的指挥看成对自己的控制，这是一种对控制的简单理解。二是把作战领导活动分成前后两个部分，从受领任务、了解意图、收集情报、判断情况，直到定下决心，这些是指挥活动；而后的制定力量部署、组织协调、兵力调度、作战保障等计划和为这些计划的实施而制定、发布的指示、命令，界定为控制范畴，这是从作战指挥的流程上简单划分的指挥与控制边界。三是把指挥界定为一种权威，是责、权的结合，既包括有效使用现有资源的权力和责任，也包括计划、组织、指导、协调和控制军队的使用以完成所分配的任务，同时也负有管理所属人员的保健、福利、士气和训练的责任。而控制是确保指挥主体在执行使命过程中对配属部队行使职权，实施指导。

控制概念引入军事领域源于控制科学的诞生和发展，与指挥概念的合成可理解为通过科学的途径（包括科学的理论、方法与技术）支持指挥主体行使其指挥权威，以达到完成指挥使命的目的。如果将指挥理解为兵力组织系统的输入，那么控制则是为达到预期输出而形成的兵力组织系统中的运作机制，包括战场态势的监控、战场变化的识别及计划偏差的纠正指导等活动。

对军事领域的控制，经常存在理解误区。例如，一种误解是"都在掌控之中"。对于一种强力、高压的指挥与控制，其控制可理解为部属的行动反应是快速、准确的。但是，战争具有不确定性，战场上的指挥员根本就不可能像象棋大师对棋局的掌握一样把握战场情况。也许可看到一个炮手严格控制火炮武器系统的运行或领航员严格控制飞行器的飞行，但是一个飞行指挥员不能直接严格控制领航员引导飞行器飞行，同样，高级指挥员并不能严格控制下级指挥员的实际交战行动。尤其在现代战场，兵力分散，甚至存在孤立的作战单元，对下级真正的严格控制是不现实的。

也许大多数指挥员希望战场态势在掌控之中，不愿意发生对战场态势失控的情况。但是，战争的诸多因素根本就是不确定的、不可控的，如地形和天气因素、敌方的行动。优秀的指挥员可能在初始的计划中预估敌人的行动，或通过对敌施加影响迫使敌方就范来影响敌人的行动。但这并不能说明其掌控了敌人和战场态势。

根据战争本身的特性，能够掌控的是战争的必然性。战争是基于人的活动，战争不同于棋局，战争中的每一个个体都是有思维的人的行为，对战场态势的反应，每个人都有自己的行为，每个个体都试图生存，都容易犯错误，都易受人的本性的支配。战场指挥员无法让每个个体都成为"机器人"。

虽然战争的复杂特性让指挥员不能完全掌控战场，但是指挥员可以施加更多的影响。控制的目标并不是完全精确控制战争。现代战争的复杂性需要指挥员对战场施加一种松散形式的影响，类似于篮球赛场上的团队协作，而不是国际象棋大师对棋局的控制。在不确定的、无序的、激烈对抗的战场环境中，为充分发挥部属的积极性和主动性，指挥实施的控制只是必需的指导，而不是完全替代部属的思维。

3. 指挥与控制的关系

尽管指挥与控制对任何军事行动来说都是不可缺少的一部分，但在职能划分、执行主体对象上存在一定的界限与关联，在不同的战争层次上存在不同的耦合关系。指挥与控制关系的三种视图如图1-4所示。

对于指挥与控制的两者间的关联，传统观点认为指挥与控制都是指挥（指挥员）对部属的活动。在军事组织上体现为从兵力组织的最高层作用至最低层，指挥员对其部属实施控制。指挥员是实施控制的主体，部属是被控制的对象，是指挥客体。指挥与控制都是从指挥主体到指挥客体的过程，是单向的，两者之间是并行的关系，如图 1-4（a）所示。这种关系的理解适合较低层次的作战活动，如武器级的指挥与控制、战斗级的指挥与控制及较为简单的战术级指挥与控制，同时也适合指挥通信手段落后的高层作战活动，如二战时期斯大林对苏军的指挥与控制大多体现为单向控制。

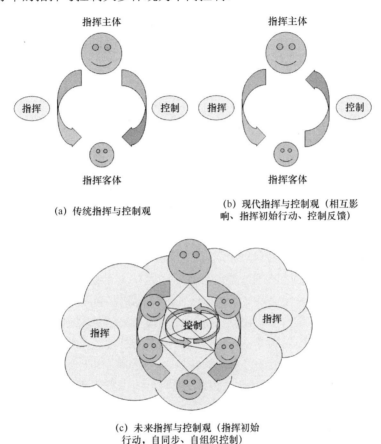

(a) 传统指挥与控制观　　　　(b) 现代指挥与控制观（相互影响、指挥初始行动、控制反馈）

(c) 未来指挥与控制观（指挥初始行动，自同步、自组织控制）

图 1-4　指挥与控制关系的三种视图

现代指挥与控制理论认为指挥与控制是上下级相互影响的动态视图，如图 1-4（b）所示，指挥是权威的运用，而控制是行动效果的反馈，指挥员的指挥确定要做什么，指导和影响部属行动的实施。控制则通过持续的信息流向指挥员反馈战场态势情况，需要时让指挥员根据需要调整和改变指挥行动。这种反馈机制表明在目标和现有态势之间存在的差异，反馈可能以任何形式来自任何方向，如敌方如何反应的情报、部属和友邻部队的状态、上级指导方针或原则的修正等。反馈使指挥员能够抓住战场稍纵即逝的机遇，快速处理遇到的问题，调整计划，更改指导原则与方针，从而适应战场态势的快速变化。这种反馈机制导致了反馈控制影响随后的指挥活动。

在反馈控制的指挥与控制系统中，指挥与控制是系统所有部分的交互过程，在各个方向进行交互活动，由此确保了部队各部分、各单元作为一个整体应对战场态势的变化。

未来战场以网络为中心，大量集成无人作战平台及无人作战系统，无人作战平台与系统的自组织、自同步与有人作战系统的协同是未来作战力量的主要特点。未来"指挥"与"控制"关系的建立须具备以下特点。

（1）没有严格意义上的指挥主体与指挥客体，其指挥关系是动态的，兵力组织中的指挥与控制节点是对等的，必要时根据战场态势和作战进程的需要可以转换不同的角色，地面战术行动指挥员必要时直接指挥海上或空中的编队兵力进行对岸/地火力攻击。

（2）指挥仍然是兵力组织系统的初始输入，确定兵力组织系统的目标状态、约束条件作为输入，控制则发生在兵力组织系统内部，是实现指挥预想输出的主要手段与方式。

（3）指挥与控制并不能简单分离为输入与输出，它同时存在复杂的交互过程，这种交互体现在作战进程中，控制节点持续感知反馈战场态势信息，指挥节点根据战场态势变化改变或调整其作战意图/目标、作战计划、作战任务等要素，在需要时控制节点角色可转换指挥节点角色以实现从感知到行动的快速效果，指挥节点也可转换为控制角色以实现从决策判断到行动的敏捷反应。这种角色的转换需要建立一种机制或程序，这是未来指挥与控制关系实现的关键。未来指挥与控制的关系如图1-4（c）所示。

另外，在指挥与控制活动内容与职能上，两者间的关系与战争层次密切关联，战争的层次越低，则指挥与控制活动的关系越泾渭分明，如在战斗级、战术级战争层次上，指挥活动与控制活动可以明确区分，控制活动体现在对具体武器装备（如枪、炮、导弹系统等）的操纵上，而指挥活动则是构想、预测、判断、决策与评估等控制之外的活动。而在更高的战争层次上，指挥员在行使其权威的途径与方法上与战斗、战术层次上的存在较大的差异，诸多"控制"活动表现为指挥艺术，如在战役、战略层次上实施战场监控时侦察/监视任务的分配、作战资源与手段的分配、战役计划执行的调整等都涉及决策行为。其主要原因在于两方面：一是层次越高涉及控制手段与资源越多，需要在分配上进行决策判断；二是战争层次越高，作战体系规模越大、兵力结构趋于复杂，控制活动变得难以驾驭。这也是因为现代科学技术的发展具有局限性，还不足以解决大规模作战系统或作战体系层次上控制的涌现性问题，不能像具体武器那样操作支配并运用自如。

对于高层次的战争活动，指挥的部分职能包含于控制之中，控制的部分职能包括于指挥之中，指挥与控制不能彻底分割，具体地说，指挥艺术中有科学的成分，而控制过程包含艺术处理成分。不同战争层次上指挥与控制的职能与要素交叉程度如图1-5所示。

指挥解决的是作战当中评估判断、预测、构想、决策等问题，是一种创造性很强的活动，因此具有更多的灵活性、策略性、艺术性；控制是把决心变为现实、逐步实现作战目标的具体措施和过程，具有创造性，但更具有事务性、规范性、程序性和可操作性。对于两者的关系，可以把兵力比作马，指挥比作骑手，控制比作挽具，这种比喻可形象地表述指挥、控制的特性及两者的关系，也说明了指挥与控制都是取得作战胜利不可或缺的程序与手段，它们各自负有自己的使命与职责。两者相互依存、相互制约，但又不能相互取代。

如果实施指挥的主体是指挥员，那么控制的主体则是一组军官：以参谋长为主，还包括作战、情报、军务、后勤、政工等职能部门的主官。指挥的依据是战略方针、指挥原则、上级的作战意图和命令及战场态势等，而达到作战目标、完成作战任务是控制的基本依据，是控制的出发点和归宿，作战原则及有关条令则对控制具有潜在的、经常性的制约作用。

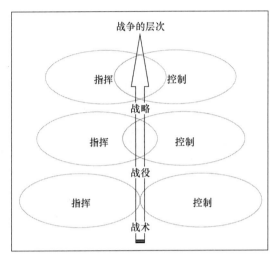

图 1-5　不同战争层次上指挥与控制的职能与要素交叉程度

1.2.3　指挥与控制的组成要素

指挥与控制在不同的职能领域、在不同的学科有不同的理解与定义，它既是战争的要素之一，也是一种手段，一种工具，既有指挥与控制主体、指挥与控制客体，还包括指挥与控制的依据和指挥与控制存在的环境等。总之，指挥与控制的组成基本要素包括指挥与控制的主体、指挥与控制的依据，指挥与控制的环境及相关支持。

1. 指挥与控制的主体——人

德国军事家克劳塞维茨提出："战争并不是活的力量对死的物质的行动，它是两股活的力量之间的冲突，因为一方绝对的忍受就不能成为战争"，"战争无非是政治通过另一种手段（暴力）的继续"。[①]战争并非人类社会所特有的，也存在于动物群体之间，但作为政治手段的继续，它是人类社会所特有的属性，是人类社会文明进步的产物。指挥与控制作为战争的灵魂，其主体并非死的物质或者仅仅具有本能反应的动物，而是意识的政治个体——人。

人的自然属性与社会属性直接决定了 C2 活动的有效性，是 C2 能力建设不可忽视的因素。人的自然属性主要包括人的体格状态、健康状况、饥渴、温饱及人的情绪等，人的自然属性对 C2 的影响在很大程度上是局部或个体的；在军事组织中，人的社会属性显得尤为重要，主要体现在个体的权威、声望、荣誉、纪律等要素上，人的社会属性对 C2 的影响在很大程度上是涉及整体或全局的。作为 C2 主体——人，其自然属性与社会属性是不可分割的，有

---

① 克劳塞维茨. 战争论（全三卷）[M]. 中国人民解放军军事科学院，译. 北京：商务印书馆，1997：43.

效的 C2 应该充分保障人的自然属性得到满足，同时赋予与之相适应的社会属性。

在 C2 主体问题上，一个值得思考的问题是随着军事科技的进步，战场上出现越来越多的智能化的无人作战平台及无人作战系统，它们以网络为中心进行自同步作战，与之相适应的是新的作战指挥概念——没有指挥员的指挥。未来战场的作战形态与作战样式会不会颠覆战争的传统定义？战争主体会不会演变为机器或科幻小说中的具备自我意识的系统？

对这一问题的讨论，可以分为两个层次。一是 C2 的科学特征被技术所替代，如目前的自同步作战、网络中心战、赛博（Cyber）战等新的概念，这些概念仅仅只是通过技术解决了未来信息化战场 C2 的部分职能，这些职能体现 C2 的科学特征，如兵力需求计算、任务分配、资源调度、态势监控与评估等。在这一层次上，战争仍然具有传统上的意义，是人类社会政治手段的延续，C2 的主体仍然是社会人，只是职能主要体现在指挥艺术上，如初始化战争体系、启动战争体系的运行等。二是 C2 的指挥艺术特征被未来新的技术所替代，出现科幻小说中的具备人类意识的机器或系统。如果这一构想成为现实，未来战场将真正实现没有指挥员的指挥，那么战争将不再具有传统意义，不再是人类政治活动的继续，今天我们讨论的 C2 主体也将毫无意义。

2. 指挥与控制的依据——信息

信息有诸多解释：信息是与物质、能量并列的作战力量三要素之一（维纳，1948 年）；信息也是用以消除随机不定性的东西（香农，1948 年）；维纳认为控制过程实质是一种通信过程，即信息获取、加工和使用的过程。信息的基本特征包括载体依附性、价值性、时效性和共享性。

在军事领域，信息是 C2 对部队行使权威职能的条件，它包括三个方面的内涵：一是从指挥主体到客体的信息，主要指命令、指示、意图、计划等；二是从指挥客体到主体的反馈信息，主要指战场态势、情报、战场监控与评估等；三是信息的载体，包括战场环境中的通信、网络、计算机等。

信息要素中的计划、预案与意图是 C2 的关键组成部分。面对战场态势的变化，C2 可能需要与行动同步反应，以实时指导部队处理战场情况的变化。同时，C2 也可能发生在行动之前或之后，计划是 C2 的关键支持要素之一，无论是快速的时敏计划，还是深思熟虑的计划，其目的都是为部队行动提供目标和方向，形成作战概念，分配战场资源，并且提供必要的协作。从另一个角度看，计划提供给指挥员相关的知识，并且评估战场态势。在 C2 要素上，与计划配合使用的是应急处理预案，应急处理预案是另一种计划形式，在紧急情况下提供即时行动的指挥与控制。指挥员的作战意图是 C2 的核心部分，必须在战前明确向各级部属传达。

信息的主要作用是消除战争的不确定性，合适的信息越多则不确定性越小，足够的信息可以消除战争的不确定性。获取一定量的信息是确保有效 C2 的必要条件，但有效的 C2 并不是仅有足够的信息就够了，大多数信息是不重要或者不相关的，很多信息是过时的，更多信息是不准确的，甚至是误导的。信息时代信息收集能力得到了前所未有的提高，指挥员面临的不是信息匮乏的问题，而是在信息的海洋中如何获取有效信息的问题。可以说，太多的信息和太少的信息一样给指挥员的指挥决策带来困难。信息仅仅在对有效决策和行动产生贡献时才具备价值。信息时代的 C2，关键问题并不是信息量的问题，而是关键的信息要素在需要的时候以有用的形式被获取，从而改善和提高指挥员对战场的感知和行动能力。

3. 指挥与控制的环境——不确定性与时间

C2 概念产生的关键需求就是处理战场的不确定性。如果没有不确定性的存在，那么 C2 的职能就是简单的资源管理。按照克劳塞维茨的观点，战争是不确定性的王国，战争行动 3/4 的因素隐藏在迷雾或者不确定性中，需要指挥员有敏锐的分辨能力去判断。不确定性是什么？简单地说就是我们所不知道或不能确认的东西。通常，在战场态势中会存在大量的未知因素，即使是最佳战场情况亦如此，这些因素源于对敌人情况的不了解，对周围环境的不了解或者对我方的不了解。即使我们获取了真实、正确的信息，我们不能百分百地确定我们能从获取的信息中推断出真实的战场情况。例如，推断敌人的意图，即使我们从可获取的信息中进行了正确合理的推断，但对于无数可能的偶然性事件，我们也不知道哪一件会发生。

总之，不确定性是战争的本质。尽管我们通过信息的收集和分析使用，努力减少其不确定性，把战争的不确定性降低到我们可以驾驭的水平，但我们必须面对这样的现实：我们永远不可能消除不确定性。第一，战争本质上是人的行为，人类的战争活动离不开人的本质和天性，它易受人的行为特征的影响，包括人的个性、情绪、行为的不一致性等。人的行为，不管是友方还是敌方，都是不可预测的。第二，由于战争是独立个体意志上的复杂的对抗行为，我们不可能确定我们所期望的事件一定能发生，也就是说战争活动的复杂性与交互特征产生了不确定性。不确定性存在于战场环境状态，它也是战争与生俱来的副产品。

C2 的目的是把战场指挥员所需要处理的不确定性问题减少到可以驾驭的程度，或者指挥员们能够做出正确决策的程度。虽然我们尝试通过信息的收集与分析使用来减少不确定性，但有一些知识是我们缺乏的，我们要了解我们自身知识的缺陷，必须理解是什么导致了不确定性，并且根据我们所了解掌握的情况诉诸行动。

确定性不仅是数据信息的函数，而且也是知识与理解力的函数，虽然数据和知识在概念上都是信息的不同表现形式，但是三者之间存在较大的差异。数据是信息和知识的原材料，信息和知识源于对数据的处理，但并非所有数据都产生知识，只有正确的数据与对数据合适的处理才能够产生知识，不正确的数据或不当的处理手段会阻碍知识的获取。因此，减少不确定性的途径与方法不可简单理解为增加信息流，关键在于信息的质量和使用信息的能力。

影响 C2 的关键环境要素之二是时间，时间对 C2 的重要性仅次于不确定性。理论上，我们总是可以通过获得更多的战场态势知识来降低不确定性，但在减少不确定性的途径上存在一个悖论，我们要最大限度地减少不确定性就必须有足够的时间收集和处理信息，这就导致三个方面问题的出现：一是在战争中我们获取的知识是有时效性的，当我们花时间去获取新的信息时，已经获取的信息就过时了；二是由于战争是敌我双方意志的较量，时间本身对双方来说就是一个制高点，当我们试图得到某一个具体态势的信息时，敌人可能已经行动，在行动过程改变态势；三是现代战争的快节奏从时间上约束信息的获取，使得我们没有足够的时间去收集、处理、消化和使用信息。

因此，任何 C2 系统对时间的需求是绝对的，必须加快节奏，至少要比敌方更快。处理战场不确定性问题和满足时效性要求是 C2 最根本的挑战。

4．指挥与控制的相关支持

C2 的相关支持是多方面的，既有有形的物质，也有无形的机制、程序与规章制度，总体来说可以划分为三类：一是硬件支撑，即有形物质，包括支撑 C2 的系统、C2 装备及保障设施等；二是软件支持，包括 C2 相关的程序、技术指导、条令条例等；三是 C2 的人机结合，即教育与训练。有效的教育和训练帮助建立 C2 规范，是部队各级指挥员在战斗中采取合适行动的保证。

1.2.4　指挥与控制同其他相关术语的关系

自 20 世纪 80 年代以来，伴随军事技术的不断革新和军事理论的变革，在 C2 基础上出现的新概念、新术语令人眼花缭乱，其主流脉络可描述为 C2→C3→C3I→C4I→C4ISR，这些概念、术语的产生和消亡过程也呈现加速的趋势。一个概念的出现往往伴随一种理论或技术的变革，同时带动军事力量建设的系列调整，因此，有必要深入探究这些概念演化的本质与关系，才能从真正意义上把握新军事变革的本质规律和信息时代军事力量建设的方向。

罗伯特·威拉德指出：除非我们真正把握住 C2 的整体，并且能够适时地、因地制宜地在指挥员进行决策和控制战斗中正确地使用这些工具，否则所有这些工具的无限潜力都将难以发挥作用。我们已经丧失了对基本作战职能的正确理解。可以看出，罗伯特·威拉德认为 C2 是一个整体，是基本的作战职能。如果 C2 已经构成一个整体，那么，C3、C3I、C4I 和 C4ISR 等这些概念又构成什么呢？所以有必要分解剖析这些概念，再理解这些概念同 C2 的关系。指挥信息系统（C2→C4KISR）演化的本质联系如图 1-6 所示。

C4KISR 的全称为指挥（Command）、控制（Control）、通信（Communication）、计算机（Computer）、杀伤（Kill）、情报（Intelligence）、监视（Surveillance）和侦察（Reconnaissance）。这些概念的演化发展代表了军事指挥系统建设在不同时期不同的重点建设内容与方向，如最初的 C2 系统建设；紧随其后的是通信系统建设，产生 C3 系统概念；在计算机技术发展成熟后引入指挥系统进行信息和情报处理，加强了 C3 系统的能力，衍生出 C4I 系统概念；直至今天发展到军事指挥系统的前端（侦察、监视）建设和末端建设（杀伤），形成 C4KISR 系统概念。这一概念演化的过程是军事指挥系统逐渐拓展和完善的过程，但并不是改变本质的过程，仅仅只是 C2 系统的完善、加强、拓展和提高，如 C2 到 C3 是完善最初 C2 系统在通信上的短板，从 C3 到 C4I 仅仅只是一种加强，通过引入计算机进行情报信息处理加强了 C2 系统的能力，而从 C4I 到 C4KISR 是 C2 系统的拓展，从传统的核心业务拓展到前端的侦察监视和末端的杀伤能力。

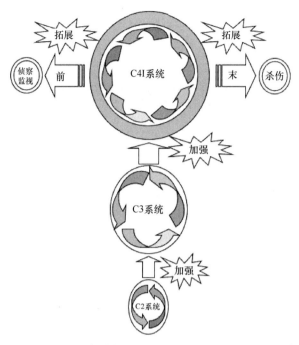

图 1-6　指挥信息系统（C2→C4KISR）演化的本质联系

从上述演化可以看出，尽管这些术语并列组合在一起形成不同的概念，但在本质上并不是一种并列对等的关系。C2 本身就是一个不可拆分的整体，且贯穿其他各要素和业务活动，如在通信组织、情报处理、侦察监视和火力杀伤上都离不开指挥与控制活动。可以说C2 是军事指挥系统的"内核"，所有其他概念都是这一"内核"的派生。C2 的派生概念在不断的演化中，随着军事技术的进步和战争形态的演化，新的派生概念会层出不穷，但这些概念并不改变 C2 的本质，只是加强、拓展和提高 C2 的能力。C2 与其他相关术语的关系如图 1-7 所示。

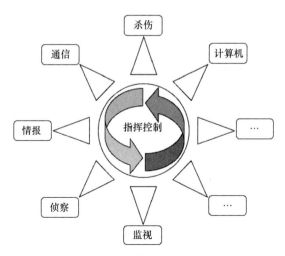

图 1-7　C2 与其他相关术语的关系

在 21 世纪新一轮的军事变革中，这些抢眼的新概念术语似乎代表了变革的方向和潮流，但事实真如此吗？通过上述分析，这些新的概念术语仅仅只是军事指挥系统内核——C2 在技术发展过程中的派生概念，这些概念的演化说明了 C2 在不断地完善发展和提高，但并没有改变其本质。C2 本质的改变是新军事变革的核心内容，而其他要素（如通信、计算机、杀伤等）的革新往往是 C2 变革的催化剂，可以说，这些新的概念术语并不代表军事变革的潮流和方向，但它们会催生出新的 C2 方式，改变传统的 C2 要素。在军事指挥发展史上，C2 的变革经历了两个里程碑式的发展变革：一是拿破仑组建正式参谋机构，完成指挥与控制职能的首次分工，使得指挥员专注于战场的指挥决策问题；二是 C2 系统的出现，通过科学技术实现军事指挥一定程度上的自动化，更进一步解放了战场指挥员，改变了传统的 C2 方式。进入 21 世纪以来，新一轮的军事变革暗流涌动，世界各国都在力争抢占新军事变革的制高点，那么，军事变革的制高点在哪里？是武器装备的革新，还是侦察监视手段的拓展，或者通信与情报处理的改变。不可否认，这些方面都是新军事变革的组成部分，也是世界各国军事力量建设的主要方向，但这些并不是军事变革的制高点，军事变革的核心在于 C2，C2 才是新一轮军事变革的终极目标。谁能在新的军事变革中率先突破传统 C2，建立敏捷的 C2 系统，实现真正意义上的自同步 C2，谁就占领了新军事变革的制高点。

1.3 指挥与控制概念模型

1.3.1 概念模型

概念模型是我们对某一问题/对象的抽象思维，顾名思义，概念模型源于对概念的理解。而概念包含两层含义：一是从具体实例或现象形成的抽象理念；二是通过对抽象的认知而在大脑中形成的思维或见解。概念既可用于理解和认识具体对象的本质，也可进行进一步的抽象，如在 C2 的概念理解上可进一步划分为 C2 在物理域、信息域、认知域和社会域上的理解。

概念模型由各种抽象或概念组成，同时也包括了抽象或概念的关系，事实上，抽象或概念的关系本身就是一种抽象，它包括以下五个方面：

（1）两个或两个以上概念间相互关联和影响的关系；

（2）关系影响的范围或影响的方面；

（3）关系带来的效用；

（4）关系关联的强度（如偶尔产生、间歇产生或按一定的概率发生等）；

（5）关系改变的条件。

假设在一个模型中概念能被赋予不同的值，那么该概念就成为模型探索分析的变量，可用于解释模型的输入与输出，预测模型在不同条件下的结果。这就是为什么概念模型被认为是任何实验至关重要的部分。

当对具体问题（如系统、过程）进行分析和评估时，概念模型需要依据具体的背景或应用中以定性方法描述问题的一般结构，因此，概念模型最终需要被实例化，以实现对具体问题的分析。概念模型实例化的途径是引入在具体背景或应用中影响问题（包括系统或过程）解决方案或效能的各种变量（包括可控变量和不可控变量）及变量间的关系。在给定与背景关联的假设和变量约束时，具体问题的概念模型就奠定了结构化定性分析的基础，如果可进一步提供足够的数据，就可在概念模型的基础上开发可执行的模型。

可执行模型以数据或逻辑函数的形式对概念模型进一步解析，并转换为计算机代码，通过计算机的模拟实验，产生计算结果以支持对问题进行更深入全面的分析。

通常，一般概念模型的建立是容易的，但一个有用的、能指导问题解决和实践的概念模型建立需要考虑诸多因素，最困难也是最重要的问题在于确定概念模型的要素，即哪些要素要纳入概念模型，而哪些要素可以忽略。在模型的构建上有两种不同的思路：一种是自底向上，在建模之初即识别所有相关的变量；另一种是自顶向下，在建模之初仅识别了最小的概念/变量集，而不是所有相关的变量。无论在建模初始采用哪一种方式，在模型开发过程中往往都需要两种方式的结合，而两种方式结果的收敛汇聚就意味着成功。

概念模型的好与不好并不是取决于引入要素变量的多少，而是取决于要素变量的数量是否合适。概念模型的变量数量必须确保其概念交流的最低需求，只要满足这一最低需求，那么变量数量就越少越好。这就需要在构建概念模型时尽量抽取客观事实的本质要素，而且在模型中只存在反应本质的要素，不存在多余的要素。因此，概念模型的设计需要在反映客观事实真实性和模型的简洁性之间进行平衡。如何解决模型简洁性需求与反映客观真实性需求两者间的矛盾？方式之一就是建立大量的概念模型视图或描述，每一个概念模型视图或描述服务于具体的目的。

在确定概念模型的要素时，需要考虑以下五个方面的条件：

（1）明确定义模型的假设和限制条件；

（2）模型的变量定义充分；

（3）模型的因果关系表达清晰，具体内容包括确定哪些是独立的变量，哪些是可控变量，哪些是非可控变量，哪些是依赖变量；

（4）有效描述了所关注问题；

（5）限定模型的影响因素应与问题紧密相关且至关重要。

1.3.2 北约与美军的指挥与控制概念模型

目前，在 C2 概念模型开发上存在两种不同的思路，一种是采取自顶向下的方法建立 C2 的概念模型，选择这一方法的代表有《理解 C2》中建立的 C2 概念模型和《网络赋能概念框架 2.0 版本》中基于网络中心战原则建立的 C2 概念模型；另一种是北约（NATO）RTO 采取自底向上的方法建立的 C2 概念模型。两种模型都建立了相当多的变量，虽然有许多成员同时参加了两个模型开发小组，但其结果仍然存在较大的差异。主要的差别并不是最初列出的变量，这些变量在考虑术语差异后基本可以认为是等同的，其差别在于这些变量的组织，两个组采用了不同的方式把初始单一变量变成组合变量/概念。

1. 北约 C2 概念模型

1）北约 C2 概念模型开发的相关背景

北约 C2 概念模型由 SAS（Studies Analysis and Simulation，SAS）研究小组开发。SAS 是北约关于 C2 相关问题研究的组织，其历史可追溯到 20 世纪 90 年代初。

C2 概念模型（1.0 版本）旨在解决信息时代军事变革的核心问题，包括网络环境下决策权限的分配、指挥与控制的过程属性及信息的分发等。该模型包含了约 300 个变量和 3000 种变量关系的描述，这些变量和变量关系涵盖了信息时代网络环境下影响 C2 方式与 C2 效能的主要因素。

C2 概念模型的提出是 C2 领域发展史上奠基性的里程碑，使得 C2 相关问题的研究，包括 C2 概念、能力及 C2 实验设计与实施，具备了参照依据。

随后由于 C2 成熟度模型开发的需要，对 C2 概念模型（1.0 版本）进行了修订，并发布 C2 概念模型（2.0 版本）。

由于 C2 方式的不同直接影响战场兵力组织中决策权的分配、指挥与控制过程属性及信息的分发，C2 方式是信息时代军事变革的核心内容，理解 C2 概念与方法、探索信息时代新的 C2 方式是实现军事力量转型的关键。北约关于 C2 概念模型构建的主要目的是探索信息时代新的 C2 方式，模型开发的主要目标包括以下三个方面：

（1）支持对新的 C2 方式（如以网络为中心的 C2、扁平 C2）的探索研究；

（2）支持对不同 C2 方式的比较分析，包括特征、性能、有效性与敏捷性；

（3）支持对影响 C2 方式的变量跟踪。

2）北约 C2 概念模型

（1）模型的假设。

概念模型源于概念。由于军事领域持续、快速的变革，C2 的概念同军事变革一样也在持续的演化之中，未能形成统一认识。然而，C2 概念模型的开发必须建立在一个既定的 C2 定义基础之上，并区别于传统概念的特性。

指挥与控制相互关联，是不可分割的整体（区别于 David S. Alberts 和 Richard E. Hayes 概念模型的假设）。

指挥与控制并不涵盖军事组织中个人或组织做出的所有决策，它仅仅处理与 C2 职能直接相关的决策问题。

C2 界定行为发生的边界，而不是行为本身，这种行为边界自由度可能存在较大的变化空间，如 C2 建立感知和执行行为产生的条件，但 C2 并不关注感知和执行行为本身。

C2 的实施方法和途径是多样的，并不局限于或特指某一个或某一类方法和途径，不同的方法和途径适合不同的目的和环境，不同的主体可能采用的不同的方法和途径，不同的时间也可导致方法和途径的调整。

C2 是一种分形概念，适用于一个军事力量或兵力组织的任何层次、任何职能领域（如作战、后勤、装备）和任何活动（从战略到战术）。

统一指挥、统一意图、层次性的结构和明确的控制并不是成功实施 C2 的必要条件。

（2）C2 概念模型。

北约 C2 概念模型框架如图 1-8 所示。

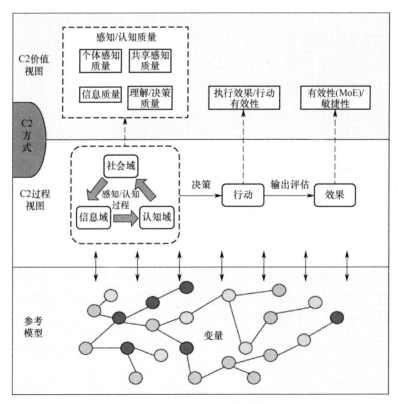

图 1-8　北约 C2 概念模型框架

目前，北约 C2 概念模型变量的组成包括 C2 的影响因素和与之相应的价值测度（Measures of Merit，MoM），在模型中通过定性方法和手段建立了这些变量之间的相互影响关系。

C2 方式的选择对应决策权的分布，因此，意图的建立和交流都是 C2 方式选择的函数；而感知/认知过程包含了个体和团队的感知/认知行为，C2 方式决定了信息对个体的可获取性及团队内个体间的交互特征，知晓、理解和最终的决策都是感知/认知的输出产品。因此，C2 方式的选择有三个方面的考虑：一是决策权的授予问题，即授权；二是成员间的交互模式；三是信息共享模式，或者说信息分发的设置。

C2 概念模型的核心是参考模型，参考模型由重要的 300 多个要素变量及变量之间的关系组成，这些要素变量及变量关系对 C2 过程有效性和 C2 价值有重要的影响，参考模型以清单的形式提供给研究、分析和实验人员，以支持对 C2 理解、能力评估方面的研究。

过程视图具有多样化的实例，不同的 C2 方式对应不同的过程视图，每一个过程视图对应一种 C2 方式的选择。过程视图基于想定的客观描述，为价值视图提供数据，每一个过程视图对应一个价值视图，当价值通过过程视图集成后就形成了价值链。

价值视图包含了参考模型中要素变量的子集和变量之间的关系子集，这些包含在价值视图中的变量和关系组成了 C2 的价值链，其中的每一个变量都是有关质量、性能、有效性或价值的测度。价值视图中变量之间的关系需要根据经验来实例化，其经验可能来自多方面，包括实践经验、实验设计或模拟结果等。

目前，虽然模型包含了 300 多个变量和 3000 多种变量关系，但并不意味着其概念模型具备了要素的完备性，在具体的 C2 问题研究上可能需要引入新的变量和变量关系。因此，C2 概念模型仍然处在不断完善之中。

2. 美军 C2 概念模型

David S. Alberts 和 Richard E. Hayes 都是北约 C2 概念模型开发小组成员，然而 David S. Alberts 和 Richard E. Hayes 在合著的《理解指挥与控制》中关于 C2 概念模型的开发选择了与北约研究小组截然不同的方法，即自顶向下。David S. Alberts 认为在概念开发上方法的选择也取决于研究小组的人员构成，而且成员的知识结构、阅历经历、身份和职位都不一样，由此导致对 C2 概念模型的关注点不一样、观点不一样，很难在小组内达成关于 C2 概念模型核心要素的一致意见。因此，选择自底向上的方法是北约研究小组的无奈之举。而 David S. Alberts 和 Richard E. Hayes 关于 C2 概念模型的开发首先就在其核心要素上达成了共识，建立了 C2 概念模型的最小要素概念集。

David S. Alberts 和 Richard E. Hayes 建立 C2 概念模型的宗旨：一是理解新的网络中心概念、优势 C2（Edge C2）方法和传统方法之间的差异；二是理解每一种 C2 方式的适用条件和存在的问题与缺陷；三是探索网络中心战对 C2 方式设计的指导，即如何开发敏捷 C2。

基于以上宗旨，David S. Alberts 和 Richard E. Hayes 建立 C2 的概念模型，如图 1-9 所示，其核心要素包括指挥、控制、行为、效果及态势信息。其中，控制以指挥输出为输入，即把指挥输出转为可执行的计划并监控计划的执行活动，控制活动本身取决于控制有效性；行为是控制输出在控制的支配下具体执行行为，行为本身取决于系统性能；效果是指环境/

态势的变化，其度量兵力组织的使命效能；态势信息是战场环境的反应，取决于信息质量。各要素之间的影响关系如图 1-9 所示。

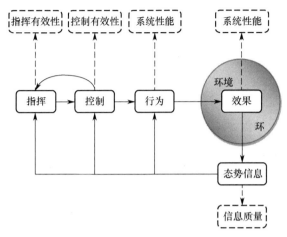

图 1-9　David S. Alberts 和 Richard E. Hayes 建立的 C2 概念模型

C2 概念模型由两类概念组成：一类是功能/过程概念；另一类是与（效果/有效性）评价相关的概念。每一个功能/过程概念有相应的评价概念。功能/过程概念通常以图的形式加以描述，C2 概念模型的过程视图如图 1-10 所示。

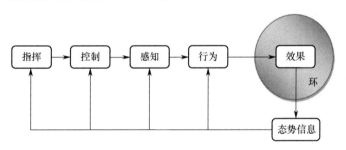

图 1-10　C2 概念模型：过程视图

在概念模型中要素间存在三种不同类型的关系：第一类是功能/过程概念之间的关系（在图 1-9 中以实线表示）；第二类是功能/过程与相应的评价概念之间的对应关系（在图 1-9 中以虚线表示）；第三类是评价概念之间的关系。在概念模型中，这三种类型的关系共同定义了概念模型的价值链，C2 概念模型的价值链视图如图 1-11 所示。

图 1-11 中的价值链建立了与六个功能/过程相对应的评价测度概念之间的关系，使命效能具有高度的使命依赖性，使命效能影响部队的敏捷行动能力（即敏捷性），部队的敏捷行动能力不仅仅是一种评价测度概念，而且它还应该成为最终的选择标准。图中建立的价值链视图区分开了 C2 职能概念和支持 C2 职能概念的系统和能力，同时也引入了说明性的评价测试概念来反映这些系统和能力的性能/有效性。信息源（ISR）质量、信息传输质量和信息服务质量反映我们在信息域收集、分发、处理数据和交互上的能力，这些能力的引入有助于我们实施可视化的操作和协作，促进或约束 C2 行为，或者限制选择 C2 方式。

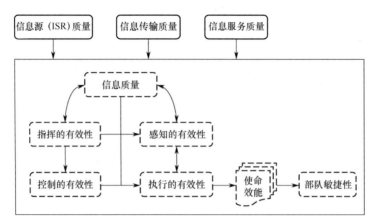

图 1-11 C2 概念模型：价值链视图

与北约的 C2 概念模型不一样，David S. Alberts 和 Richard E. Hayes 的 C2 概念模型仅仅建立了概念模型的最少概念集，并没有列出所有变量及与之相关的有效性测度方法。这一做法也是出于其研究目的，即建立符合研究宗旨的 C2 概念模型。

C2 是分形概念，在兵力组织的各个层次上都存在 C2，C2 的概念模型建立了 C2 的基本原理，是适用于所有分形 C2 的概念模型。在不同的层次上可能运用不同的 C2 方法。在宏观整体或者说最高层次上，指挥的职能确定了分形 C2 的数量或所有分形 C2 之间的关系，任何一个分形 C2 的运行条件都由其上一层次 C2 的"指挥"确定，也就是说，某一层次上的 C2 确定所属分形 C2 的运行条件。

1.4 指挥与控制的本质特征及时代特点

自人类战争演化为有组织的对抗以来，C2 就成为军事领域不可分割的一部分，尽管在这一概念术语未出现时仅仅被"指挥"所掩盖，但事实上任何一个成功的兵力组织系统都具备了良好的指挥与控制能力。战场上有指挥无控制、有控制无指挥，或者指挥与控制没有达到紧密衔接的兵力组织，都是罕见的、不可思议的。C2 作为一个整体概念，与传统的指挥与控制的概念相区别，本节关于 C2 的界定有如下特点。

（1）C2 在职能上既有指挥与控制的区别，又有指挥与控制相互联系的职能划分，可以理解为既统又分，是军事指挥系统综合与分析方法在 C2 概念上的体现。

（2）区别于传统个性化的指挥艺术，信息时代的 C2 并不依附于实施 C2 的主体，而是强调 C2 的内容，包括指挥意图的建立、任务的分配、兵力的部署及战场态势与作战进程的监视与评估等，这一特点可理解为 C2 逐渐从军事艺术转为军事科学的行为。

（3）指挥决策是 C2 的核心内容之一，但 C2 并不包含所有个体与组织的决策行为，而仅仅包括与 C2 职能直接相关的决策行为。

（4）C2 存在于任何作战行动中，无论其性质、规模和目的是什么。

（5）C2 明确行为产生的约束或边界，而不是具体的行为本身。如 C2 建立了战场感知与执行行为的约束条件，但 C2 并不代表战场感知的实施。不同的行为在其约束或边界上往往存在较大的差异。

（6）C2 职能的履行有不同的途径与方式，不同的途径与方式适用于不同的作战任务、环境条件和作战实体，且随作战进程演化，没有固定的普适途径。

（7）C2 属于分形的概念，战略层次上的 C2 在职能、结构、程序及相关设施上与战术层次上的 C2 具有相似性。

（8）信息时代的 C2 可以突破传统的约束条件和边界的限制，这些条件包括统一指挥（个人负责）、统一意图（目标的交集）、等级组织、直接控制等。

（9）C2 作为一种战争体系熵控制的手段，并不是简单地控制战争体系熵的增加，而是对战争熵的适度把握，必要的时候可以增大战争体系熵，确保战争体系的敏捷性、适应性，以获取对抗的优势。

1.4.1　指挥与控制的本质特征

军事组织和军事行动计划是复杂系统，战争是敌我双方两个复杂系统以一种激烈的对抗方式交互的更复杂的系统。复杂系统由诸多独立的部分组成，每个独立的组成部分都根据自身所处的环境独立行动，每个部分的独立行为通过与环境交互在改变环境的同时影响所有其他的部分。组成复杂系统的每个独立的部分自身可能就是一个复杂系统，如军事组织系统，连级军事组织包含多个排级组织，排级组织包含多个班级组织，这种层次结构性也是系统复杂性的一种体现。即使组成复杂系统的每个独立部分本身非常简单，众多独立部分之间的交互行为同样也会导致系统的高度复杂性、不可预测性和系统的不可控行为。通常，每个独立的部分影响其他部分的方式不能被简单预测，它可能源于那些不可预测的交互导致的涌现行为。复杂系统的行为是非线性的，这就意味着非常简单的交互影响也可能产生不可估量的效果。克劳塞维茨认为，"成功不能简单归于一般的原因，细节因素通常是决定性的，只有身处其中的人才能明白……而史学家们对这些决定成败的机遇或事故仅仅作为轶事加以阐述"。系统各部分随机交互行为和偶发事件导致了系统的更加复杂和不可预测的行为。

系统的复杂性并不能简单归结于组成系统部分的规模，而在于各部分的交互方式。一个机器由多个部分组成，可能是复杂的，但其各部分之间的交互通常是具体的、实际的，否则，机器就不能正常工作，某些系统的行为具备机械性，而复杂系统行为不是机械的，复杂系统是开放系统，与其他系统和环境的交互是频繁的、自由的。复杂系统更加倾向于有机体的行为方式，也就是说更像生物有机体。

由于军事组织本身就是复杂系统，任何军事行动在实施有序、有效和精确控制过程中都具有不可预测性，甚至出现混乱行为。一个机器操作手可以完全控制机器的运行，但很难想象战场指挥员可以完全掌控战争的复杂行为。

与传统的 C2 观点相比较，C2 的复杂系统观有四个方面的特点。

（1）C2 的复杂系统观承认有效的 C2 必须随着态势变化敏捷反应。C2 复杂系统把军事组织看作与环境（尤其是敌人）交互开放的系统，而不是关注内部有效性的闭环系统。一个有效的 C2 系统提供适应战场态势变化的手段。因此，C2 可以看作一个持续调整适应的过程。军事组织更像食肉动物，为了生存和成功的需要而获取信息、学习和调整，与生命有机体类似。军事组织从来没有稳定的平衡状态，相反，它一直处于扰动和持续调整以适应环境的状态。

（2）行动反馈循环使 C2 活动变成一个持续的循环过程，而不是离散行动的序列。

（3）C2 活动是动态的交互过程。由于战争的复杂性，C2 的复杂系统观并不强调对军事组织各部分的密切控制，而是强调 C2 在各部分之间的协作，军事组织内各部分之间的行动和反馈构成了 C2 的全部协作。从根本上说，C2 是从上至下、从一个部分到另一部分反复影响的活动。

（4）C2 的复杂系统观把指挥员看作高于系统的个体，从系统之外行使 C2 职权，类似象棋大师移动棋子，但对其复杂的系统内部，部分之间的关系是交互影响的。

总之，C2 的复杂系统观认为在战争行为上期望 C2 提供精确的、可预测的、机械的命令是不合理的。

1.4.2　机械化时代的指挥与控制

1. 机械化时代指挥与控制的主要原则

现有关于 C2 的理论、实践及相关的条令、条例都源于机械化时代。机械化时代的 C2 的原则不仅经历了战争实践的检验，也被广泛运用于经济和商业活动中。这些原则包括分解、专业化、层次结构化、最优化、协同、集中计划和分散执行。这些原则的综合使用遵循了控制科学的基本原理。

1）分解原则

机械化时代，几乎对所有复杂的问题都遵循了"先分解再解决"的思维方式。这一思维方式尤其体现在组织/团队的活动上，通常先精确界定相关角色，再分解细化总的活动，直至分解到运用现有知识、技术和人员可解决的活动分支节点。例如，军事组织根据作战活动存在的空间划分军种为陆、海、空军，大学根据学科划分、建立相应的系，制造企业根据生产活动划分车间等。

许多现行的军事组织反映了机械化时代的分解原则。例如，分解参谋职能为作战、政工、装备、后勤，参谋职能的履行使得指挥员能够掌握战场情况。同样，在战争的分解上，通过划分空间（陆地、海洋、空中）、划分兵力的作战区域，以及分解作战行动等，使战争这一复杂活动成为易于控制管理的众多小的组织/团队或活动节点。在机械化时代，军事组织所有的分解都是有计划进行的，因此，其细分的活动或组织在综合时形成一个整体。

2）专业化原则

通常，组织的分解结果是职能较为单一的组织，这些职能组织通过履行自己职能领域的活动支持组织总体完成使命，而这些职能组织都具有独特的知识、经验和文化，形成了属于自己的专业领域。例如，一个生产企业分解的组织实体包括新产品的研发部门、实验部门、生产部门、市场部门、营销部门，这些组织实体的成员都有不同的培训经历、能力和组织文化，每一个部门都依赖一个属于自己的职业化团队。职能组织的专业化大大提高了效率，促进了组织整体效能的提升。同时，专业化也导致了学科领域的划分越来越细，越来越窄。在 17 世纪，代表学科发展的期刊数量仅有十多种，到 19 世纪增长到上百种，而到 20 世纪末统计的种类已飙升至上万种。

在军事领域，专业化导致了专业技术兵种的出现，如电子战部队、网络部队、情侦部队等。在这些部队中，没有高度专业化的人员和装备配备就不可能有效地执行被赋予的使命任务。

尽管专业化提高了组织效率，但也导致了新问题的出现，这就是联合的需求。随着军事力量的专业化分工越来越精细，战场上出现的专业领域、专业技术兵种越来越多，如何让这些专业化的个体和组织协同展开工作就成为军事力量建设的主要矛盾，联合作战在这一背景下成为当前各国军事理论与实践的主要课题。

3）层次结构化的组织原则

机械化时代专业化在组织科学上产生的影响是组织结构的层次化。专业化导致组织内出现越来越多的专业职能实体，组织运行的目的是实现组织整体目标，因此，如何有效组织和控制这些专业职能实体实现组织总体目标就成为组织变革的主要内容。机械化时代，变革的主要成就是建立层次结构，由此出现了组织的中间管理层，其职责体现在以下几方面。

（1）理解总的目标和相关政策。

（2）把对目标的理解向其下属传达，使得下属理解，并按其理解行动。

（3）制订计划，确保其行动一致，并符合组织目标和价值。

（4）监督部属履行职责，必要时提供正确的指导。

（5）向上级提供有关运行情况或变化的反馈信息，并对变化提出处理建议。

在层次结构的设置上，层次的多少取决于组织的规模和控制的有效跨度。控制的跨度是指一个个体或组织实体能有效管理的个体或组织实体数量。给定一个组织规模（包括人员和资源），控制跨度就决定了层次的划分数量。对非军事组织，通常认为控制跨度应该不超过 12 个，也有人认为是 3～6 个，且与层次的高低有关，最接近底层的跨度为 6 个，最接近顶层的跨度为 3 个。

在军事领域，层次结构的设置遵循了同样的原则，不同的是军事组织由于战场空间变化的激烈性，其层次结构需要满足实体间持续通信的需求。以美国陆军的编制为例，其跨度设置为：集团军下设 3～4 个军，军下设 3～4 个师，师下设 3～4 个旅，旅下设 3～4 个营，营下设 3～4 个连，连下设 3～4 个排，排下设 4 个班，班下设 2 个火力单元/小组，每个火力单元/小组由 5～6 人组成。

由于层次数量是跨度的函数，随着控制跨度的下降，层次会越来越多。

在层次结构的军事组织中，信息的传递需要与指挥链保持一致，也就是说沿着指挥链进行上传或下达。因此，层次越多，信息传递的路径就越长，从而导致信息传递错误或延误的概率就越高。事实上，在这种层次结构的组织中，对信息的控制是控制组织的主要工具。

4）最优化原则

机械化时代，对战场空间的分解、职能领域的专业化及军事组织层次结构化的设置使复杂的战争问题变成简易的、易管理控制的问题。在这一背景下，军事领域的最优化成为军事运筹的热点。众多学者认为军事问题存在最优化的解决方案，每一个作战单元/平台都有理想的部署，这种假设自然而然就营造了军事领域探索最优化解决方案的氛围。

最优化原则运用的典型事例就是武器系统的设计及支持武器系统的 C2 系统、通信系统的设计等，武器系统的设计思路通常基于已知的威胁和可能的作战对象进行最优化设计方案的求解。同样，C2 系统是以使用每一种武器平台/作战单元（即终端到手段的匹配）为目标进行最优化的。例如，冷战期间，美军在兵力结构、武器平台建设上所有关键决策的制定都是基于苏联和华沙组织的威胁来考虑的，其空地一体战提出的背景就是在欧洲战区击败苏联军事力量。

事实上，所有机械化时代军事力量建设问题都预设了假想的敌人和作战想定，其决策是基于威胁进行最优化的。

最优化保障了军事决策的正确性和有效性，然而，也带来了相关问题，这就是威胁的变化。一旦军事力量面临非假想的敌人时，其力量结构、作战平台和作战系统都表现出极大的不适应性，从而影响了作战效能，如美军之于越南战争。

5）协同原则

假设军事力量的诸要素源于最优化的设计，那么，C2 过程的有效性就取决于采取什么样的控制手段来消除军事力量要素的冲突，通常其控制手段包括以下几点。

（1）确定作战单元的区域边界。

（2）确定空域的高度限制。

（3）分配后勤基础设施（如机场、港口、公路、铁路等）。

（4）设置停火区域、自由交火区和限制火力区。

（5）交战规则等。

运用这些手段的目的在于让指挥员控制其职责区域内的活动，确保作战力量的每一个要素都有最佳的作战环境，这就是协同。

协同产生的直接诱因是专业化和最优化。当多个专业兵种组合使用，如步兵、炮兵、装甲兵协同攻击，就需要通过消除冲突来达到协同行动的效果。炮兵的炮火攻击就需要在时间和空间上与步兵和装甲兵的行动进行协调，以达成兵力行动的协同，从而产生最佳攻击效果。

与以往战场的竞争行动相比较，协同行动产生了更佳的作战效能。

6）集中计划原则

集中计划是机械化时代 C2 的一部分。集中计划使指挥员能够在时间和空间上统筹战场的作战力量和活动，从而使成功的可能性最大。

通常，军事计划包括以下五个要素：

（1）使命，即作战力量总体目标及作战力量各个组成要素目标（谁负责什么）。

（2）可用的资源，即作战力量的哪一部分执行使命的什么要素（谁扮演什么角色）。

（3）区域，即指定谁负责哪一个区域。

（4）时间表，即作战行动随作战进程协同的组织方式。

（5）权变，即使命、资源、区域和时间表在预定义的环境中可能的变化方式。

在机械化时代，由于通信的能力限制，计划是为指挥员创造成功条件的一种机制。军事力量的规模越大、组成越复杂，对计划的依赖性就越强，通常在战前需要花费相当多的时间和精力来进行计划的准备，在战时需要持续的监视、调整和维持。例如 20 世纪 90 年代，美空军任务指令系统（Air Tasking Order，ATO）就是集中计划的典型案例，该系统的计划文档由司令部集中拟制，其产生和实施周期为 72 小时，计划内容包括了每一个飞行器的任务和协同行动的相关信息。

7）分散执行原则

由于计划越来越复杂，在应对激烈变化的战场环境时，复杂的计划就表现出了脆弱性。"一旦接敌，计划作废"，这是机械化时代关于计划的著名语录。基于对计划的这种认识，战场上的指挥员们都鼓励部属发挥主观能动性，在总的意图指导下分散执行计划，尤其是在非常职业化的军队中（如二战时期的德国军队中），这一做法更为明显。

计划的分散执行不仅因为战场的不确定性，指挥员无法预测战场情况，而且更为深层次的原因在于现场指挥员总是能够获取更多更为真实的信息。

约翰·基根（John Keegan）认为 C2 能减少战场不确定性的持续过程，尤其是在交战现场，这一过程变化激烈，交战现场的指挥员是处理不确定性的最佳人选。通常，现场信息的传递需要逐级实施，从战斗到战役。在机械化时代，传感器和通信系统的设计都是面向一线指挥员的，要求一线指挥员根据实时获取的战场信息来判断计划的好坏及计划的执行方式。在完成作战使命的方式上，往往强调灵活性和创新性，而实现灵活性和创新性的关键通常在于执行计划的一线指挥员，而不是计划的制订者。这就是计划分散执行带来的作战效能的提升。

2．机械化时代指挥与控制的特点

1）内循环特点

由于机械化时代通信技术的局限性，C2 遵循了一种内循环的机制。这种内循环机制的主要特点如下：

（1）对战场态势监控，包括敌方、友方、天气和地理环境等要素；

（2）生成对态势的感知；

（3）形成对态势的理解；

（4）拟制可选行动方案；

（5）选择行动方案；

（6）制订实施行动方案的计划；

（7）根据计划生成和发布指令；

（8）监视和评估执行效果。

在 C2 领域上，广泛应用的 OODA 环模型就是工业时代内循环过程的反映，如图 1-12 所示。

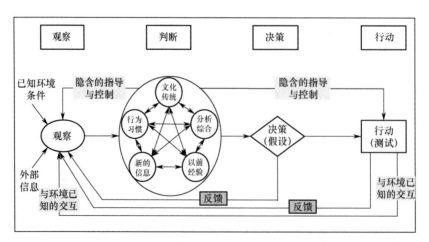

图 1-12　OODA（Observe-Orient-Decide-Act）环模型

2）线性特点

机械化时代的军事力量运用了简单的线性 C2 机制。这种线性 C2 机制的运行特点可理解如下：

（1）分解战场空间；

（2）划分作战阶段；

（3）运用专业化、最优化和集中计划手段确保行动的有效性；

（4）通过分散执行和持续调整的循环过程，确保应对战场环境变化的灵活性。

这些手段使用的目的是在战场态势随时间变化时，作战力量可通过持续调整其行动实现对战场的控制。这种线性的 C2 是一种简单适应性机制的体现。

1.4.3　信息时代的指挥与控制

机械化时代的军事力量是基于威胁和想定的最优化设计。这种军事力量在遭遇战场态势激烈变化，出现非预期的情况时，其作战效能就大打折扣，甚至导致失败。例如，第二次世界大战期间德军遭遇游击战、美军在越南战场遭遇丛林战与游击战，以及 21 世纪之初的"9·11"事件——美军遭遇超限战等，都是因为基于最优化设计的职业化军事力量缺乏足够的敏捷反应能力，所以导致了不利的后果。

在信息时代，敏捷能力被认为是军事力量变革最关键的特征，军事力量敏捷能力的实现在于指挥与控制的敏捷性，敏捷指挥与控制需要具备以下六个方面的特性。

（1）鲁棒性：在使命空间（作战任务、作战环境和作战条件）一定的变化范围内，使其维持一定程度上的有效性的能力。

（2）弹性：保持军事力量自我恢复的能力，这种能力使军事力量在受到打击、损伤、干扰后能够自主恢复。

（3）反应性：对战场环境中的变化及时反应的能力。

（4）灵活性：可用多种方式成功处理，并在不同方式间无缝转接的能力。

（5）创新性：处理新的问题或用新的方式处理老问题的能力。

（6）适应性：改变工作流程和组织结构的能力。

敏捷指挥与控制六个方面的特征既相互区别，又相互影响。各特征要素通常都有各自不同的背景和域，同时这些特征要素又相互关联，任何一个特征要素的不足都会导致其他要素性能的下降，从而影响其整体敏捷能力的实现。敏捷 C2 六个特征方面的关系如图 1-13 所示。

1．C2 的鲁棒性

C2 的鲁棒性是确保军事力量在使命空间（作战任务、作战环境和作战条件）一定的变化范围内，使其维持一定程度上的有效性的能力。在对作战概念、C2 系统、军事力量进行最优化设计时，鲁棒性是首先牺牲的特性，主要原因在于其最优化设计的假设条件——冲突能有效处理。

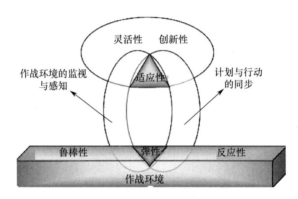

图 1-13 敏捷 C2 六个特征方面的关系

理想情况下，只要交战双方在开阔的地域实施正面对抗，那么训练有素的职业化部队在配备优势火力与机动能力时就具备了完成其使命的必要条件。因此，在游击战中，正规军往往采取攻其必救或防其必攻的策略，以引诱对方到预定区域实施正面对抗的正规战。然而，在战争实践中事实并非如此，在军事历史上有诸多非正规军事力量在预设战场击败正规军事力量的战例，这些战例包括第一次世界大战期间土耳其在北非和阿拉伯半岛的战争、第二次世界大战期间德军在欧洲战场、日军在菲律宾半岛的战争及美军在越南战场的战争等。从这些战例可以看出，训练有素的正规力量并非绝对的获胜方，究其原因在于这些传统的军事力量缺少足够的鲁棒性，在最优化设计之初没有考虑这些正规力量使命环境的多样性。

因此，测度鲁棒性的关键要素在于其 C2 系统、作战概念和军事力量匹配或者说适应使命环境的多样性，也就是说，如果一支部队适应的使命环境越多，那么其鲁棒性能越佳。

2．C2 的弹性

弹性是指调整和快速恢复的能力。C2 是任何军事力量战斗效能发挥的决定性因素，往往是双方攻击的首选目标，因此，C2 能否在遭遇攻击、毁损后快速调整恢复是衡量其战斗能力的关键因素之一。

由于作战环境中对抗的激烈性和致命性，对军事组织的设计，弹性总是作为首要因素来考虑的。通常，一个 C2 节点的损伤或失效，即使是关键的指挥中心，其弹性的设计都是通过条令、条例来指定指挥权的转移方式的，确保 C2 的职能能够得到履行。然而，这种权限的转移调整是要付出代价甚至是承担风险的，包括 C2 结构的改变和信息流的调整导致一段时间内整体效能下降，新的 C2 节点由于经验、知识和能力的差异可能需要调整现有计划，从而导致作战进程的变化等。

军事组织的设计通常采用冗余配置来确保其弹性。例如，在编制岗位上配置多人，通过条令、条例确定人员的替换；在指挥机构上，设置后备指挥机构和指挥权限转接的相关规定；在装备与后勤上，使用备品备件和多级保障，等等。

在信息时代，由于信息技术的发展，军事力量的弹性设计有了更多的途径。首先，指挥中心由集中转为分散，降低了风险；其次，通信系统网络化和自组织的设计技术，确保了系统在受打击毁伤后的自我恢复能力；再次，在决策方法上，采用协作决策，不仅提高了决策质量，而且在协作决策过程中，作战意图在指挥员之间广泛传递和深刻理解，确保了单一指挥节点丢失或失效不影响整体作战进程；最后，丰富的共享信息和信息的广泛共享，确保了不同作战单元之间在时间和空间上的同步，提高了作战效能，从而减少了伤亡和损失。

C2 的弹性不仅体现在组织的行为上，而且也体现在个体上。个体的弹性取决于其毅力，具有坚韧不拔毅力的个体更能够承受压力，具备更好的个体弹性。除此以外，个体的弹性还依赖于其自信心和思维方式。

弹性与敏捷 C2 的其他特性相互关联，尤其是适应性、灵活性和创新性。

3．C2 的反应性

反应性是敏捷 C2 的最基本的特性，它是指在作战概念、C2 系统、军事力量上能够根据战场的变化以及时有效的方式做出行动。通常，反应性的度量方式是态势变化到有效行动产生的时间，它取决于作战样式。不同的作战样式有不同的节奏，具有不同的反应时间窗口。例如，快节奏的作战样式空战，其反应时间以秒计；陆上机动战，其反应时间通常以分或小时计；而潜艇战，其部署通常以天计。因此，在反应时间上，没有绝对的最佳反应时间。

在反应性上，除了反应速度，反应行动的有效性同样重要，不正确的快速反应不属于 C2 的敏捷行为。

如果网络中心战仅仅只是机械化时代作战样式的一种拓展，那么，以上关于反应性的理解就涵盖了其所有本质。然而，信息时代的网络中心战是一种革命性的全新作战样式，它需要更丰富的感知共享、更快的决策和指挥意图与指令的分发，最终形成更有效的自同步作战行动。由此，赋予了反应性更丰富的内涵。

在信息时代，由于军事力量具备了同步和持续行动的能力，给予对手的反应时间非常有限，因此，对 C2 的反应性要求更加严格。从本质上说，C2 的反应性是指对战机早期发现、运用的能力，它要求比对手先期发现战机，并更快更有效地运用战机。在机械化时代，制胜的关键在于发现或营造战场重心，并围绕战场重心编制有效的作战方案和计划，重心是影响对手的关键点，因此，重心作战理论得到了广泛的运用。信息时代，战场趋于透明化，重心不再是一点，而是由诸多点组成的面，同时，可运用的作战手段趋于多样化，制胜关键在于组合运用多种作战手段，给予对手快速决定性的打击，并制造更多的不确定性，迟滞对手的反应。

反应性不是敏捷 C2 的孤立特性，在决策上的灵活性和创新性都会影响发现机会窗口和运用机会窗口的能力。由于 C2 在不同的使命环境条件下具有不同的有效性，其反应行为需要应对不同的使命环境，因此 C2 的反应性影响其鲁棒性。在 C2 组织结构和过程上的快速调整能够提高 C2 组织的反应速度和过程的有效性，因此 C2 的适应性对反应性有积极的影响。

4．C2 的灵活性

灵活性是指可用多种方式成功处理，并在不同方式间无缝转接的能力。一个灵活的 C2 系统能够产生和运用不同的方法来完成赋予的任务。一支具备灵活性的军事力量，对对手来说是很难对付的，因为对手在制订计划时面临太多的可能选项，很难设计出有效的应对措施。

灵活性是 C2 认知域的特性。具备灵活性的军事指挥员就像音乐天才在音乐主题上创造比别人更多的变奏曲一样，在军事上能够比对手创造更多取胜的机会。C2 灵活性往往受制于指挥员的决策方式。研究表明，在军事决策上，指挥员通常都依赖其经验和直觉，这种决策方式导致了处理方案的唯一性，在遭遇以下情况时会导致危险的后果：

（1）态势是指挥员不熟悉的；

（2）其个性特征与决策方式为对手所熟悉；

（3）作战效果需要多方行动的同步。

由于多种解决方案的产生需要花费时间，对一种态势产生多种可选的解决方案可能会给指挥员带来压力，尤其是在重要战机窗口非常小，指挥员会担心多种方案的决策可能会贻误战机时。但敏捷 C2 需要指挥员承担这种压力，具备对即定态势辨识更多的可选方案和有效实施方案的能力。

因此，对军事力量来说，灵活性可以用完成使命的可靠途径的数量来衡量。

可选方案或者说途径的产生是认知领域的活动。在信息时代，以网络为中心的作战，方案的产生过程需要多个参与方的协作，尤其是有不同观点的参与方。因此，在 C2 的社会域，灵活性是其关键点之一，可以通过在指挥员和指挥参谋之间建立良好的网络和协作决策机制来提高 C2 的灵活性。

需要注意的是能够产生更多的可选方案并不意味着就具备了灵活性，灵活性还取决于这些可选方案能够被评估、确认切实可行，以及能被有效分发执行。对于灵活性的这一要求，通过丰富的共享信息和协作工具促进了在方案执行上的有效性。假设可选方案的产生是跨单元和功能域的协作决策过程，那么方案的快速分发和正确理解就需要得到改善，这是方案有效执行的前提。

灵活性概念包含了两种重要的能力。一是对战场环境中变化的快速辨识能力，战场环境中的变化可能是战机，也可能是威胁，快速辨识扩大了产生方案的时间窗口。二是对未来多种可能的预测能力。对未来多种可能的预测是可选方案产生的前提和假设。对灵活性的度量要素包括：

（1）对未来不同可能的预测结果与可选方案的数量；

（2）在态势感知、理解与可选方案的拟制上参与成员的数量与类型；

（3）是否在态势感知、理解和方案拟制上运用了多方协作决策过程；

（4）方案执行的兵力结构。

5．C2 的创新性

创新性是指处理新的问题或用新的方式处理老问题的能力，尤其是运用新的方式获取期望的效果更能体现 C2 的创新性。在处理问题时，我们往往遵循传统和习惯，其原因是传统和习惯无数次成功处理了我们面临的问题。然而，在战争中，因循守旧是致命弱点。创新就是出"奇"，其目的是在充分运用战机的同时，制造战争迷雾，让对手无法预测。

C2 的创新性建立在对使命和战场环境的学习能力的基础之上，通过持续学习来创造和维持竞争优势。学习既包括对作战经验的总结，也包括对对手的学习。在己方学习的同时，对手也在持续学习，因此，在任何情况下都不能假设对手在下次遭遇时会以同样的方式对抗。创新就是干扰对手的学习，混淆对手对我方作战的经验和知识（包括条令条例、战术、技术和程序等）的视线。

1983 年，美海军陆战队在黎巴嫩贝鲁特的军营遭到自杀式袭击，被彻底摧毁，其原因在于其一成不变的防御。在防御上，虽然军营设置了障碍和哨兵，但其障碍的设置方式、哨兵的值守与巡逻方式在遭遇袭击前数周都没有调整，而且是一种开放式的防御，使得袭击方获取了军营防御态势，并有足够的时间有针对性地设计袭击方案。如果在防御方式（如障碍设置区域、哨兵位置和巡逻路径等）上给予随机的变化，那么袭击成功的概率就会降低。

6．C2 的适应性

适应性是指在应对战场态势/环境变化需要时改变工作流程和组织结构的能力。敏捷 C2 的其他特性强调了军事力量的外部因素，而适应性关注军事力量的内因变化。在使命任务变化时，调整军事力量的组织结构和过程能够维持和提高军事力量的使命效能。传统军事力量在处理使命任务变化时局限于设计的角色、职责与关系，而信息时代敏捷 C2 的适应性要求角色、职责与关系依据使命任务的变化而调整，由此突破了传统的约束和限制，大大提高了军事力量完成使命任务的多样性。

敏捷 C2 的适应性行为包括以下四个方面：

（1）信息分发方式的调整，包括分发对象、内容和路径等；

（2）联合、合同或协同方式的调整；

（3）组织结构、指挥与控制关系的重构；

（4）工作流程的调整。

美军在阿富汗战争中对传感器、地面部队和武器进行联网就是典型的适应性行为，大大提高了 C2 效能。网络中心战的关键是跨职能领域、单元和组织的一体化集成，这也是敏捷 C2 的一种适应性行为，它包括了兵力组织结构和工程流程的调整。同样，军事力量基于任务的裁剪概念也是一种典型的基于使命任务的兵力组织适应性行为。

兵力组织 C2 适应性的典型案例是前美国 CENTCOM 指挥员托尼·基尼（Tony Zinni）提出的模块化指挥中心的概念，模块化指挥中心概念把指挥中心的人员用三个圈划分，位于最内的是关键指挥决策人员，中间层为参谋领导，最外层为参谋人员，同时该概念对参谋的职能根据承担的军事使命和角色进行了界定。基尼认为军事力量在应付不同威胁、不同性质的使命任务时需要不同的参谋职能和人员配备，如人道主义救援属低威胁使命，需要参谋人员少，而执行高威胁的维和行动时就需要较多的参谋人员。而且，不同的使命其职能重要性不一样，如在执行人道主义救援时，法律、医疗就是其主要的参谋职能。因此，经典的拿破仑参谋机构设置是有局限性的，针对一个具体的使命，可能需要不同的机构配置。基尼的模块化指挥中心概念关于参谋人员的需求和层次圈的划分都是具体使命具体分析，根据需要设置，较工业时代经典的拿破仑参谋机构而言，基尼的模块化指挥中心概念体现了敏捷 C2 的适应性。

1.5　指挥与控制理论体系

传统的学科在形成其理论体系时，往往从基本概念出发，逐渐扩展到整个理论体系。例如，牛顿力学中的质量、加速度等基本概念，作为原始概念，逐渐发展，形成了牛顿力学体系。

1.5.1　指挥与控制理论体系结构

按照传统学科的理论体系的建立方式，形成指挥与控制理论体系需要以下四个步骤。

（1）选择最初始的有限个概念，且它们相互独立，称其为本源概念集。

（2）以原有的（本源的或导出的）概念为前提，融入新的知识或概念，保证理论体系的相容性。

（3）对知识进行规范化处理并验证。

（4）提出获取并验证新的知识的方法。

但是，C2 的问题涉及多个学科，其理论和实践远比传统的单一学科复杂，按照传统的学科理论体系构造方法来建立理论体系，具有相当的难度。首先要建立完备的本源概念集，对于不断发展的 C2 来说，这几乎是不可能的。因此，对于 C2 理论体系的建立，不可能完全遵循传统的模式。但这并不意味着 C2 没有自己的理论体系。

建立 C2 理论体系的目的，是使人们在体系范围内，运用相应的思想、理论、方法、工具和手段来表示、理解、分析、综合、优化、开发、评价和使用 C2 系统。尽管已经找到若干方法来达到这样的目的，但这些方法大多是局部的、片面的，缺乏普遍适用性，知识之间缺乏联系，因而谈不上形成理论体系。因此，人们甚至怀疑是否存在这样的理论体系，或目前的学科发展还不足以讨论理论体系的问题。

事实上，任何学科的理论体系，其完备性的最后确认意味着理论发展的终结。C2 理论体系本身是发展的，是不完善的，它本身还要提供自我完善的机制。

理论体系的起源，是对该学科的认识及面临的一些问题和解决方法。其中的基本概念、主要问题和主要解决方法，逐渐成为该学科理论体系的起源和核心。

C2 理论体系包含了所有与 C2 相关的知识、基于 C2 系统的活动及 C2 系统的结构和 C2 过程。基于 C2 系统的活动获得的关于 C2 系统的结构、性质和运行规律等知识构成了 C2 的学科知识集。指导与 C2 系统相关活动的 C2 知识构成了 C2 的元知识集。

上述概念的关系可用图 1-14 来表示。

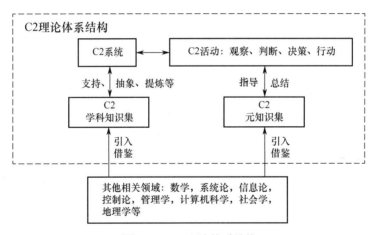

图 1-14　C2 理论体系结构

1.5.2　指挥与控制理论体系内容

求解问题有两种方式：实验和解析。当某领域的实践活动主要采用实验的方式时，其理论以元知识集为主，反之以学科知识集为主。采用实验方式是因为缺乏解析的方法或学科知识，或运用解析方法的代价太高。

人们一直试图运用解析的方法来解决 C2 领域的理论问题。但对于 C2 领域中的某些问题，如 C2 系统作战效能的评估，就很难找到解析的方法。用基于统计理论的蒙特卡洛方法和基于兰彻斯特方程的方法，是很难解决这类问题的。

当前，人们大量运用实验的方法来解决 C2 领域的问题，这种方法主要是建模仿真。建模仿真就是建立系统的模型并在模型上做实验。通常所说的系统模型，是把实际系统或待开发的系统,按照分析目标对系统进行的抽象和简化,也就是说,系统的模型是按系统的研究目的,以相似理论为基础,由原系统或假定系统抽象而得到的一种系统描述体。系统仿真是对系统动态模型的实验,是一个过程。

从模型的观点看,物理、数学等学科的理论体系同样建立在符号模型上。建立理论体系的过程事实上就是将领域知识从观念模型转化为广泛适用的符号模型的过程。理论体系用于指导理论活动或实践的过程,就是一个在理论体系内建立关于问题的模型并对问题求解的过程。这里的求解包括了逻辑推导、实验、仿真和构造实际的系统等活动。

C2 领域的理论和实践活动决定了 C2 理论体系应当包含的内容。根据对领域知识的分类,可以得到理论体系的知识集。C2 领域的理论体系包含两方面的内容:学科知识集和元知识集。图 1-15 展示了 C2 的理论体系。

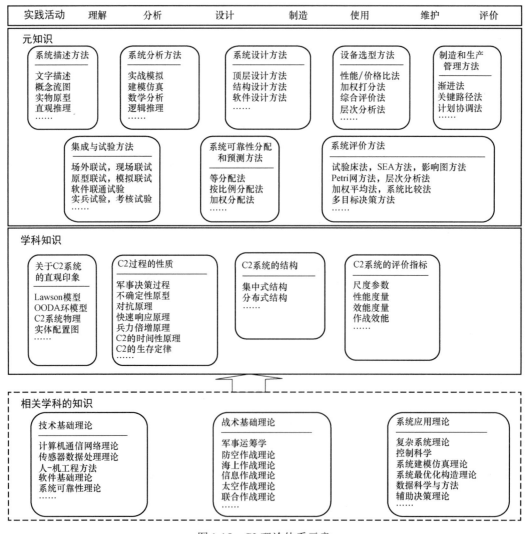

图 1-15 C2 理论体系示意

其中，学科知识集包含关于 C2 系统的基本概念、事实、经验、定律、假设、公理、定理等。元知识集包括获取、组织、储存、应用、验证 C2 学科知识的过程和方法，以及对 C2 系统的理解、分析、设计、制造、使用、维护、评价的过程和方法。

就 C2 的学科知识而言，其大多是一些事实和经验，规范化的知识很少。定性的结论相对多而定量的结论很少。指导 C2 领域实践活动的，除 C2 的学科知识、元知识外，大多是相关学科的知识，如计算机、通信、数学、军事、管理、决策等学科的知识。

第 2 章

指挥与控制理论基础

由于指挥与控制是军事活动的核心与灵魂，渗透了所有的军事职能与活动，因此，指挥与控制的整体观，在不同的军事职能领域和学科领域有不同的解读。

本章重点阐释指挥与控制的控制论模型、系统论模型、信息论模型，以及指挥与控制的管理学等原理。

2.1 指挥与控制的控制论模型

自从 1948 年诺伯特·维纳出版了著名的《控制论——关于在动物和机器中控制和通信的科学》一书以来，控制论的思想和方法已经渗透到了几乎所有的自然科学和社会科学领域。维纳把控制论看作一门研究机器、生命社会中控制和通信的一般规律的科学，是研究动态系统在变化的环境条件下如何保持平衡状态或稳定状态的科学。

在控制论中，"控制"的定义是：为了"改善"某个或某些受控对象的功能或发展状况，需要获得并使用信息，以这种信息为基础而选出的、应用于该对象上的作用。由此可见，控制的基础是信息，一切信息传递都是为了控制，进而任何控制又都依赖于信息反馈来实现。信息反馈是控制论的一个极其重要的概念。通俗地说，信息反馈就是指由控制系统把信息输送出去，又把其作用结果返送回来，并对信息的再输出发生影响，起到制约的作用，以达到预定的目的。

2.1.1 一般控制原理

一般控制原理是一种反馈控制过程原理。反馈控制系统中，控制装置对被控对象施加的控制作用，是取自被控量的反馈信息，用来不断修正被控量与输入量之间的偏差，从而完成对被控对象控制的任务，如图 2-1 所示。

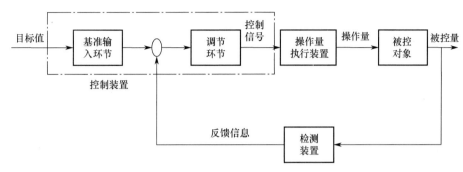

图 2-1　一般控制原理图

2.1.2　C2 的控制原理

控制科学的发展促进了现代意义上 C2 的形成。在军事指挥中引入控制论并设计研制出第一代 C2 系统是 C2 发展成熟的标志。现代控制科学的基本原理包括：

（1）自动反馈控制原理，即施控者把输入信息作用于受控者，受控者通过反馈装置将结果作用于施控者。

（2）选择控制原理，即受控者存在一系列可能的状态，施控者选择一种可望达到预期结果的状态进行调控。

（3）优化控制原理，即通过反馈机制，使系统处于最佳状态。

（4）信息变化原理，即以信息作为系统分析和处理问题的基础，系统的运动是一个信息变换的过程。

军事领域的指挥与控制涉及敌我对抗双方，其施控主体是指挥员及其指挥机关，战场是敌我双方控制的对象。战场包括双方的部队、武器系统、通信系统和情报系统，还包括自然与社会环境等要素。指挥员根据使命任务做出决策，将作战计划、命令通过作战文电形成指挥流下达到部队，部队根据命令进行作战行动，通过部队机动部署和火力打击，改变战场状况。然后通过战场雷达等装备获取与感知对战场的实时打击效果，将侦察、监视到的数据去重复、去噪声，进行数据融合等。在数据融合的基础上，再将整个战场各个情报部门获得的情报进行梳理、整合、归纳、综合，汇合成新的态势，最终传送到指挥所，指挥员据此分析判断做出新的决策，形成新的指控流。这样就构成一个认知环路。红方如此，蓝方也是如此。双方围绕战场这个被控对象的争夺，形成了体系与体系的整体对抗。这种争夺是反复进行的，直至达到战争目的为止。

与工业自动控制类似，战场指挥与控制主要指的是指挥员根据使命任务确定所要实现的目标，制定作战方案并进行决策，对部队下达任务指令，根据反馈信息分析作战态势，指挥部队的行动。

确定作战目标是指挥员进行指挥与控制的首要任务，它相当于自动控制的目标值。作战目标是作战行动所要实现的目的，也就是指挥员所希望作战行动所要达成的结果，它或是指夺占一个地区，或是指摧毁某个目标，或是指实现某种战场态势。作战目标对控制的作用是十分重要的，没有作战目标就没有控制。上级意图或赋予本级作战任务，以及本级指挥员的决心和作战计划中的有关内容，体现了作战目标的具体结构和内容。

制定作战方案是指挥员对部队行动所进行的一系列预先设计和安排，也可以说是对作战任务、作战时间和作战资源的分配。作战方案的内容一般应包括作战行动的总目标及各个阶段的分目标。例如，各部队为完成各项目标应进行的行动内容，起始时间和结束时间，行动的方法、地点，部队之间及与其他友邻部队之间的相互关系等。方案确定下来之后，还必须对方案的可行性进行评估。评估的方法是多种多样的，计算机模拟是现代环境下方案评估的重要手段。通过方案评估，降低战场风险，调整一些不合适的内容，增强方案的可行性和优化程度。

作战目标和方案以命令的形式，经一定的通信手段传递到部队之后，部队则按命令的要求行动。部队在行动过程中，要不断向指挥员报告自己的行动情况，同时，战场信息获取与感知系统通过对战场情况侦察、监视，将战场态势传到指挥所，形成信息反馈。有了信息反馈，就建立起反馈控制系统，指挥与控制就可以有效地进行下去。指挥员通过反馈的信息进行分析，判断战场态势，找出部队实现目标的程度、执行方案行动的偏差，然后下达调控指令。

指挥员必须在充分分析战场的反馈信息之后，才能下达调控指令。战场侦察反馈回来的信息是已经发生过的，经指挥员分析后再以指令的形式下达到部队手中，必定要耗费一定的时间，而部队接到调控指令后，克服自身的惯性将偏差调整过来，还需要一些时间，因此，反馈控制具有一定的滞后性。克服反馈控制的滞后性，提高战场控制的灵敏度，要求缩短反馈控制过程中各项工作的时间，也就是需要提高指挥员及其指挥手段的时效。从某种意义上说，谁赢得了时间谁就赢得了战场主动权。误差大小、抗干扰能力强弱和响应快慢是工业自动化系统控制质量的三大指标。同样，在战场指挥与控制中，精确性、稳定性和时效性同样是决定着指挥效果的关键因素。

尽管军事领域的 C2 与工业自动控制存在的原理类似，但两者间也有质的区别：工业自动控制可以有人参加，也可以不需要人参与，如无人自动生产线，而指挥与控制系统的主体就是各级指挥人员；另外，工业自动控制系统只有一个控制环，不存在两个控制环，更不存在对抗，而指挥与控制有极强的对抗性，战场就是敌对双方两个控制环同时竞相争夺的被控对象。

战斗过程的控制活动包括兵力单元之间行动的协调、适应战场环境变化的作战要素调整，战斗过程的控制在很大程度上类似于工业过程控制。从这个角度上看，关于 C2 中的控制职能的建模，控制科学提供了强有力的理论支撑。

Lawson 模型反映了 C2 的控制原理。1981 年，J. S. Lawson 提出了一种基于控制过程的 C2 模型，Lawson 模型如图 2-2 所示，模型由五个步骤组成一个指挥与控制的决策过程，包括感知、加工处理、比较分析、决断和行动。该模型认为指挥员在对环境进行"感知"和"比较"的基础上，将解决方案转变成所需的状态，模型的主要不足是对人的作用描述不够，以致在应用中受限。

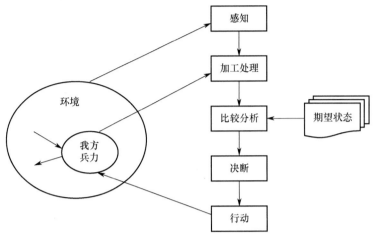

图 2-2　Lawson 模型

2.1.3　对抗过程中的指挥与控制模型

指挥与控制过程是一种典型的反馈控制模型，但上述模型没有描述战争的本质，即敌我双方激烈的对抗性。敌我双方围绕战场这个被控对象的争夺，形成了整体对抗，在对抗过程中 C2 遵循的过程如图 2-3 所示。

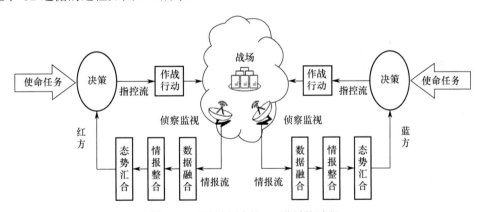

图 2-3　对抗过程中的 C2 遵循的过程

信息化战争是体系与体系的对抗，军队指挥体系处于最先被打击的地位，指挥与控制战常常在部队作战行动之前就已经开始，并且贯穿于作战的全过程。武器系统的硬杀伤能力和电子战的软杀伤能力对作战指挥的稳定性产生了巨大的影响，保持与提高指挥与控制系统的生存能力和作战指挥的连续性、稳定性是关系到战争全局的重大问题。

战场指挥与控制是以系统的形式存在和运行的，这个系统就是指挥信息系统。指挥信息系统包括指挥与控制系统、通信系统，以及情报、监视和侦察系统三大部分，指挥与控制系统是龙头，通信系统是依托平台，情报、监视和侦察系统是实时感知战场态势的手段。在指挥信息系统中，信息的流动大致可以分为指控流和情报流两种类型。

指挥员根据作战目标的要求，由反馈信息得出对当前战场态势的判断结论，并为进一步控制战场态势而发出信息，这一过程中信息的流动被称为指控流。指控流中，有作战文书、命令、作战预案、方案、计划、部队力量编成、分布、时间、任务、到达状况、部队部署、装备和武器状态等。指控流有两个流向，流入指挥所的包括下级的请示、报告，流出指挥所的包括指挥所发出的命令、通报、批示等。一旦指控流中断，就意味着指挥的瘫痪。通信平台必须确保指控流的运行和安全，必须确保在最恶劣条件下，指挥员对一线部队的知情能力和指挥与控制能力。

情报流是情报、监视和侦察系统通过各种传感器和情报侦察手段获取的信息，依托通信平台传到指挥所的过程。情报流中，有各种陆基、海基和空中雷达等传感器数据，有空间各类侦察卫星数据，还有技术侦察数据和部队侦察数据。在数据流动过程中伴随着数据融合等处理，数据融合后，进行情报整合和态势汇合，然后流向指挥所。通常，情报、监视与侦察系统是分布式的多传感器系统，因此，流向指挥所的情报流是多通道的。

指控流的信息量通常不大，但至关重要，而情报流实时性强，信息量巨大。在战场上，指控流对情报流有指导作用，决定要重点获取的情报要求；情报流对指控流有反馈作用，会影响下一轮指控流。

2.2 指挥与控制的系统论模型

作为一门科学的理论，系统论由 L. V. 贝塔朗菲（Ludwig Von Bertalanffy）创立。1932年贝塔朗菲发表"抗体系统论"，提出了系统论的思想。1937年其提出的一般系统论原理，奠定了这门科学的理论基础。确立这门科学学术地位的是1968年贝塔朗菲发表的专著——《一般系统理论基础、发展和应用》（*General System Theory: Foundations, Development, Applications*），该书被公认为这门学科的代表作。

2.2.1 系统论基本思想与方法

系统一词，来源于古希腊语，是由部分构成整体的意思。今天人们从各种角度研究系统，对系统下的定义不下几十种，如"系统是诸元素及其行为的给定集合""系统是有组织的和被组织的全体""系统是有联系的物质和过程的集合""系统是许多要素保持有机的秩序，向同一目的行动的东西"等。一般系统论则试图提供一个能揭示各种系统共同特征的一般系统的定义，通常把系统定义为：由若干要素以一定结构形式联结构成的具有某种功能的有机整体。在这个定义中包括了系统、要素、结构、功能四个概念，表明了要素与要素、要素与系统、系统与环境三方面的关系。

系统论的核心思想是系统的整体观念。贝塔朗菲强调，任何系统都是一个有机的整体，它不是各个部分的机械组合或简单相加，系统的整体功能是各要素在孤立状态下所没有的性质。他用亚里士多德的"整体大于部分之和"的名言来说明系统的整体性，反对那种认为要素性能好，整体性能一定好，以局部说明整体的机械论的观点。同时他认为，系统中各要素不是孤立存在着的，每个要素在系统中都处于一定的位置上，起着特定的作用。要素之间相互关联，构成了一个不可分割的整体。要素是整体中的要素，如果将要素从系统整体中割离出来，它将失去要素的作用。

系统论的基本方法，就是把所研究和处理的对象，当作一个系统，分析系统的结构和功能，研究系统、要素、环境三者的相互关系和变动的规律。世界上任何事物都可以看成一个系统，系统是普遍存在的。大至浩瀚的宇宙，小至微观的原子，一粒种子、一群蜜蜂、一台机器、一个工厂、一个学会团体等，都是系统，整个世界就是系统的集合。

2.2.2 系统论模型

战场敌我双方激烈对抗，无论是敌方还是我方，在指挥与控制上，都有一些共同的因素是不可或缺的，这些因素包括：

（1）物理设施，如传感器、计算机、指挥与控制节点（指挥员）、传输线路或链路等；

（2）结构，即把运行、数据和信息流等结合在一起的结构关系；

（3）过程，基于结构之上的功能关系，通常一个系统的结构决定其功能，而功能的运用即过程，决定行为的有效性。

在兵力组织中，任何一个指挥与控制节点在实施有效的指挥与控制时都必须遵循一个基本的原则，即遵循系统原则，建立整体与局部、静态与动态的认知概念。

C2 的整体与局部包括多个层次，具有多粒度的特性。作战平台上具有 C2 行动，如一艘军舰的作战行动需要舰长实施指挥与控制；同样，对舰载的武器系统，其运作也是方面指挥员、武器长、中队长等节点实施指挥与控制行为；上升到一个舰艇编队层次上，编队的作战行动涉及编队指挥员对作战平台指挥员的指挥与控制行为。

C2 的整体与局部是对系统组成要素与结构关系的认识，在敌我对抗的战场环境中，C2 是动态、持续的过程行为，它在遵循一般 C2 过程的同时又具有独特的个性特征，其个性特征是我们理解认识 C2 系统的重点。

因此，对一个 C2 系统的认识，需要界定其边界和过程。

1. C2 边界定义

一个 C2 系统包括三个部分的内容：一是物理实体；二是结构，包括组织、运动方式及信息源模式；三是过程，即功能运行关系。

C2 边界的定义界定 C2 系统的前两部分内容（物理实体与结构），同时识别系统元素，建立要素及结构关系，为过程定义奠定基础。

C2 边界的定义需要针对不同的层次问题建立不同层次的理解和认识概念，这些层次概念包括敌我对抗的战场环境、作战力量、系统、子系统（见图 2-4）。在建立这些认知概念的同时构建对应的度量方式方法，以便于指挥员对感知问题有深入认知。

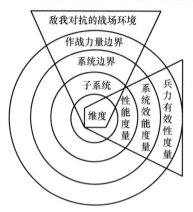

图 2-4　C2 边界及度量

通常，在系统层建立系统有效性（MOE）的度量概念；在系统层以下，建立性能度量概念；而在底层（不可再分解的维度层）建立"维度"参数概念，即参数值可描述底层系统。在系统层以上，建立作战力量的兵力有效性度量（MOFE）概念。

2. C2 过程定义

C2 过程定义是构建系统功能执行关系，建立系统的动力学模型的过程，系统过程如图 2-5 所示。

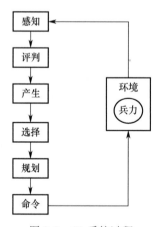

图 2-5　C2 系统过程

环境是 C2 过程的起点或源头。C2 的内部过程由感知、评判、产生、选择、规划、命令等构成。感知是早期的探测，获取最初的认知概念，而评判是对感知进行评价和判断，产生是根据评判结果生成预案，选择是在可选预案中确定执行计划或方案，规划是执行方式的选择，命令是依据选择结果和规划结果形成向下级发布的指令。

环境同内部过程的交互内容包括敌方兵力、我方兵力及其他环境因素等。

过程定义主要是将系统过程加以识别，并变成可测度的战斗功能。经过边界和过程的

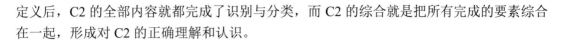

定义后，C2 的全部内容就都完成了识别与分类，而 C2 的综合就是把所有完成的要素综合在一起，形成对 C2 的正确理解和认识。

3．C2 的综合

C2 的综合是 C2 系统的静态与动态结合，以过程的有效性为目标，建立系统的组成结构。

C2 的综合步骤如下。

第一步，通过 C2 过程构造数据流图。

第二步，进行信息变换分析，确定节点（可能是指挥员、武器系统或装备等）间的隶属关系，从功能上确定系统的层次结构。

第三步，把执行功能的物理实体（人或机器）纳入节点中，形成系统的组织结构图。

2.3　指挥与控制的信息论模型

信息论是一门用数理统计方法来研究信息的度量、传递和变换规律的科学。它主要是研究通信和控制系统中普遍存在的信息传递的共同规律，以及研究信息的获取、度量、变换、储存和传递等问题的基础理论。

信息论方法把人和系统看作信息处理者和信息系统，使用信息熵来描述兵力组织中的 C2 行为。具体地说就是把系统中总的不确定性看成系统的总活动量，人是"有限理性"限制决策主体，对系统的不确定性和人的"有限理性"约束都用熵来量化与对比。

人的"有限理性"假设如下。

（1）组织中决策人员的行为完全是合理的，即决策人员十分熟悉所执行的工作，知道如何选择与操作以获得最佳的效能，并竭尽全力去完成任务。

（2）决策人员的能力是有限的，其能力的有限性表现在信息处理和决策规划时有体力和脑力上的限制，工作负荷一旦超过这个限制，决策人员就完成不了所担负的工作。

熵原意是转变，描述内能与其他形式能量自发转换的方向和转换完成的程度。熵是描述热力学系统的重要态函数之一。熵的大小反映系统所处状态的稳定情况，熵的变化表明热力学过程进行的方向。一个孤立系统的熵永远不会减少。随着孤立系统由非平衡态趋于平衡态，其熵单调增大，当系统达到平衡态时，熵达到最大值。熵的变化和最大值确定了孤立系统过程进行的方向与限度。熵增加原理即为热力学第二定律。

从微观上看，熵是组成系统的大量微观粒子无序度的度量，系统越无序、越混乱，熵就越大。热力学过程不可逆性的微观本质和统计意义就是系统从有序趋于无序，从概率较小趋于概率较大的性质。

在信息论中，熵是某事件不确定性的度量。信息量越大，体系结构越规则，功能越完善，熵就越小。运用熵的概念，可以从理论上研究信息的度量、传递、变换、存储。信息熵这一概念源于信息论的创始人香农在其著作《通信的数学理论》中提出的建立在概率统计模型上的信息度量。在其定义中，信息被理解为"用来消除不确定性的东西"。熵与战争有天然的联系。无论是农耕时代的战争，还是信息时代的战争，战争本身就是复杂的体系对抗行为，其基本属性——战争迷雾、摩擦和基本法则——不确定性从未改变。从系统科学上看，战争行为的本质是建立和巩固己方战争体系的有序性，同时摧毁和破坏对方战争体系的有序性，从而获取对抗优势。

设随机变量 X 的取值为 $x_i(i=1,2,\cdots,n)$，相应的出现概率为 $P(x_i)$，且 $\sum_{i=1}^{n} P(x_i)=1$，随机变量 X 可表示为

$$X:\begin{Bmatrix} x_1, x_2, \cdots, x_n \\ P(x_1), P(x_2), \cdots, P(x_n) \end{Bmatrix} \tag{2-1}$$

则随机变量 X 的熵定义为

$$H(X) = -\sum_{i=1}^{n} P(x_i) \log P(x_i) \tag{2-2}$$

$H(X)$ 可以看成 X 的平均不确定性，也表示它所携带的平均信息量。当 X 的某一概率 $P(x_i)$ 取值为 1 时，$H(X)=0$，即不携带任何信息；当所有 x_i 取等概率值时，$H(X)=\log(n)$，变量 X 携带的信息量最大。

战争熵是战争体系各要素运行有序性的表征，这些要素包括指挥、控制、情报、火力及后勤保障等。战争熵越大，这些要素的摩擦越大，指挥员的战争迷雾越多，战场的不确定性程度越高，反之亦然。从这一角度看，敌对双方总是试图在一定范围内降低己方战争体系的战争熵，而促成对方战争熵的增加以使对方战争体系混乱。

C2 是战争的灵魂与大脑，其目的是通过获取更多高质量的信息减少战争的不确定性。从战争熵意义上看，在没有 C2 时，战争体系（包括敌我双方）行为在能量、物质与信息上都表现为一种无序的行为，熵会单调递增，直到达到最大值，体系的平衡状态即作战力量完全瓦解，战争行为不再是群体有意识的对抗，而是一种个体行为。达到平衡状态的体系行为则不再是战争行为，它失去了战争的基本意义，即群体与对抗性。在战争体系具备强力 C2 时，战争体系（包括敌我双方）行为在能量、物质与信息上都表现为一种极度有序的行为，完全在最高指挥员的意志下有序运作，熵的转换得到有效控制。这是一种极端的情况，类似于象棋大师对棋局与棋子的掌控，是一种僵化的状态。

C2 是掌控战争熵的手段，C2 对战争熵的掌控是通过对战场态势适度增加或减少战争熵实现的，以确保在对抗中获取优势。适度增加战争熵的 C2 行为使僵化的战争体系状态向灵活的、敏捷的、适应良好的战争体系方向转换，以促进敌对方战争熵的增加，从而获得对抗的优势。

如果把 C2 过程的结构看作一个网，那么网的边就是各种信息资源和角色，信息资源

包括传感器、人和数据库等，角色是指能够通过控制行动改变其状态的实体，角色包括人、武器系统、作战平台、传感器等，信息资源与角色存在一定的交叉，如传感器产生信息，也通过控制行动来改变自身的状态。

信息源和角色及非战斗人员和敌人，我们统称为主体。在 C2 过程中，主体之间的交互形成网络，网络的结构影响 C2 过程中主体的行为表现。在分层次的 C2 结构中，信息源和角色位于层次结构的各级节点，信息源通过层次结构中不同的媒介节点进行传递和融合，向其上级实体提供信息，并基于上级实体的指示向其下级实体实施控制行动。如果层次结构是集中的，那么所有的主体共享一个公共的计划或方案，所有中间的媒介实体的作用完全是中继信息，所有的决策由层次结构的顶端做出。如果集中的层次结构不共享计划或方案，那么中间实体需要承担传递计划或方案信息的职责。C2 结构扁平化使信息源和角色既能共享信息，又拥有使用信息支配自身控制行动的权限。如果信息源与角色在非层次结构的 C2 结构模式中进行交流和协作，那么就意味着存在一定程度的分散决策，角色间表现为一种协作的模式。

Boyd 的观察—判断—决策—行动（OODA）循环描述了一个基础的 C2 过程模型，对单个实体来说，OODA 循环是基于实体知识和决策能力的自我包含的内循环。这种单个实体的 C2 过程循环可拓展至多个实体的集中性 C2 过程循环，其途径是把观察阶段看作面向集中决策的观察交流，行动阶段是决策者到角色的控制行动交流。在一个相对分散的 C2 结构中，每一个实体都负责自身的 OODA 循环，同时接收来自其他实体的观察、决策信息和行动需求等。

2.4　指挥与控制的其他科学原理

2.4.1　指挥与控制的管理原理

从目前不同国家或地区对 C2 的理解来看，C2 的组织管理概念大多在军事领域的官方定义中，如美军认为"C2 经授权的指挥主体在执行使命过程中对配属部队行使职权，实施指导"，北约认为"经授权的指挥员对所分配的兵力行使其指挥与指导权力以完成赋予的使命"，而我国尽管没有对 C2 进行整体界定，但从"指挥"的定义看，它包含了"控制"职能，C2 的组织管理职能是一脉相承的。

因此，从组织管理的角度看，C2 是对其部属/配属兵力以行使授权的或既定的军事领导权威完成使命任务为目的组织与管理活动。在性质上，C2 既有管理艺术，又包含组织科学成分；在内容上，C2 既有对抗激烈的作战行动组织，又包含对部属/配属的管理控制行为。

在管理科学领域，实施 C2 的手段与方法主要通过图表技术，采用图表来建立 C2 模型也是传统的 C2 建模方法。传统的 C2 建模需要描述组织结构，其结构包含了作战单元和指挥链。在兵力组织中理解不同作战单元履行的职能是复杂、困难的，但是如果把兵力组织的 C2 看作一种信息处理的机制，则兵力组织的运作可理解为信息（命令、指导、状态报告等）的交换。C2 建模的组织图表技术即运用图表形式化兵力组织中的信息流及信息在不同节点的转换，如图 2-6 所示即为 C2 的图表技术建模实例（图 2-6 中箭头表示节点间存在信息传递）。

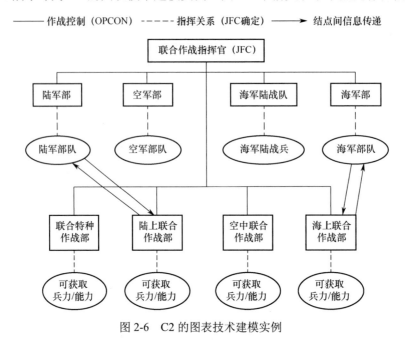

图 2-6　C2 的图表技术建模实例

2.4.2　指挥与控制的认知原理

认知科学（Cognitive Science）是一门研究信息如何在大脑中形成及转录的跨领域学科。认知是个体为了对自己所在环境赋予意义而解释感觉印象的过程，是指人们认识活动的过程，即个体对感觉信号接收、检测、转换、简约、合成、编码、储存、提取、重建、概念形成、判断和问题解决的信息加工处理过程。决策是为了实现某一特定目标，借助于一定的科学手段和方法，从两个或两个以上的可行方案中选择一个最优方案，并组织实施的全部过程。决策理论（Theory of Decision Making/Decision Theory）是把系统理论、运筹学、计算机科学等综合运用于管理决策问题，形成的一门有关决策过程、准则、类型及方法的较完整的理论体系。

认知与决策两者的结合是完备 C2 过程不可或缺的条件，这一过程的经典描述即观察—判断—决策—行动（Observe-Orient-Decide-Act，OODA）循环。C2 的认知主要体现为对作战意图、战场态势及敌人行动的理解与判断，是一个典型的信息加工处理过程，而决策在 C2 过程中主要体现为对作战目标、方案（Course of Action，COA）、计划等要素的选择。认知与决策具有天然的联系，认知是决策的基础与前提，认知过程与输出直接决定 C2 个体决策的质量。

由于 C2 个体的认知存在不同的层次，从知觉暗示、特征抽取、系统状态识别，到问题的辨识，在不同的认知层次上，有不同的决策方式，包括基于规则的决策方式、基于本能的决策方式（刺激反应，或者下意识的决策）、基于知识的决策方式（基于推理），不同决策方法适用于不同的认知层次。对 C2 过程的理解，是不同认知层次与不同决策方式的综合，如图 2-7 所示。

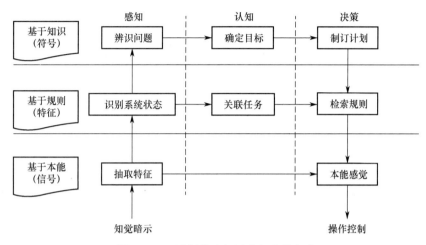

图 2-7　C2 过程的认知层次与决策方式

　　由于战场的态势变化激烈及其本身的复杂性，在军事领域的认知总是非常艰辛且耗时的，C2 个体总是试图避免过于复杂的认知过程，或者最小化在认知上的工作强度，也就是说 C2 主体在决策上首先尝试的是基于本能的推理，这种决策可以认为是一种不加思索的本能反应，是一种最轻松、最快捷的决策方式；当基于本能推理失败时，C2 主体可能寻求另一种决策方式，即基于规则的推理，匹配系统状态与所执行的任务。这种推理方式是军事领域普遍采用的决策方式。当基于规则的推理失败（如没有规则匹配当前的态势情景）时，C2 主体会寻求最复杂的决策方式，即基于知识的推理，这种推理决策方式在没有辅助决策支持手段和工具时将很难进行，且需要付出较高的时间成本。

　　从决策科学角度看，C2 的本质是一个自然决策（Naturalistic Decision-Making，NDM）或者说是一个理性决策过程，在这一过程中，决策规则在一个给定的情景下激活，并指导行动的选择。因此，从 C2 个体决策的行为上看，完备的 C2 过程可理解为下列过程。

　　第一步，获取态势信息。

　　第二步，与态势版本匹配当前态势。

　　第三步，审视匹配样本（包括 COA、目标、期望）。

　　第四步，辨识样本期望与当前态势的差异。

　　第五步，获取更多态势信息，明确差异。

　　第六步，提炼匹配过程，诊断差异的根源。

　　第七步，评估优先选择的 COA。

第八步，根据评估结果调整优先选择的 COA。

第九步，准备 COA 的实施。

第十步，准备其他与样本匹配的 COA 检索。

第十一步，准备检索匹配当前态势的其他样本。

第十二步，实施 COA。

第十三步，形成新的样本原型，包括其相关的 COA 选项、目标与期望。

2.4.3 指挥与控制的感知原理

在 C2 的控制理论模型中，用大量的信号及信号的转换描述战场 C2 的过程控制问题，而对存在于 C2 系统中的关键要素——人的活动缺乏描述。针对 C2 控制理论模型的这一缺陷，感知理论被引入 C2 建模，用于描述 C2 系统中人的决策思想活动。在 C2 建模上，指挥要素的建模，关键在于指挥员的决策模型。目前，有诸多感知技术被尝试用于解决指挥决策的建模问题，如基于规则的专家系统技术、贝叶斯网技术、Petri 网技术等。

无论通过何种途径研究 C2 问题，其目标可以概括为两个方面：一是兵力组织中信息流的聚集问题；二是信息流的转换问题。信息流的聚集是对兵力组织中组织节点的描述，而信息流的转换是对兵力组织中信息交换的描述。虽然感知理论能够描述兵力组织中的信息流，但其重点不在对信息流的描述上，而是信息流聚集的节点及信息交换的体系结构。对 C2 系统的描述，感知理论重点描述节点和联系本身，而不是 C2 系统中信息的内容和信息的转换。

1981 年，J. G. Wohl 提出了基于认知科学的感知理论模型，该模型通过四个模块实现一个指挥与控制过程，包括激励（数据）、假设（感性认知的选项）、选择（响应的选择）、响应（行动），简称 SHOR 模型（见图 2-8）。

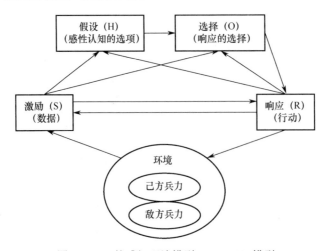

图 2-8 C2 的感知理论模型——SHOR 模型

　　与 Lawson 模型类似，SHOR 模型把 C2 过程细分为模块，模块之间传递信息，所不同的是 SHOR 模型使用了假设模块，假设模块给出感性认识的选项，这是感知理论运用 C2 建模的关键点，也说明了 SHOR 模型既存在控制理论方法，也存在感知理论方法。

　　在 C2 问题描述的精确度上，感知理论模型较通信理论和控制理论而言存在较大的差异。目前，感知科学在 C2 问题关于指挥的建模上还未能提供较为成熟的工具支撑，尤其是指挥员决策的反应（如基于态势的评估选择预先计划），但是感知科学提供了理解指挥建模的基础，这是控制理论所不能提供的。控制理论关于 C2 问题的建模忽视了 C2 中的"指挥"决策反应问题。

　　把兵力组织看作信息处理机制而忽视"指挥"的其他方面简化了 C2 的建模，回避了 C2 建模的难点。忽视 C2 的指挥方面，兵力组织的 C2 就成了机械的控制图，这种方法描述兵力组织的 C2 的主要工作是在系统中定义人的角色、信息格式、信息类型、信息频度及指挥员之间的信息交互关系。

　　要解决当前控制理论、感知理论在 C2 建模问题上的缺陷问题，需要弥补感知理论上建模的精度不足和解决控制理论建模所忽视的"指挥"方面的问题。新的理论方法必须能够运用战场空间不同的时间尺度，从准备、预备到战斗强度最大的时间阶段，同时也必须解决兵力组织中 C2 的社会与文化方面的问题。总之，必须从对 C2 的本质理解上下功夫，重新认识 C2 理论，从现有的 C2 过程理解到"指挥"的创造性理解。

　　基于 David S. Alberts 和 Richard E. Hayes 的 C2 概念模型，我们可以探究 C2 的职能和 C2 的方法，以期建立有效的 C2。

第 3 章

指挥与控制的领域

指挥与控制所涵盖的领域，由影响联合能力使用和指挥员决策的各种可变因素、情况、影响等组成，包括物理域、信息域、认知域和社会域。指挥与控制的客观需求，驱动了物理域中的情报获取、信息域中的信息共享与态势融合、认知域中的作战筹划及其一致理解、社会域中的过程关系与机制的优化，并最终体现为物理域中作战行动的协调控制。可以说，指挥与控制"依赖于信息域、决胜于认知域、协同于社会域、作用于物理域"。

3.1 域的概念

克劳塞维茨曾说过："任何理论首先必须澄清杂乱的、可以说是混淆不清的概念和观念。只有对名称和概念有了共同的理解，才可能清楚而顺利地研究问题，才能同读者站在同一个立足点上。"[①] "域"是指挥与控制领域理论最基本的概念，也是研究多域作战、全域作战指挥与控制的逻辑起点，要想深入研究多域和全域作战指挥与控制，必须首先界定好"域"，从基本概念入手，探析多域作战中的"域"为何物。

维基百科对于"域"（Domain）的定义有八种。一是定义域，函数的自变量所有可取值集合。二是区域，拓扑中的开集。三是域名，用一串用点分割的名字组成的 Internet 上某一台计算机或计算机组的名称。四是生物域，生物学中一个较大的分类。五是蛋白质域：蛋白质结构中紧密球状的折叠区。六是细胞域：在细胞膜内由某种组分构成的区域。七是 DNA 域：DNA 中容易被 DNA 酶降解的基因部分。八是计算机网络技术的一个术语，用于域名、Windows 网域等。《韦氏大词典》里对"域"的定义是"行使主权的领土"和"一个有着明显不同物理特征的区域"[②]。《朗文当代高级英语词典》对"域"（Domain）的定义是"活动、兴趣、知识的领域、范围，界"和"领地、领土、版图"[③]。在《现代汉语词典》中，"域"有两个意思，一是表示"在一定疆界内的地方"，如区域、异域、域外；二是泛

---

① 克劳塞维茨. 战争论（上卷）[M]. 北京：解放军出版社，1994：86.
② 《韦氏大词典》，"领域"：http://www.merriam-webster.com/dictionary/domain。
③ 《朗文当代高级英语词典》（英英·英汉双解），朱原等译，商务印书馆 1998 年版，第 438-439 页。

指某种范围，如境域、音域①。

2016 年以来，作为对未来大国之间作战样式的最新认识和前沿设计，多域战和多域作战概念已成为美军研究的热点。然而，2016 年《多域战——21 世纪的合成兵种》一书中，对于"域"并没有准确的术语界定，只是援引了《联合愿景 2020》中"空中、陆上、海上、太空和信息等各领域"②的相关表述。2017 年的《多域战：面向 21 世纪合成兵种演变 2025—2040》和 2018 年的《美国陆军多域作战 2028》两份官方文件，则以标记星号有待后续完善的形式，在附录中给出了相同的初步术语界定，认为"域"是"整体作战环境中组织与实施作战所涉及的某一领域"③。《美国陆军多域作战 2028》序言中提到，"多域作战概念旨在为美国应对中、俄等势均力敌的对手在所有领域造成的政治、军事和经济上的分层拒止贡献解决方案。"④这里所有领域的英文表述为"All 5 domains"，即陆域、海域、空域、太空（天）域和网域五大作战领域。

"域"已经在美军联合出版物（JP）中广泛使用，该联合出版物乃至美军其他作战条令中并没有对"域"做出明确定义。值得一提的是，在联合出版物 3-0《联合作战》中，域的几个重要特征被归纳为：一是能够从物理层次进行描述；二是在方法、影响和结果方面存在区别；三是军事和作战行动可以在这个域或通过这个域进行。除此之外，学术界对域的概念也进行了探讨，美国学者米兰·维戈教授对"域"一词做出的解释是"行为、关系或功能、领地的范畴"⑤。显然，"域"的定义问题，是一个见仁见智的问题。基于以上分析，多域作战中的"域"主要指作战的范围，是从作战领域的角度出发的，它强调各域和跨域作战力量集成融合与协同运用。过去，美军强调军种间、军地间，以及美军与盟军间的联合作战，要求尽可能减少联合作战中的军种冲突，创造出"大于个体之和"的整体作战效益。现在，美军要求把过去的陆、海、空联合扩大到陆、海、空、天、网五个作战领域，不仅要编组陆、海、空、天、网跨军种一体化部队，而且要建设陆、海、空、天、网跨领域一体化战场，不仅要在一个作战区的近距离、纵深和后方作战地域实施一体化作战，而且要在一个战区与另一个战区、地球的一端与另一端同时实施全球一体化作战。

3.2　从单域到多域

伴随着军事技术和装备的发展，军事对抗领域呈现出"从单域到多域、从平面到立体、从有形到无形"的拓展变化规律。

---

① 中国社会科学院语言研究所词典编辑室，《现代汉语词典》，商务印书馆 1996 年版，第 1543 页。

② Army Training and Doctrine Command, United States Army White Paper, *Multi-Domain Battle:Combined Arms for the 21st Century*，Oct 2016，P.6.

③ Army Training and Doctrine Command,Version 1.0, *Multi-Domain Battle:Evolution of Combined Arms for the 21st Century 2025-2040*，Oct 2017.

④ Army Training and Doctrine Command,Version 1.5，Pamphlet 525-3-1，*The US Army in Multi-Domain Operations 2028*，Dec 2018.

⑤ 米兰·维戈. 联合军事作战：理论与实践[M]. 纽波特：美国海军作战学院出版社，2007：X111-31.

3.2.1 从平面维到立体维

陆地是人类繁衍生息的摇篮，也是战争最先涉足的领域。人类有文字记载的历史大约5000年，在战争出现之后的2000多年时间里，人类战争均发生在陆地上，因此也称"陆域"战争时期。后来，随着舟船的产生和水军（舟师）的诞生，战争开始涉足江河湖海。船舶最初用于战争，也只是征调民船运送部队和军用物资。随后船舶逐渐由运输工具发展为暴力工具。在古代中国，船舶用于军事始于商代后期，水军（舟师）建立并用于战争，出现了最早的陆海联合作战。作为一种战争实践，联合作战孕育的历史，可谓源远流长。公元前5世纪，崛起于伊朗高原的波斯帝国不断西侵，与正在向爱琴海地区拓展移民的希腊城邦国家发生冲突，导致持续40余年的波希战争。这场战争刺激了陆战和海战样式的发展。大致从这时起，人类开始了陆海并肩作战的新时代。公元5世纪，海战和制海权已在地中海地区战争中具有重要地位。从古代漫长的发展历程中可以看到，近代以前，陆海联合作战的联合程度、指挥、规模与战法，都受到军事技术水平的直接制约。当时的作战，仅限于陆、海两个领域，只有陆军和水军（舟师）两个军种，陆海联合作战也只能停留在两个战场效果叠加的水平上。16世纪后期，在争夺海上霸权的过程中，英国海军率先变革，以装备火炮的风帆舰船取代老式桨帆船，并创立便于机动和发挥火力的舰队纵列阵式。海上作战方式的发展，使陆海联合作战成为濒海地区战役的基本形式，陆海军相互支援配合更为密切。总体而言，此前的陆海联合作战从性质上看，还只是一种初级的联合，与现代意义上的联合作战还有着本质的区别。

直到19世纪末，人类所进行的一切战争，不管是在陆地，还是在水面，都没能摆脱二维平面的束缚。飞机的发明使人类战争实现了3000多年的历史跨域——由地球表面走向空中，战争由平面发展为立体。从这个时期起，人类战争活动实现了历史跨越——由"陆域""海域"等地球表面空间迈向了"空域"，联合作战也跨进了陆、海、空立体联合的新阶段。1921年，意大利的杜黑出版了《制空权》一书，提出了"空中战场是决定性战场"和"掌握制空权就是胜利"的著名论断。百年后的今天，这个理论仍然在战争中发挥着巨大的影响，夺取和掌握制空权，仍然是战争双方的焦点。航天技术发展和太空开发推动国家利益的争夺从陆地、海洋、空中等传统领域走向太空高边疆。由于太空巨大的战略价值，以及对国家安全和经济发展的重要作用，目前世界各国都在不遗余力地发展太空力量，太空已经成为作战空间的一个重要组成部分。

3.2.2 网络空间域与跨域融合

1946年，全球首台军用计算机"ENIAC"的诞生及1969年世界首个网络"阿帕网"的问世，印证了未来学家约翰·奈斯比特与阿尔文·托夫勒所宣称的信息时代的到来。从此，作为一种浪潮，信息化开始席卷全球的每一个角落，也日渐主导着军事领域的一切，战争正式进入信息对抗的网络中心战时代。与平台中心战时代——充分发挥大工业的力量，集群交战，死拼钢铁不同，在网络中心战时代，人们开始意识到，战争是各种因素交互作用的结果。将不同战场力量有效组织起来，充分发挥整体效能，必须借助于网络，依靠系统集成，而系统集成的灵魂则是信息的有效沟通。显然，在信息技术充分发达的时代，网络中心战才有了可能，联合作战思想也最终成了时代的共识。对此，从美军的《2010 联合作战构想》到《2020 联合作战构想》，再到《美国陆军多域作战 2028》，我们不难看出，引领世界军事变革的美军，一直在探寻联合作战的真谛。

伴随着军事技术狂飙猛进，人类进行战争的手段更加多样化，战争的领域也不断拓展。当前的作战环境已没有明显的单一作战域。信息化条件下的联合作战，战场空间已经从传统陆地、海洋、天空，扩展到了太空、网电等多维空间，需要打破传统的以军种为核心的作战域边界，从单纯的军种能力同步转向全面的军种能力整合。相较于单一域能力，融合有两大优势：跨域协同可以创造优势与不同层面的攻击方式叠加使用，以提升己方行动水平并给敌人造成困难。同时，整合跨域能力可以让联合部队刺探、发现、打击对手系统的薄弱之处并挫败敌方力量。当前，联合部队正通过领域联合解决方案同步融合能力，但未来必须持续快速地整合任务式指挥和事件式指挥，以及配有训练有素的主动性行动，实现多域能力的整合，以在未来对抗敌对力量的威胁。

3.2.3 军事对抗领域拓展的原因

军事对抗领域之所以呈现出"从单域到多域"的拓展变化规律，是与信息技术的发展和人类认知水平的发展息息相关的。

就信息技术而言，战争比人类任何其他活动都更加依赖于有效的通信技术。相较于其他技术来说，信息技术的发展是缓慢的。直到近代，传递信息还主要靠人力、畜力或借助烽火来完成。在这样的信息技术条件下，军队的机动性和指挥与控制的领域受到很大的限制。只有当有线和无线电通信技术诞生后，军事通信领域才发生了一场史无前例的革命。在 19 世纪的上半世纪，铁路和轮船的发展推动了通信技术的进步。电报的发明使军队的协调变得更为容易。恩格斯在谈到近代电报的军事功能时指出："战略行动——各军集团行动的协调——应当由一个中枢地点用电报线路来指挥，而不用电报，就绝对不可能指挥他们。"[①]无线电的问世则使飞机的优越性得到充分发挥，空域与陆域、空域与空域之间的协同作战成为可能。1914 年，由于安装了无限电报机，飞机在第一次世界大战中初显神威。战争对于无线电发射机的发射距离和接收机的灵敏度的要求越来越高，亚历山德逊的交流发电机使电报机的功率增大，到 1917 年，美国海军在新布伦斯维克已拥有一部 200 千瓦功率的电报机，可以使美国和在法国的陆军经常保持无线电联系。借助无线电通信，飞机、坦克、装甲车、舰船、潜艇等连成一体，保证在一个统一的指挥与控制机构指挥下，展开陆、海、空三军的协同作战。当今世界，信息技术创新日新月异，数字化、网络化、智能化深入发展，指挥与控制的领域由陆、海、空域进一步拓展到陆、海、空、天、网五域。

军事对抗由古代的陆域平面作战，发展到现代的立体作战乃至多域作战，同时也是人类认知水平发展的重要表现。在冷兵器时代，由于生产力水平较低，所谓国家或部落的版图有限，军队的数量一般不大，作战的目的很直接，指挥与控制也仅限于陆域。像鄢陵之

---

① 钱学森. 论系统工程[M]. 长沙：湖南科学技术出版社，1982：59.

战这样有名的大战，也不过是"旦而战，见星未已"，只进行了一天。当时军队的指挥与控制组织极为简单，通信工具十分落后，即使在白昼作战指挥都感到困难，更难以在广大的空间中进行复杂的作战，只是在明确的狭小陆域内进行列阵厮杀。这是直到第一次世界大战发生前不久，人类历史上普遍盛行的两维作战模式。莱特兄弟发明飞机后，意大利军事家杜黑就敏锐地认识到，飞机的出现"将改变整个战争，也将改变陆战和海战的面貌"。正是人类认知水平的提升、空中力量的迅速崛起和广泛运用，形成了一种新的作战方式——空地联合攻击。在此基础之上，形成了空地一体化的作战理论。这一理论强调，空中已成为任何作战不可分割的组成部分，甚至在战术一级上都已成为立体作战的直接参加者。越南战争以后的几场局部战争，都充分表现了作战的三维性质。随着人类认知水平的进一步发展，高科技武器装备广泛运用于战争，显著地改变了战争的面貌和运动方式，深刻地引起了作战思想和作战方式的革命性变化。这些变化，正在不断地形成新的作战理论和作战方式。其中最突出的是现代作战，其具有多域的特征。信息战开辟了继陆、海、空、天战场之后的第五域战场。随着网络信息技术的快速发展，网络空间已经发展为信息化时代世界大国军事对抗的新型空间。从军事视角看，网络空间是对陆、海、空、天自然空间的拓展，网络空间战既可以在陆、海、空、天等实体空间中实施，也可以在虚拟的网络空间进行，其控制力和影响力对夺取陆、海、空、天的控制权具有重要影响。可以毫不夸张地说，谁掌握了网络空间的控制权、主导权，谁就拥有了网络空间的行动自由，谁就能掌握陆、海、空、天等自然空间的主动权，谁也就扼住了对手的命脉。伴随着人类认知水平的提升和多种攻击手段的运用，指挥与控制领域呈现出多域化的特征，使现代战场更加开放，形成了一个泛化的、包容多种力量和多种对抗方式的五域战场。

3.3　指挥与控制领域的划分及域间关系

随着信息技术的发展，信息环境的重要性和关键性已经成为各国的共识，域成为信息环境的重要度量指标。域的范畴进一步拓展，由陆、海、空、天、网组成的物理域拓展到信息域、认知域和社会域。信息环境的典型模型也主要由物理域、信息域、认知域和社会域构成。现代的军事行动及其指挥与控制无一不发生在这四个域中，因此指挥与控制的领域又可划分为物理域、信息域、认知域和社会域。指挥与控制领域的"域"是一种启发式的思维方法，把影响作战效能的诸多因素进行抽象、分类，形成易于观测和管理的要素领域，从而理解指挥与控制这一复杂现象并建立模型。

3.3.1　指挥与控制领域的定义

物理域是我们所熟悉的传统作战领域，它覆盖陆、海、空、天、网等多维空间。在这里，各种军事力量可以进行火力打击、防护和机动，同时也伴随着武器平台和连接它们的通信网络。相对来说，这个域中所包含的各个元素是最容易掌握和检验的，因此，习惯上将作战力量放在这个域中进行检验。

信息域是指信息存在的地方，是信息获取、传输、加工、处理、存储、显示和共享的领域，具有信息来源、信息流向、信息交换和信息效用等关键要素。信息域是现代军队的指挥与控制进行通信联络的区域，它可以被认为是军事行动中的"数字空间"。在这里我们建立起作战部队之间的信息通信，通过它，部队的指挥与控制（C2）信息得以传送，各级指挥员的作战意图得以表达。信息域在信息化战争中处于支撑地位。因此，在信息作战中，信息域必须具有很好的防护能力，使其在军事冲突中能够很好地发挥作用。

认知域是完成领会、感知、认识、理解和推断等认知活动的空间，是作战人员的意识领域，是指挥与控制系统中感觉、知识、经验、判断、理解和决策等的存在空间。一些战役甚至战争的胜利或失败，很多时候是由于认知域上的原因造成的。认知域是一个无形的领域，包括领导能力、指挥能力、部队士气、凝聚力、训练水平、经验水平、态势感知和舆论导向等，它是指挥员意图、条令、战术、技术和工作方式存在的领域。关于认知域的重要性的著述很多，《孙子兵法》对该领域的关键性阐述至今仍然被人们所奉行。对认知域的测量极其困难，每一个子域（每一个个体指挥员、士兵等）的认知都是独特的。

社会域包括指挥与控制组织体制、指挥与控制过程、作战单元之间的交互关系，以及部队组成结构、条令等。对军队来说社会域就是作战域。在这个域中，部队实体不是孤立的个体，他们之间相互交联、传递信息、互相感知与理解，并做出协同决策。它与信息域和认知域有重叠的地方，但是却又与它们截然不同。认知活动从它们的本质特点来讲是一种个体活动，是在个体的思维中进行的。而共享感知可以被认为是一种社会认知活动，在这种活动中，个体的认知行为直接交互。这种对社会本质的影响，反之亦然。社会域作为网络中心战理论的新近发现将需要我们更深刻地研究和思考。

指挥与控制系统的存在空间和活动范畴可划分为四个层次，其域层次如图 3-1 所示。

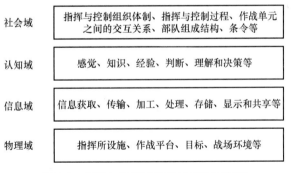

图 3-1 指挥与控制系统的域层次示意图

3.3.2 指挥与控制领域的划分依据

为何将指挥与控制领域划分为四个域，而不是三个域或五个域，或者说指挥与控制领域划分的依据是什么？这是一个值得深入探讨的问题。划分依据主要有以下几个方面。

1. 科学研究的对象大体可以划分为四类

科学研究的对象是世界上普遍存在的各种现象。世界各种现象大体上可以分为四类，即物理的、信息的、思维的和社会的，相应地形成了四个领域，即物理域、信息域、认知域和社会域。在各种各样的世界现象中，自然现象比较简单，而在自然现象中，物理现象又是最简单、最直观的现象，是最容易把握和理解的。正如乔丹所说："物理学涉及自然界中的最简单的非生物体和非生物过程，以及对于它们所进行的测量和数学描述。"因此，以物理现象为认识对象的物理域首先得到发展。纵观科学的历程，从阿基米德开始，物理学就作为带头科学一直引领着其他科学的发展，也深刻地影响着社会变革和军事变革。在军事领域，物理域是大部分作战行动发生和产生效果的空间。同时，正因为这个域中所包含的各个元素是最容易掌握和检验的，作战力量的检验都放在这个域中。物理域与认知域共同构成了指挥与控制系统主客观空间和活动范畴的基础。

2. 现代战争的指挥与控制涉及科学研究的主要领域

战争自产生以来就成为最高端、最复杂的社会活动，有难以计数的因素及条件影响、制约乃至决定着战争的成败。同时，战争作为人类社会最激烈、最残酷、最普遍的现象，由于事关利益集团的生死存亡，从一开始就与科学结下了不解之缘。现代战争几乎涉及人类社会的各个方面，涉及科学研究的各个领域，也即物理域、信息域、认知域和社会域。指挥与控制是现代战争的主要形态，与指挥与控制相关的领域看似错综复杂、门类众多，但总括起来也无外乎这几个领域。实际上，理性决策都可以用物理域、信息域、认知域和社会域等领域来概括。

3. 基于客观世界和主观世界的划分依据

自然、社会和思维是组成世界的三大领域，其中自然和社会属于客观世界，也即物质世界，两者都具有客观实在性，客观性既不依赖于人的主观性而存在，同时又是人的主观性可以把握的。思维属于主观世界。物理域是我们熟悉的传统的作战领域，包括陆、海、空、天，在一定程度上就属于客观世界。认知域则属于主观世界，包括了所有参与军事活动人员的感知、意识、理解、决策、信念和价值观，它存在于军事人员的思维里，存在于决策者和参与者的头脑中。主观世界是人类独有的世界。动物特别是高级动物虽有感觉、甚至有意识的萌芽，但没有真正的认知域。世界最基本的交互，或者说最基本的生产和生活的方式，就是主观世界和客观世界的关系。信息域正是物理域、社会域和认知域相互作用和交互的中介。军队本是由武装起来的人组成的，它得以成为体系，要求在人与人之间建立某种联系或联动机制。能够将军队各作战力量、作战单元、作战要素连接起来的中枢神经或者说灵魂到底是什么呢？对此的回答只能是：信息与信息系统。因为信息的有效连接是战斗力提升的关键，也是其他各个域有机联系和沟通结合的融合剂。作战信息来自物理域，经直接或间接方式以声音、数据等不同的形式进入信息域，在此进行滤波、融合和处理，或通过感知直接进入认知，在认知域中构成认识、决策的基础。

3.3.3 指挥与控制领域的域间关系

理解指挥与控制的域与域之间的关系，也即物理域、信息域、认知域和社会域之间的关系,可以借助博伊德的 OODA 环来加以认识。观察(Observe)、判断(Orient)、决策(Decide)和行动(Act)这四个要素构成了一个环路,即 OODA 环,该环对战争、战役、战斗来说都适用,OODA 周期理论示意图如图 3-2 所示。观察即了解敌情,判断即分析敌情,决策即定下决心,行动即进行对抗。战争胜负的关键就在于己方能否以更快的速度完成这一周期,而且还要通过各种手段延长敌人的这一周期。对于这一周期中的每一个组成部分来说,又可以构成一个同样的循环周期,如对于观察来说,其本身又是由其内部的观察、判断、决策、行动构成的,其余可依此类推。OODA 环周期的长短与作战的兵力规模、空间范围、作战样式有关,一个周期的结束是另一个周期的开始。OODA 环以嵌套的形式关联,如在舰队作战系统中,最小的 OODA 环是近距离武器系统的火力闭环控制环,在单舰层级上有 OODA 环,即舰艇指挥与控制环,在编队层次上同样有 OODA 环。这些指挥与控制环相互嵌套,内环周期短,外环周期长。敌对双方谁能更快、更好地完成 OODA 环这一循环程序并能够有效生存,谁就能战胜对手。

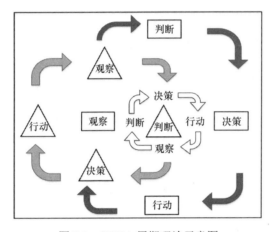

图 3-2　OODA 周期理论示意图

在未提出社会域概念之前,传统的 OODA 环指挥与控制模型认为:观察主要在信息域,涉及物理域。判断和决策主要在认知域。行动主要在信息域和物理域。OODA 环三域指挥与控制模型如图 3-3 所示。

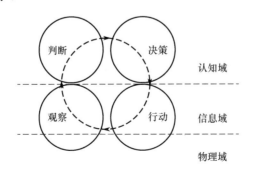

图 3-3　OODA 环三域指挥与控制模型

社会域概念提出后,进一步分析 OODA 环,可以发现,观察主要在物理域。判断主要基于认知域,利用物理域和信息域。决策主要在认知域,基于信息域。行动则发生在物理域、信息域、认知域和社会域。其中物理域和认知域是基础。物理域是一切作战实践的物理空间,是战争物质体系构成的基础,也是指挥与控制系统存在空间和活动范畴的基础。同时,战争的最终目的是使敌方屈从于我方意志,即从认知域层面上制服对手。这就意味着,光有物理域作战还不够,未来战争必然要向认知域作战拓展,作战体系建设重点同样由物理域向认知域拓展。认知域作战与物理域作战犹如车之两轮,鸟之双翼,优势互补,使作战系统集成优化,能使现代战争作战能力叠加,使整体战斗力倍增。从物理域作战向认知域作战拓展既是现代军事斗争的需要,更是未来战争发展的必然。

信息域居于中间层次,融会贯通其他三个域,如图 3-4 所示。未来的战争由信息主导,信息的有效联通是战斗力提升的关键和取得战争胜利的有力杠杆。信息域以其强大的联通性和渗透性,可以通过加装、嵌入、集成、融合等手段,实现与物理域、认知域和作战域的有效联通。有了信息域的联通,陆、海、空、天、网、电才能实现多维一体,各军兵种的联合作战才有可能实现。如果没有信息的交流和沟通,军队就会是散沙一盘,作战必然是了无章法,战争的结果将是不可想象的。

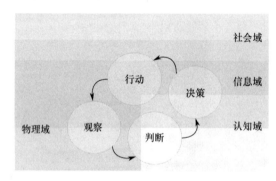

图 3-4　OODA 环指挥与控制新模型

3.4　物理域

网络信息时代,物理域作战呈现出新的特点,产生了人机协同式作战、精确打击式作战、瞬时杀伤式作战等新的作战样式,对战争产生了深远影响。

3.4.1　物理域作战的主要特点

物理域作战空间是战争物质体系构成的场域,其特点表现为互联通具有基础地位、作战效益主要体现在物理域、实体摧毁是作战的主要手段等。

1. 互联通具有基础地位

以往的物理域作战,内部各个要素之间联系比较松散,甚至相对独立,作战能力主要取决于各类力量系统作战能力的高低,以及各自作战效果的简单叠加。信息化条件下的物理域作战，作战体系基本作战能力的形成主要依赖传感器网、指挥网和信息网的互联通，更加注重整个作战体系效能的发挥，更加注重面向任务的主动连接，互联通具有基础地位。在这种互联通条件下，陆军一个小分队可以呼叫空军航空兵的中队，从而实现面向任务的主动连接。

2. 作战效益主要体现在物理域

作战效益是指战争的人力、物力和财力等投入（消耗）与战争获得之间的比值，效益高低，关系战争胜利程度乃至国家、民族利益得失。因而获取战争最佳效益成为从古至今交战双方的共同追求。作战效益具有全局性和综合性。战争实践同时表明，只有在首先获得了军事效益的基础上，才能进一步获得其他的效益，综合效益才会有质的提高。尽管某些域是抽象的，但这些域也是建立在物理域空间基础上的。可以说，所有抽象的要素（如认知的、信息的、人文的要素等）都会通过某一系统或人，在某个时间、某个地方或某个地域呈现出来。物理域是作战行动的空间和落脚点，军事效益因此也主要体现在物理域。交战双方往往通过在物理域的大规模交战产生惊人消耗，拥有和掌握先进的武器装备则成了实现这一作战效益的物质基础。

3. 实体摧毁是作战的主要手段

实体摧毁，指对敌方作战系统中的指挥员及参谋人员、指挥所、通信枢纽、雷达站等要害目标和节点目标的实体进行破坏、摧毁，以瘫痪敌作战系统，收到事半功倍、一招制敌的功效。消灭敌人、保存自己，是军事斗争的基本目的。消灭"有生力量"一直是物理域作战的主题和主要目标。所谓消灭有生力量，在物理域的视角下，就是要对敌方部队和主要装备乃至战争潜力等予以杀伤或毁灭。自第二次世界大战以来，美国依靠先进的军事技术来威慑或击败对手，这些技术通常追求某种物理效果。从美国空袭利比亚的"外科手术"式打击，海湾战争中的"沙漠风暴"，到阿富汗战争中的"震慑"行动，乃至伊拉克战争中的"斩首"行动，美军频频亮出实体摧毁之剑，直指敌方国家元首、军队总部、指挥中心和通信枢纽等指挥系统的核心目标。在机械化战争时代，炮火压制是通过炮火打击进行实体摧毁的主要方式。在信息化条件下，精确制导炮弹为炮火打击这种实体摧毁手段注入了新的活力。

3.4.2　物理域对信息化战争的主要影响

物理域在传统战争中扮演着重要角色。未来信息化战争中物理域仍然是不可或缺的领域，特别是观察更多在物理域展开。同时，随着时代的发展，作战空间不断拓展，作战对象发生偏转。

1. 观察更多在物理域展开

在实施指挥与控制行动前，就需要有明确的观察计划，需要对战场环境进行感知或观察，从战场环境中收集信息和数据。一般来说，任何指挥与控制都会发生在四个域中，观察更多是在物理域中展开。在 OODA 环的四个阶段中，第一个阶段是观察。指挥员的正确的部署来源于正确的决心，正确的决心来源于正确的判断，正确的判断来源于周到和必要的观察。物理域作战的第一步是观察环境中的相关元素的状态、属性和动向。态势观察过程将某特定时刻战场环境下战场单元的输入信息，与历史态势和领域中事件模式类特征模板进行比较、分析、判断，从而提取出所关心的战场态势要素，其目标是获得物理域中各个事物的特征，为随后的判断、决策和行动奠定基础。

2. 作战空间不断拓展

进入 21 世纪，战争由陆地、海洋进一步向空中、太空和网电空间延伸，作战半径、作战范围、作战样式空前扩张，战争空间急剧膨胀。同时，当前各国军队的作战大多在物理空间进行，受到物理时空的严重限制。一是受到物理空间的掣肘。物理域作战可以实兵对抗、实体摧毁、实力消耗，但难以达到不战而屈人之兵的境界。二是在物理域作战的概念框架内，战争与和平界限清晰，存在非此即彼的分界线。而信息域和认知域作战，具有超越国界、离散分布、无平战之分等特点。固守物理域作战的思维方式，必然导致对敌方有针对性的信息域、认知域军事行动认识不足，也不利于己方军事行动的有效准备和展开。

3. 作战对象发生偏转

战争是两股力量之间的对抗，作战双方都力求保存自己、消灭敌人，这也是战争的目的。保存自己，就是追求增强己方的防护力。随着防护力的增强，物理域作战的直接作战对象也就发生由人及物的嬗变。各种武器的设计和研制，本来是针对武装人员的，但由于武装人员有了防御盾牌，使得直接打击武装人员变得越来越困难，这就迫使物理域直接作战对象发生偏转，即由原来的直接打击对方武装人员，变为直接打击物体，通过打击物理实体，间接达到打击对方武装人员的目的。

3.4.3 物理域作战的基本形式

在未来信息化战争中，物理域作战将呈现出多种形式，主要有人机协同式作战、精确打击式作战、瞬时杀伤式作战等。

1. 人机协同式作战

人与武器的结合一直是有关战争的核心问题。然而，在未来战场上，一部分作战任务将由机器人完成，一部分作战任务可能由人完成，还有一部分作战任务可由人和机器人共同完成。换言之，人与武器的结合将以另一种结合形式走上战争舞台，作为军人智能延伸的无人兵器将获得广泛运用。以人工智能为代表的机器人作战力量异军突起，世界大国竞相发展无人作战平台和系统。无人系统独立作战、无人系统与有人系统联合作战，将实现火力打击高效化和人员伤亡最小化。当前，美军使用的无人作战系统已经初具战力。这正体现了物理域作战的演进规律，即从军人角度而言，物理域作战已从体能较量、技能较量，演进到了智能较量阶段。战争进入智能较量时代之后，军人得以日渐从前线战场走向幕后战场，从操作兵器、从事战争的角色，转向了设计兵器、预演战争的角色。

2．精确打击式作战

在物理战的视域下，要对作为一种物质存在的军人予以打击，必须利用能量。因此，迄今为止，能量杀伤一直是军事斗争的主题。随着兵器杀伤力的提升，对能量的控制就成为必须。20 世纪 70 年代以来，随着精确制导技术的发展，使用不同的制导手段，通过侦察设备和自动化控制系统，对能量释放的方向性进一步实施精确控制，打击精度进一步提高。信息化兵器的实质就是要实现对能量的控制。因为武器发展不再需要盲目追求能量极大化，更现实可行的是探索能量的控制性使用。精确制导武器的实质是兵器的信息化，实现对目标信息的准确识别、传送、接收，最后使能量精确释放于目标，准确破坏和摧毁敌方战斗力。

3．瞬时杀伤式作战

瞬时杀伤是物理域作战摆脱作战环境的必然趋势。当战争进入多域作战时代之后，在本质上贯通了自然空间、认知空间及社会空间的网络，为战争的进行开启了多个介入的端口，瞬时杀伤成为可能。就网络瞬时打击力量而言，复杂的电磁环境是物理信息战的前提。有线通信、无线通信、电力技术、雷达技术、光电对抗、频谱争夺等，将电磁大网叠加在自然电磁环境中，在物理域作战的框架内，将电磁环境推向了复杂化的极致。信息网络的诞生，将人类战争带入了更为复杂的体系作战阶段，打击、摧毁目标的时间呈现出纳秒化趋势。美军也将"全球快速打击"系统升级为"全球瞬间打击"系统。在这种作战环境下，一支军队的物理信息化程度越高，其就越依赖指挥网络，从而也就给进攻一方留下了大有可为的瞬时杀伤空间。

3.5　信息域

信息域作战空间已经成为网络信息时代战争的关键领域，作战呈现出多种形式，具有相应的特点，信息域在战争中的地位和作用也更加重要。

3.5.1　信息域作战的主要特点

信息域是信息产生、获取、传输、加工、处理、增值和共享的领域，其特点表现为互操作具有基础地位、全维全域成为基本作战态势、信息成为决胜性优势等。

1．互操作具有基础地位

信息只有在网络化体系中合理流动，才能使信息价值增值。信息通过有序流动、直接运用，产生信息赋能和信息共享。通过体系要素之间信息的互操作，信息价值增加，使各作战活动执行得更好，体系能力得到有效发挥①。互操作在信息域作战中具有基础地位，是信息获取、传输、交互和利用的关键。语义互操作性、技术互操作性和策略互操作性三种

---

① 罗爱民，等. 网络信息体系概念与制胜机理研究[J]. 指挥与控制学报，2016（4）：273.

类型的互操作性将许多不同的参与者整合在一个综合的信息系统中，以便能够创造出新的智能并快速制定和实施决策。互操作重点在于系统与应用的有效协同能力，包括了二者之间的协作手段、交换标准、传输协议及协同支持环境构建等。互操作可以从作战互操作性和技术互操作性两个角度来认知。作战互操作性是指系统、单元或部队与其他系统、单元或部队之间互相提供服务，并利用这些交换的服务实现系统、单元或部队共同高效作战的能力。技术互操作性是指通信电子系统（设备）与它们的用户之间，能够直接按需交换信息或服务的状态。

2．全维全域成为基本作战态势

由于信息不受作战维度和领域的限制，具有联通性和渗透性，贯通各作战维度与领域，可在各作战维度与领域内存在和运用，使信息域作战呈现出全维全域的基本作战态势。从空间上看，信息域作战模糊了作战前后方界限，呈现出有形空间与无形空间全方位、全天候展开的特征；从时间上看，信息域作战模糊了战时与平时的界限，化于平时，用于战时，续于战后，贯穿战争全过程，呈现"无时不战"的特征；从领域上看，信息域作战模糊了军事与非军事的界限，不仅广泛用于军事领域，而且渗透于政治、经济、外交、宗教等各个领域，呈现全域覆盖的特征。

3．信息成为决胜性优势

在物理域作战中，信息只是影响武器效能发挥的一个要素。在信息化战争中，信息有了新的主导地位，战争的胜负也往往不完全取决于蕴含于钢铁数量中的"纯战斗实力"的对比，而关键在于谁能最多、最快地占有信息，并削弱乃至剥夺对方对占有信息的能力。在现代战争中，信息作为战斗力的核心要素已经融入了作战的各个要素之中，是作战赖以存在和发展的必要条件。争夺制信息权，抢占信息优势，提高信息攻防实战能力，将成为未来一个时期世界强国进行军队建设，打造新型作战力量的首要目标。如图 3-5 所示，美军在新的联合作战理论中，已将过去位于战斗力五大要素之末的信息能力排到第一位。由于战争对抗方式的变化，各国军队都在有重点、成系统地加快信息技术装备的投入，加大从事信息情报收集、处理等科技型军人的培养与编配，逐步以质量效能、科技密集型取代数量规模、人力密集型的发展模式，使军队具有获取信息域作战胜利的能力。

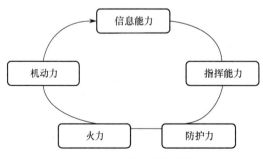

图 3-5　战斗力五大要素系统构成

3.5.2　信息域对信息化战争的主要影响

信息域是夺取战争胜利的关键领域。在未来信息化战争中，信息的联通性日趋加强、信息向战场空间全面渗透，由此催生数据战场的来临，信息域在战争中的地位和作用进一步凸显。

1．信息的联通性日趋加强

信息具有联通性，可以通过加装、嵌入、集成、融合等手段，纵向建干道，横向建经脉，实现各武器平台的有效连接，实现一网联通、一体联动。随着大批电子战设备融入计算机网络之中，网络空间逐渐成为信息域作战的主要空间，信息域的联通性进一步加强。为了占领现代战争的制高点，各国加快了相关技术的研发和运用。例如，美军打造的全球信息网格（Global Information Grid，GIG），已在全球范围内组建网络化连接体系，实现各地美军点到点的实时信息联通。全球信息网格根据作战部队、决策者和支持人员的要求，收集、处理、储存、分发和管理信息。它强调分布式、网络化、实时化覆盖全球的数据运作，为部署在世界各地的美军提供点到点的信息互通能力，实现在正确的时间将正确的信息以正确的形式送交给正确的接收者，为实现信息优势发挥重要作用。

2．信息向战场空间全面渗透

信息具有渗透性，是能在任何媒介、以任何格式使用的一系列事实、数据和指令，本质上贯通了物理域、信息域、认知域和社会域，为战争的进行开启了多个介入的端口。网电空间向传统战场空间全面渗透，并对后者形成强烈的影响与冲击，以虚制实成为军事强国追求胜利的不二选择。部队战斗力的形成与发挥，以及不间断地实施对作战部队的指挥、控制和管理，都必须依赖于对信息的获取、传输、处理、管理与使用，信息流的任何阻塞或控制失误，都会造成人流、物流的严重混乱，甚至导致作战行动的失败。整个指挥活动，就是通过信息域的活动，来服务或影响认知域的活动的，而认知域的活动最终通过信息域与物理域活动进行沟通，支配物理域和作战域活动。指挥部使用信息作战攻击敌方决策过程、信息和信息系统。运用信息作战侵入敌方指挥与控制系统，通过对其进行渗透、摧毁、破坏、中断、欺骗和影响，阻止敌方正确使用指挥与控制系统。为达到这个目标，必须试图影响敌方已掌握的态势感知。信息域作战的目标是在敌方指挥部人员头脑中产生一个认知与现实之间的差距，并扰乱敌方使用指挥与控制系统的能力。

3．催生数据战场的来临

数据是信息的载体。信息化战争作战空间无限拓展，产生海量数据。如何辨别数据的真假优劣，如何使用数据，就成为信息域作战需首要解决的问题。而敌对双方围绕海量数据展开的争夺与反争夺、欺骗与反欺骗、攻击与反攻击也将成为作战常态。从现实情况看，目前各国都非常重视作战数据库建设。以美军为例，从 20 世纪 70 年代开始就建立了地理空间数据库，现已形成覆盖全球的地理空间数据库体系。未来信息化战争既会在有形和无形战场进行，也会在数据战场上角逐。

3.5.3　信息域作战的基本形式

在未来信息化战争中，信息域作战将呈现出多种形式，主要有网络赋能作战、电子战、网电融合作战等。

1．网络赋能作战

网络空间是与陆、海、空、天并列的虚拟空间，在军事层面上，利用网络空间达成战略优势，既体现为利用网络空间赋能陆、海、空、天军事力量，也体现为利用网络空间支持现实传统空间作战。网络赋能作战可以降低战争的代价和成本、避免战争的风险，也可以夺取战争的胜利。近年来，部分军事强国已经把实施先发制人的网络战，夺取网络空间优势乃至制网权作为制胜的关键，并以此展开网络赋能作战演习和部署。网络赋能作战作为一种全新的作战行动样式，包括网络侦察、网络攻击、网络防护、网络诱骗、网络保障等。随着网络攻击手段的不断完善，其投送方式已由人工投送发展为无线电信号和激光信号投送，使网络攻击行动更加隐蔽，破坏性不断增大，网络攻防更加激烈。

2．电子战

电子战是指敌对双方争夺电磁频谱使用和控制权的军事斗争，它是信息域作战的重要组成部分，也是实施信息战的重要作战样式，主要包括电子侦察与反侦察、电子干扰与反干扰、电子欺骗与反欺骗、电子隐身与反隐身、电子摧毁与反摧毁等。由于武器装备电子化程度的迅速提高，电子战作为直接用于攻防的作战手段，形成了陆、海、空、天、电多维立体战。电子战攻击的重点是敌 C4ISR 系统。电子战主要战法是电子干扰、电子欺骗和电子摧毁。电子干扰利用多频段杂波对电磁信号进行遮蔽，使敌方电子通信系统瘫痪。电子欺骗需要先解析对方电子信号频率，然后利用相同频率的电子信号对敌方电子系统进行欺骗。电子摧毁则利用大功率微波和电磁脉冲使电路产生瞬时高压从而烧坏电路板，以使敌方电子系统彻底瘫痪。

3．网电融合作战

随着科学技术的不断发展，网络空间与电磁空间（原本恰如两个保持一定距离、互不相干的"圆"）逐步拉近距离，出现交叉，直至大部重叠融合。以电子战、网络战为主体的网电作战自诞生之日起就代表着战斗力的发展方向，是军事信息技术革命所孕育的新式作战手段。在信息作战领域，网络战和电子战各有所长而又相辅相成，融合联动才能纵横驰骋。在 2011 年的"奥德赛黎明"行动中，北约联军以"舒特"系统作为压制敌防空体系的任务规划平台，将电子侦察、网络扫描、电子攻击、网络入侵等手段一并接入，构成信息作战综合体，通过电子情报与网络情报的融合掌握目标"命门"，再运用电磁波"破门"、数据流"致瘫"，必要时以反辐射攻击"根除"。因此，信息作战领域网电融合作战已是大势所趋，必须基于实战准确把握网络战和电子战的强项与短板，破除有碍网电一体的体制性和技术性桎梏，在编成、目标、行动等方面达成全维深度融合，生成双剑合璧的攻击力。

3.6 认知域

在现代战争需求和新军事变革浪潮推动下，舆论对抗、心理较量和法理争夺等逐渐成为常态的作战手段和作战样式，认知域成为现代战争战斗力生成的重要空间。网络信息时代，认知域作战具有其独特的特点，也产生了新的作战样式。

3.6.1 认知域作战的主要特点

在人类军事史上，"不战而屈人之兵"一直被古今中外军事家推崇。传统的战争主要是在物理空间进行的，随着人类对战争认识的不断深化和科技水平的不断进步，由人的精神和心理活动构成的认知域正成为战争新的作战空间。认知域主要包括感觉、知识、经验、判断和决策等，认知域作战的特点表现为互认知具有基础地位、攻心夺志成为基本作战目的、内隐持久成为基本作战效应等[①]。

1. 互认知具有基础地位

互认知是认知域作战中的人员、系统对战场态势、作战任务和命令等信息和知识形成一致性的认知，达成共识。认知空间反映的是人的情感、意志、信仰和价值等内容的无形空间，一支军队的认知空间由无数个体的认知空间叠加而成。认知域作战不是一个人单打独斗，团队之间要互认知。如果一支团队是由互信和明确的目的所锻造的，那么这支团队将更有战斗力。在成员之间建立互认知和互理解，能够使团队具备重新布局的能力，并且在重新布局后"去做正确的事"，团队成员也必须明确知道到底什么是"正确的事"。团队成员必须全都向同一个目标努力，而在一个易变的、错综复杂的环境里，目标是会发生变化的。一个崇尚自上而下命令指挥式运转的团队，其成员都会等待来自上级的指令，以至他们必然缩手缩脚，无法有效做出反应。

2. 攻心夺志成为基本作战目的

战争实践表明，物理域作战虽然能削弱敌方的军事能力，却不能达成战争的所有目的。面对意识形态、宗教信仰、民族认同等方面的新矛盾和新问题，先进的武器和技术有时也显得"力不从心"，单靠物理域作战已很难解决认知域范畴的问题。现代作战目的不再局限于攻城略地、"消灭敌人有生力量"等物质层面，而向攻心夺志的精神层面发展。认知域作战究其本质就是从战争的精神层面出发，把人的意志、信念、思维、心理等作为作战对象，通过保持己方认知优势、攻击敌方认知劣势展开认知域攻防对抗，体现了"用兵之道，攻心为上，攻城为下；心战为上，兵战为下"的作战思想；形成了以攻心夺志为基本作战目标的作战样式、战法和手段，使作战能够更直观地表达"意志强加于对手"的特点。

3. 内隐持久成为基本作战效应

认知域作战的目标是人的心理和思想，体现为作战对象的认知、情感、意志、信念等

---

① 王照稳，付明华. 现代战场战斗力生成新的增长点——信息化战争认知域作战探析[N]. 解放军报，2015-07-28（10）.

方面的变化,这些效应是内隐的,不易被观察到的。同时精神信息需要循序渐进地发挥作用,不能指望产生立竿见影的效果。例如,冷战期间,以美国为首的西方国家就是通过文化交流等活动,逐渐把西方的价值观念渗透到苏联和东欧等社会主义国家,以达到和平演变的目的。如今,西方敌对势力通过政治、经济、科学、文化等各种学术交流,在正常的信息互动活动中谋求灌输、渗透西方"民主""自由"思想和价值观念。在未来条件下,将有可能通过物理的、化学的、生物的和信息的方法等,控制或改变人的感知、思维、情绪,使之出现认知系统障碍或智力结构变异等。通过这些方式和手段,夺取和把握战争的心理控制权,就能实现战争的战略目的。

3.6.2 认知域对信息化战争的主要影响

认知域作战的实质是通过物理域、信息域与认知域的共同行动,夺取人、组织、国家的意志、观念、心理、思维等主导权。赢得未来信息化战争,必须掌握战争的主动权、获取战争的制域权并主导战争的话语权。夺取认知空间的制域,"不战而屈人之兵"是信息化战争的最高境界。

1. 判断决策主要在认知域

在"观察—判断—决策—行动"中,判断和决策是最重要的、最复杂的思维活动,判断和决策决定着行动方式。认知域是一个关于感知、判断、决策和思考的空间,判断决策活动主要在这一空间中进行。同时,观察的情况有很大的不稳定性,决策者在作战过程中需要通过不断地判断,使所属部队各级指挥员能够明确敌方的战略战术,并及时调整部队,在实现我方作战意图的同时阻止敌方作战意图的实现。指挥员可以通过战场态势图,近乎实时地了解作战态势的发展,快速、准确、自信地交流作战意图,做出正确的军队行动计划,准确、及时、高效地实施指挥与控制。

2. 强化战争进程的认知控制

在未来信息化战争中,依靠强大的武器和技术优势不一定能完全左右战争进程,认知域对战争进程的影响越来越大,既可以影响战争的持续时间,也可以影响战争的结束时间。特别是随着生物、医学、环境及信息传播等科学技术在战争领域的应用,控制人的意志、思维、心理、情感等认知系统的方式更为多样和灵活,认知域作战的实施更加简便易行,可在战略、战役、战术层面单独或共同实施,从而影响整个战争进程。

3. 拓展制信息权的方式

信息化战争最核心的制胜因素是夺取制信息权。以往夺取制信息权,大多通过控制信息获取、处理、分配的途径和手段来实现,而认知域作战是将信息本身作为"弹药",其着力点不仅在于破坏敌人获取、处理、分配信息的途径和手段,还在于使用特定信息影响敌人的分析、判断和决策,从而使敌人的行动向有利于我方的一面发展。实质上是通过控制信息来源,来实现制信息权。这就拓展了信息化战争制信息权的方式,使夺取制信息权不仅可以通过打击敌侦察预警体系、破坏其指挥与控制系统等手段实现,而且可以通过政治移植、信仰打击、精神颓变、心理瓦解、文化渗透等手段来实现。

3.6.3　认知域作战的基本形式

在未来信息化战争中，认知域作战的形式多种多样，主要有意志直达式作战、观念塑造式作战、心理激变式作战等。

1．意志直达式作战

从某种意义上说，战争是交战双方精神和意志的较量。正因为如此，运用认知域制敌于无形，历来是战争指导者追求的至高境界。意志直达式作战是通过作战行动宣示决心和信念，给敌以震慑，使敌人被动、退缩或屈服。它通常用于战略、战役层面，反映国家或集团的意志和利益。此类作战形式平时通常表现为认知领域的揭示、军事领域的演习、政治领域的封锁、经济领域的制裁等。战时，此类作战形式通常表现为利用信息获取与传递的优势，通过形象展示强势作战行动的效果，直接表达意志决心，实现作战效果的认知强化。例如，在战争中将精确摧毁的画面以图像或视频的形式向敌方投放或播放，使作战效果在敌认知域中得到记忆强化，给敌人施加强大的心理压力，扰乱其军心、瓦解其士气，进而使其放弃抵抗，这已经成为军事强国意志直达式作战的重要方法。

2．观念塑造式作战

观念塑造式作战是通过作战行动引导受众摒弃或形成某种观念，使敌方对战争和作战的态度发生转变。通常用于意识形态领域，对人的价值观、信仰和精神产生影响。它主要针对三类受众实施。一是丑化观念引导者。观念引导者多为政治首脑或精神领袖，通常通过勾勒独裁形象、炒作丑闻攻击个人品行、捏造谣言、歪曲历史等方式，对其进行认知丑化，破坏作战所依赖的政治基础。二是蛊惑观念持有者。用否定军队英模事迹诱发认同困惑、动摇意志观念；用钱权至上衡量所得所失，诱发价值困惑、动摇价值观念；用军民纠纷诱发"仇军"困惑、动摇宗旨观念；用"唯武器唯技术论"诱发胜负困惑、动摇使命观念；用片面人性化鼓吹绝对自由平等，诱发管理困惑、动摇官兵一致观念。三是诱导隐性观念者。隐性观念者即价值观念未成熟者，多以青年为主，思想价值观念极易受到冲击。

3．心理激变式作战

心理激变式作战是指通过作战行动营造态势、氛围或情况，强烈刺激心理状态，从而影响作战判断、决策及行动。通常作用于战术层面，表现为对慌乱、恐惧、疲惫等负面情绪的引导与控制。在信息化战争中，心理激变已成为作战常态。在这种情况下，认知领域的作战行动不在于消除影响，而在于控制缩小己方所受影响，同时尽可能放大敌方所受影响。通常采取致盲式侦察屏蔽、失聪式电磁攻防隔断敌方感知能力，采取点穴式节点打击、瘫痪式信息压制削弱敌方指挥能力，采取全维度消耗战、全天候疲劳战剥夺敌方的持续战斗能力，达到乱其心智、弱其意志、夺其斗志的目的[①]。

---

① 王照稳，付明华. 信息化战争认知域作战探析[N]. 解放军报，2015-07-28（10）.

3.7 社会域

在网络信息时代，社会域作战呈现出不同于其他域的特点，对信息化战争产生了深远影响，催生了新的作战样式。

3.7.1 社会域作战的主要特点

社会域包括指挥与控制组织体制、指挥与控制过程、作战单元之间的交互关系、部队组成结构、条令等，其特点表现为互协同具有基础地位、协同手段的智能化程度高、协同环境具有高透明度等。

1. 互协同具有基础地位

互协同是利益相关者遵守相同的流程、规则和制度。当今世界处于快速的变化之中，其标志就是各种因素彼此依赖度更高，互协同必不可少。在信息化作战中，指挥人员依托战场信息系统，直接与分布于多维空间的多元作战力量互联互通，控制各参战力量，对作战中的无序进行协调，从而使信息化作战指挥协同实施的一体化程度空前提高。组织协同动作是作战指挥与控制的重要内容，其实质是为使参战力量形成有机整体而计划与协调各部（分）队相互配合行动的活动。互协同具有基础地位是作战系统一体化发展的必然要求，是以信息技术为核心的高技术群运用于军事领域后为组织协同带来的必然结果。具体表现为：诸军兵种联合作战组织协同一体化，全维战场空间组织协同一体化，集攻、防、通（信息运作）于一体的协同一体化等。

2. 协同手段的智能化程度高

信息技术在指挥领域的广泛运用，为组织协同注入了高技术因素，使组织协同有了智能化的物质手段，也必将深刻改变信息化作战的组织协同。一方面，计算机将代替人脑完成大部分程序性、重复性的烦琐工作，使组织协同人员能够从烦琐的重复性劳动中解脱出来，更好地关注瞬息万变的战场态势，从全局上筹划和组织协同。这是因为面对海量的、瞬息万变的战场态势信息数据，人的大脑已经无法快速容纳和高效处理及人的感官已经无法承受超常规的变化速度。在这种情况下，单纯依靠指挥员形成的决策很可能是迟到的、无用的决策。只有在智能化辅助决策系统推动下的人机协同决策，才能够弥补时空差和机脑差，确保指挥决策优势。另一方面，组织协同将更加依赖高技术手段。

3. 协同环境具有高透明度

随着军事技术的发展，情报侦察的时域、空域、频域大大扩展，在地面、海上、空中、太空、电磁领域都有侦察平台，声、光、电等多种侦察手段并用，红外、微波、声波各波段侦察并行，使未来信息化战场呈现出高度透明的态势，大大增加了组织协同人员对战场情况的感知度。组织协同人员通过战场态势图，能将对方的重要目标、作战行动深入了解，对己方作战行动的情况尽收眼底，并有针对性地组织协同。

3.7.2　社会域对信息化战争的主要影响

社会域是任何人类团体所不可或缺的因素，也是信息化战争不可或缺的因素。未来，社会域仍将对信息化战争产生深远影响，主要体现在作战力量跨域协同化、非军事力量加速融入战争、战争博弈的重心发生位移。

1．作战力量跨域协同化

随着战争形态的演变，作战活动逐渐由多域向全域、由平面向立体、由实空间向虚空间延伸和拓展。跨域协同是指在不同领域互补性地而不是简单地叠加性运用多种能力，使各领域之间互补增效，从而在多个领域建立优势，获得完成任务所需要的行动自由，这是未来多域作战和全域作战的客观要求。联合作战，侧重从军种的角度，强调跨军种作战力量一体融合与协同运用，是未来作战的基本形式。多域作战和全域作战，则从作战领域的角度，强调各域和跨域作战力量集成融合与协同运用。同一军种内，也可以实施跨域协同行动，如在共同实施海上攻击的海军水面舰艇部队与海军航空兵之间；同一领域，也可以实施跨军种协同行动，如在同一空域执行联合作战任务的空军航空兵与海军航空兵之间。无论是跨军种还是跨领域协同，目的都是通过协作来提高作战效率。

2．非军事力量加速融入战争

一个国家的军事发展既具有自身的独立性，同时也作为社会发展的组成部分，体现和折射了社会的总体发展水平，归根结底是社会各个要素综合作用的结果。信息化战争的基本形态是以信息化作战为核心的一体化作战，不仅涉及军事领域，而且涉及诸多非军事领域。由于军事力量在非军事领域的使用受到许多限制，使信息化作战可以发挥其特有的优势，通过在非军事领域实施作战行动，促进战争目的达成。例如，有效的网络空间防御体系必须要求以军事领域与非军事领域通力合作为前提。在未来信息化战争中，随着网络战力量、心理战力量及宗教、法律、语言、技术专家等非军事力量不断进入战场，战争中非军事领域的斗争也变得越来越频繁。据俄方估计，在乌克兰危机中非军事作战力量与军事作战力量的比例已达到4∶1。这充分说明，非军事力量在战争中的比重正在迅速增加，在未来信息化战争中，伴随非军事力量的不断融入，军事领域与非军事领域的一体战特征将更为明显。

3．战争博弈的重心发生位移

信息化战争不仅复杂性空前提高、空间维度日益拓展，而且战争博弈的重心发生了显著变化。与战争形态正加速向更高形态、更深层次演变相伴，军事组织形态加速向优化结构、精兵高效、模块组合、去中心化方向发展，军队体制编制愈益联合化、小型化、自主化。军事技术形态加快向智能化、网络化、微型化、高超声速方向发展，武器装备的数字化、精确化、隐身化、无人化趋势更加凸显。作战形态则呈现"四非"（即非接触、非线性、非对称和非正规）和"三无"（即无形、无声、无人）趋势，作战力量的常备化、联合化、模块化、机动化趋势日益突出。军队指挥向着扁平化、自动化、网络化、无缝式一体化方向拓展。

3.7.3　社会域对抗的基本形式

在未来信息化战争中，社会域作战的形式多种多样，主要有全域作战、基于信息系统的体系作战、基于作战云的联合作战等。

1．全域作战

不同历史时期，军队需要不同的作战能力。现代战争作战对抗领域大为扩展，太空、网络空间等成为军事竞争新的制高点，客观要求我们加强全域作战能力建设。全域作战从作战领域的角度强调各域和跨域作战力量的集成融合与协同运用，是具有我军特色和鲜明时代特征的作战形式。全域作战，可以从三个角度来理解。一是从地理疆域的角度理解，涵盖境内和境外作战。这里的地理疆域，也可以称为任务地域，包括国土境内及附近周边陆海战场、海外的国家利益辐射区战场。二是从空间领域的角度理解，涵盖陆、海、空、天、网及认知等物理域和虚拟域作战。三是从领域性质的角度理解，涵盖陆、海、空等传统领域和太空、网络空间等新型安全领域作战，以及深海、量子、人工智能和生物安全等新兴领域的对抗活动。

2．基于信息系统的体系作战

随着以一体化指挥平台为代表的大量新系统、新装备配发部队，基于信息系统的体系作战应运而生。军队战斗力水平，不是作战力量的简单相加，而是作战体系各要素、单元和平台功能相互影响、能量相互作用的结果。因此，要把各要素、单元和平台整合、融合起来，产生"化学反应"，以聚合效应释放出更大作战效能，更好地实现功能集成、优势互补。要采取多种手段和方式加强体系内部各作战单元和作战力量间的科学协同，促进作战体系内部自适应能力的生成和作战要素的功能互补。同时，指挥员必须树立体系作战思维，提升指挥谋略和战术素养。

3．基于作战云的联合作战

与传统的多兵种作战模式将分散的陆、海、空作战行动简单地联合起来不同，"作战云"是指在信息化联合作战中，基于强大的 C4ISR 系统，将 ISR、精确打击、机动和后勤保障四大功能领域有机融为一体，最大化实现陆、海、空、天、网等领域的武器系统数据快速共享和互操作，从而形成一个全方位、一体化系统，以便更好地遂行联合作战任务，实现最佳联合作战效果。依托"作战云"，可将陆、海、空、天、网等多领域武器平台，以及各军种、盟友等作战力量有机整合，真正形成全球一体化联合作战。外军把"作战云"作为推动一体化联合作战的力量倍增器，全方位提升军队态势感知和指挥与控制能力，通过全面实现数据融合与共享，促使军队有效集成跨域、多源信息，使战场进一步透明。在为作战指挥提供决策支持方面，"作战云"促使指挥与控制逐步向全域、全谱化集中指挥、分布控制和分散执行模式转变。依托"作战云"，可将陆、海、空、天、网等多领域武器平台，以及各军种、盟友等作战力量有机整合，真正形成全球一体化联合作战。

第 4 章

指挥与控制的模式

指挥与控制模式是遵循指挥与控制过程、履行指挥与控制职能的方式。其中，感知和执行是指挥与控制模式的核心要素。工业时代的指挥与控制模式按照集中控制的程度，可分为命令为主型、目标为主型和使命为主型，不同类型的指挥与控制模式所要求的信息集中处理能力、协调同步能力等相差较大。集中控制程度越低的模式，对信息集中处理能力要求越低，但对下级部队的信息处理及态势理解能力、协调同步行动能力要求越高。C2 模式可以从决策权分配、交互模式、信息分发三个维度进行分类、度量。在 C2 模式选择时的主要考虑因素包括指挥体制、作战任务、敌情掌握程度、作战力量构成、指挥与控制手段、人员素质等多个方面。

4.1 指挥与控制模式的内涵

指挥与控制模式的选择依赖于对态势的感知，同时它的执行又影响到指挥与控制过程。感知和执行是指挥与控制模式的核心要素。

4.1.1 感知

感知要素包括了认知域和社会域中的系列活动或过程，这些活动或过程涵盖对可获取信息的感知，起于行动开始前，终于行动结束后。

感知需要理解个体和集体行为过程。在军事活动中，个体和集体的行为过程是实时信息识别、形成和适时发布的基础，只有通过个体和集体行为过程才能把个体和集体的知识、经验和文化结为一体，从而进行有效的信息处理活动。个体和集体的行为过程可以描述为四个方面的基本能力：共享态势感知、一致的理解与预测、有效决策和明确一致的传递指挥意图。

共享态势感知能力是指从战场空间态势中识别有意义的信息，再通过网络向合适的人员共享这些信息的能力；一致的理解与预测是指从共享的态势感知信息中预测可能的未来，包括威胁、战机等；有效决策是指形成聚焦、及时的决策，以运用可获取的手段和能力来应付未来可能出现的战机和威胁；明确一致的传递指挥意图是指按照期望的目标/效果、优先顺序及约束与规则等对决策进行表达，并通过网络向组织中的相关人员传递。

指挥的运用包括了战场感知的规范、方法与手段，同时，指挥也建立了感知过程的条件。图 4-1 描述了指挥与控制概念模型中的感知要素。

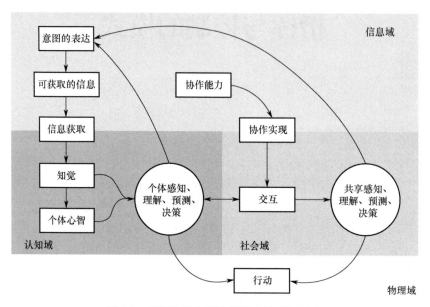

图 4-1　指挥与控制概念模型中的感知要素

在图 4-1 中，认知域和社会域的过程并没有全部包含在感知中，而在指挥与控制的运用中，是包含认知域和社会域的全部过程的。在认知域和社会域中的其他活动可以认为是确定感知发生的条件，是指挥与控制的其他概念要素的组成部分。

4.1.2　执行

执行体现在行动中，而行动可能发生在任何域，可能对多个域产生直接或间接的影响，影响效果取决于多个方面，包括行动本身、采取行动的时间和条件、行动执行的质量和其他相关的行动。

行动及采取行动的时间选择是集体决策的结果，因为行动往往涉及协作。执行过程与决策的耦合程度取决于指挥与控制模式，尤其是交互的产生和信息的分发。不同的指挥与控制模式需要不同的执行过程与决策耦合方式。

指挥与控制的目的是将可获取的信息和资源用于完成任务使命，而使命的成功与否并不完全取决于指挥与控制模式的选择。可能存在这样的情况：根据态势选择了最佳的指挥与控制模式，且执行完美，然而使命却失败了。在这种情况下就是指挥与控制的其他因素决定了使命的成败，如缺少合适的手段等。

　　高质量的态势感知和共享能够确保对战场主动权的获取，从而在给定的时间内选择合适的指挥与控制模式来处理态势、执行指挥与控制。因此，在指挥与控制概念模型中需要考虑行动执行的有效性概念，并将这一概念与态势感知和共享相关联。指挥与控制执行的有效性取决于指挥与控制模式的选择和指挥与控制模式实施的效果。

　　通常，行动的同步程度是行动执行有效性的关键因素，而指挥与控制模式的选择直接影响行动和行动同步效果的获取。指挥与控制概念模型中也需要明确执行行动同步概念，并将这一概念同指挥与控制模式及感知质量相关联。

4.2　指挥与控制模式的分类

4.2.1　工业时代的指挥与控制模式分类

　　20 世纪 90 年代，美国国防信息系统局（DISA，当时称为"国防通信局"）出资对历史上实施的各种 C2 模式进行了广泛的研究，涉及的国家包括美国（第二次世界大战等战争及各种危机）、英国（第二次世界大战及现代）、苏联（第二次世界大战及现代）、以色列（1956年、1967 年与 1973 年）、中国（现代）及其他在军事上有影响力的国家。同时，对艾森豪威尔、尼米兹、布雷德利等优秀指挥员及重要指挥部（如第二次世界大战期间美国陆军第12 航空军及英国战斗机指挥部）在作战中的 C2 模式的变化进行研究，对有关教训也进行了分析。

　　这些历史研究与比较研究的成果之一就是确定指挥与控制模式的三个主要类型，每个主要类型至少包含两种重要的子类型。这六类指挥与控制类型都是成功的，但每种类型都有其更适合的部队类型。图 4-2 为历史上指挥与控制模式的分类，以及成功应用这些模式所需的技术能力（信息处理能力与军事技术能力）。它们的主要区别是集中控制程度，从高度分散的松散控制到固有的详细控制。指挥特性的三个范围反映了在每个类型内指挥部发布指示要求的层次细节，包括使命为主、目标为主及命令为主等类型。

指挥特点	指挥控制方法	历史事件	战区总部的能力	
使命为主	不加控制	德国二战		松散控制
	选择控制	以色列		
目标为主	限定问题	联合国		控制的程度
	解决问题	美国		
命令为主	干涉控制	苏联		详细控制
	循环控制	中国		

图 4-2　历史上指挥与控制模式的分类

　　其中一个重要的发现是，工业时代的指挥与控制不存在单一的"最好"途径（或理念）。

当组织的构成由最强集中化到最弱集中化时，这些不同的指令也就暗示了指挥机构的集中控制程度。对于最强集中化的系统，指令就是具体的详细命令：做什么、什么时候做、什么地方做和如何去做。对于不是最强集中化的系统，指令就是以目标为主的命令，这是因为其作战指挥层次的指令构成是围绕所要实现的军事目标的，而将何时、何地及如何进行等这些细节问题留给作战单元来解决。最弱集中化系统中的 C2 模式特征是：由其作战层次司令部发布任务，对其隶属部队指派任务，但是将如何完成任务的决策留待下属自行制定。

1. 命令为主型

命令为主型的指挥与控制强调上级向下级发布命令，如发布部队及人员做什么、在哪做、怎样做及何时做的命令。然而，这只能由高度集中系统中战术级别之上的指挥部实施。从历史角度看，这些系统中级别较低的指挥员不太可能有主动性，也不太可能自己提出有效的行动方案。

1）循环控制

循环控制的途径是发布详细指令，上级以定期计划的方式发布。出现这种途径的原因是，与需要交换的信息量相比，通信范围受到严重限制，作战单元的行动互为依赖，并必须在细节方面进行协调，下属指挥员及部队缺乏独立创造的能力（这也许是因为他们缺乏足够的信息或所需的专业经验不足），这样就迫使他们只能尽力地遵循计划，以弥补能力方面的不足。循环指挥与控制系统最适合较为静态的作战态势，这也使中央司令部有足够的时间收集所有的信息，供高级指挥员们利用，便于他们有充分时间做出最佳决策，并对所属部队发布详细的指令和计划。

在第二次世界大战中，苏联就采用了循环控制模式。原因是缺乏可用于密集交流的通信系统，而且指挥员和部队缺乏尝试创新的专业技能。这些限制使得指挥员们感到应当实施中央控制以便能优化有限资源的配置。然而，在 20 世纪发展中形成的美国空军空中任务命令也是循环的，基于一个 72 小时周期，和来自作战现场层次的指挥中心"通过机尾数"控制飞机。这其中的基本道理就是作战要素之间的细致协调和空战相关行动关系间的复杂本质。例如，这些相关的要素和行动有侦察、准备战斗空间、评估空中防护、保护我方部队，提供护航和电子战支持，实施攻击行动、空中加油、协调固定翼和旋转翼飞机、进行搜索和救援行动，以及评估战斗损伤等。近年来，这些空中任务指派命令（ATC）通过增加潜力（如形成"响应呼叫"任务和指派途中飞机捕捉机会目标），现在已具有某种灵活性。但是，ATC 仍是依据 72 小时周期循环运作的。

2）干涉控制

如同循环 C2，干涉控制模式由作战现场层次发布具体命令。然而，这类模式的通信能力较强，并允许不定期地干涉和改变指令，特别是当机遇或威胁出现时。冷战时期的苏联军方，随着部队专业技能的提高和通信系统能力的增强，开始采用这种模式。

苏联借助于"橄榄球玩法"来推行这种模式，对应一套作战模式和运作这套模式的最佳方式。例如，对于"突破"作战有一理想的途径，对于钳形运动也有一理想的途径，对于依托河流障碍进行防守又有一理想的途径，如此等等。在给定苏联部队结构的条件下，这些途径从本质上讲都是完成军事任务的最优化方式。苏联军事院校教授这些方式，并在战争演习时详细地评审，以及在实践中反复地练习。如同一支美式橄榄球队一样，部队的各个要素都明白在每一局中的作用，并反复地进行练习。尽管干涉这类途径缺乏创造性和机动性的潜力，但是却能够便于指挥员们做出预测，以及明确控制部队和度量进展。例如，在每一种作战模式中，炮兵部队应当知道其所处的位置，后勤供给线理解自己的任务等。

2. 目标为主型

把限定问题与解决问题的指挥与控制方法相结合，就可以得到目标为主型的指挥与控制方法。使用这一模式的前提是上级对下级的信任达到一定程度，并且下级有一定的主动性和创造性。因此，该方式假设在上级与下级之间，以及在下级指挥部成员之间有着更多协同及更连续的接触。

1）解决问题

在解决问题指挥与控制模式中，高层司令部或参谋部专注于将目标对下属部队具体化。这类途径允许下属指挥员发挥创造性，但必须是在上级指挥员所设定的目标限制内。当利用此类模式时，指挥员应对目标和完成目标的里程碑进行清晰的阐述，强调指出应当完成什么、何时完成，可通过时间进度或事件序列进行表示。高层次的司令部还可以限定用于完成任务的资源，如部队、调运资源等。此外，目标还可以包括对边界条件的具体说明，如谁使用哪些道路，谁对哪些区域负责等，以帮助部署明确目标和行动。从本质上讲，这类模式对部属提出了挑战，即如何在上级指挥员所设定的限制条件内完成任务。下级指挥员需要主动地勾画他们未来的任务、获取资源、划定有利的边界及减少限制条件。

2）限定问题

对北大西洋公约组织在冷战时期的指挥与控制的研究表明，在相同的指挥文件中，英国指挥员发布给隶属部队的命令仅为美国指挥员的 1/3。仔细地评审这些文件，发现它们又都是围绕目标的。然而，英国军官对其下属更少地给出里程碑和限定条件。他们通常只明确所需达到的目标、可以利用的资源（部队）及尽可能少的关于进度和边界条件方面的信息。他们尽可能多地注明各种偶发事件，但关于这些事件的细节却又相当少。换句话讲，任务被作为问题指派给下属，但是对下属如何解决问题的细节却又很少涉及。这种途径被称为问题限定。

对第二次世界大战作战计划和行动的研究已提出了这样一种假设，即美国的军事组织，随着作战经验的逐步积累，指挥与控制模式由解决问题模式过渡到了限定问题模式。即随着所有指挥层次才能和经验的增长，书面作战计划中的细节程度降低了。换句话讲，细节被更多地留给了部队要素。韦恩·休斯（Wayne P. Hughes Jr.）教授在《舰队战术与海岸战斗》一书中就指出，在太平洋战区的美国驱逐舰战术，随着舰长和水手们对日作战经验的积累，经历了由非常简单到非常复杂的动作编排的演化阶段。这个过程同主导指挥与控制模式种类变化的一般性理论相一致。可是，美国的条令和训练并没有变化，这可能是因为当时后续的大规模作战行动涉及新编部队（那些刚完成训练的）及其指挥员，需要适当的指挥与控制模式与之相配套。

3. 使命为主型

在使命为主型的指挥与控制模式中，每一级别的指挥员都倾向于将任务分配给下级，并允许下级从选择完成任务所需的目标开始，根据战场态势制定进一步细节。这样做的前提是战场上的指挥员比上级指挥员拥有更及时、更准确的信息，并且拥有足够资源利用战机，完成任务。在当今网络信息化条件下的作战环境中，这一假设更容易被满足。下级指挥员不仅能从过去仅供上级指挥部使用的信息中受益，而且还能从无人机等平台的实时信息中受益。此外，通过条令、训练、经验及任务指示的结合，可以推测，下级指挥员能够理解上级指挥员的意图及整个作战概念，从而使局部行动与其他指挥员的更重要军事任务或行动保持一致。

1）选择控制

在选择控制的 C2 模式中，上级持续监控态势，并选择性地发布指令。选择控制模式的典型案例就是现代以色列的 C2 系统。前线司令部通常只负责为行动成功建立初始条件（组建具有极强能力的部队并指派这些部队完成一般化的任务），以及连续地监控态势以确保不漏掉重大的威胁和机遇。这种模式需要下属部队具有极强的能力和上级司令部对下属部队的信任。这种模式还需要作战单元内部具有很强的信息感知共享的能力。从本质上讲，这种模式通过下属部队连续地取得交战和战斗胜利，构成一系列"局部最优"来达到完成总体任务的目标。

这种选择控制的模式并不排除指挥员对部队行动的主动介入。对于高级指挥员们，应通过充分的训练使他们认识到，他们的基本职责就是支持和保障下属部队能够有效地行动，仅当态势的发展超出了下属部队能够成功处理的能力范围时才进行干预。同样，这种途径也要求下属部队具有严明的纪律观念，一旦作战现场指挥员决定干预，那么下属部队应立即响应并有效地实现新的指挥意图。

2）不加控制

在这一模式中，指挥员的主要作用就是为部队创造能最大可能完成任务的初始条件，以及向所属部队提供完成任务所需的信息和资源，包括随态势变化所需的信息和资源。由工业时代以来的战争历史来看，这种最弱集中化的指挥与控制理念就是免除控制。即从本质上讲，下属部队的指挥员是自治的。在第二次世界大战中，德国军队采用的就是这种理念，即一种统一意图下的分散指挥方式。这种任务式指挥理念可以视为一种契约，一个上下级之间的协议。下级统一贯彻上级意图，而上级统一给下级较大的自由，同时允许下级在如何实现意图上发挥想象力和主动性。这个时期德军的指挥员具有相当大的决策权，特别是在战争早期，希特勒还未从微观上掌管部队，而将具体的作战任务留给了那些高度专业化的军官。这种理念甚至一直持续到战争末期（尽管在那些吸引希特勒注意的战场上有着非常不同的实际情况）。

那些充分信任下属的杰出指挥员们一直都被认为成功运用了这一模式。例如，道格拉斯·麦克阿瑟将军，在组织实施依托岛屿的蛙跳行动和收复菲律宾时，据说他就曾召见他的战区空军指挥员并告知："别让日本空军挡我的路。"这就是他发布的唯一命令，至于如何完成这项任务，则全凭下属做出决策。同样地，有史以来那些远离上司行动的指挥员们都需要按任务命令运作，如汉尼拔穿越阿尔卑斯山和航海时代的英国舰队的指挥员们。然而，如此这般的免除控制在历史上还是相对少见的，特别是当上司可以利用电报和无线电随时与部属保持联络之后，这种免除控制的指挥与控制模式就更为少见了。事实上，以色列部队尽管感到第二次世界大战中德国军队模式在历史上是最为成功的，但是由于担心在关键的交战中丧失控制权，所以在一定程度上采取了干预。

4. 模式对比

上述 6 种类型的指挥与控制模式要求的能力存在着很大差异，如表 4-1 所示。

表 4-1　不同指挥与控制模式的能力要求

指挥与控制模式	输入		处理	战区总部输出		下属特征	
	更新详细程度	更新频率	度量需求	详细程度	频度	专业优秀性	创造性/主动性
不加控制	低	低	低	低	低	非常高	非常高
选择控制	低	非常高	适度/低	低	适度/低	高	高
限定问题	适度	适度	适度	适度	适度	高/适度	高/适度
解决问题	适度	适度	高/适度	高/适度	高/适度	适度	适度
干涉控制	高	非常高	非常高	适度	高	适度/低	适度/低
循环控制	高	较低	高/适度	非常高	非常低	低	非常低

在假设信息质量相同的情况下，决策越集中，高级指挥部需求的信息也就越多，这意味着传输的每份报告与态势中的更多细节需要更新。但是，在更新频率方面存在着很大差异。不加控制的模式极少需要更新信息，因为在该系统中，中心指挥员不想严格控制事件的时间进展。

在目标为主的模式下，限定问题及解决问题的两种指挥与控制模式要求以适度的频率更新。循环控制模式定期、定速地更新，更新频率较低。与之相比，干涉控制模式、选择控制模式都是建立在频繁信息交互的基础上的，对更新信息的连续性要求高。

这 6 种不同类型的指挥与控制模式所要求的信息处理能力也相差较大。这意味着既要接收正确的输入，并将这些输入传输至指挥与控制系统运行信息中，又要进行必要的操作以支持决策。对不加控制的系统来说，需要处理的输入与输出信息数量最少，所需信息处理能力也很低。信息处理能力随着集中程度的增加而增强。不过，由于循环控制模式更新速度不高，因此所需信息处理能力也比干涉控制模式低，干涉控制模式在任何时间都需要信息的及时更新。通常，快速获取、综合、传输及处理信息的能力越强、数量越多，采取集中模式的可能性就越大。

信息化条件下的战争需要明确地考虑态势，在态势中准确及完整的信息可能不再存在于战场上作战的下级指挥部，而是更有可能存在于高级指挥部。关于信息时代战争的新型指挥与控制方式，目前确实需要进行讨论。这意味着尽管在如何利用现代信息技术分发信息方面有大量的选择方案，但在通向指挥与控制的最佳途径方面需要有所改变，对后方及时支援能力及协同手段需求的不断增加是这些变化的一个标志。无论何时，只要决策速度成为关键，自动决策方法的创建就有重大意义。

实施集中控制的程度还影响着利用信息化手段实现能力获取的程度。任务自主系统主要将高度创造性的任务分配给高级指挥部，而选择控制方式既需要更多的整体能力，又具有自动实现其功能的更大潜力。面向目标的系统（该系统需要相当多的能力）可能更自动化与智能化。解决问题系统可以在更高级别进行管理。干涉系统需要的能力最多，但也最容易实现信息化与智能化，因为这类系统更多地依赖预先训练，并且其能够生成可以成功实现的预先"包装"的、足够好的方案或次佳方案。循环与控制系统完成与干涉系统（发布命令）同样的工作，但是每项任务的执行不如后者频繁，这使得其对整体能力的要求有所降低。

需要注意的是，在面向任务的指挥与控制模式中，责任的增加及向下级部队的授权也意味着这些部队必须拥有更多的信息、知识及态势理解，以及更多的协调和同步行动能力。

4.2.2 未来作战的主要指挥与控制模式

随着信息技术的发展，战争的复杂性和不确定性进一步增强，更加呈现出非线性的特征。应对未来作战的挑战，指挥与控制模式要从工业时代的集中控制向信息时代的分散控制转变，任务式指挥和事件式指挥，以及自组织与他组织相结合的指挥与控制方式成为未来作战的主要指挥与控制模式。

1. 任务式指挥

任务式指挥（Mission Command）是实现未来作战指挥与控制的主要方式之一，也是一种自顶向下的指挥与控制模式。"任务式指挥"是由德语的"任务"（Auftrag）和"战术"（Taktik）两个单词构成的组合词，英语直译为"任务式战术"（Mission-Type Tactics）。这个词的广泛使用是在第二次世界大战之后。从狭义上说，任务式指挥是指使用"任务式命令"的指挥方法，即上级通过简洁的命令明确任务和意图，不规定完成任务的具体方法，赋予下级决策自主权和行动自由权。从广义上说，任务式指挥是一种指挥理念，或者说指挥哲学，包括对战争本质特征的认识、领导艺术、指挥方式和指挥关系等。

按照美国陆军条令出版物 ADP6-0 的定义，任务式指挥是指挥员行使权力和指挥，依据任务式命令，通过分散实施，遂行军事行动。命令的重点是作战目的，而不是具体如何完成任务。指挥员尽可能下放决策权，最大限度减少详细控制，并激发下级的主动性。定义实际上是说指挥员必须给其下属任务式命令，简洁的命令清晰地传达任务和意图。反过来，下属应充分发挥其主动性，以最符合指挥员意图的方式来执行任务。这听起来简单，但战场上不断增加的不确定性与复杂性要求执行任务的军人具有最大限度的主动性、灵活性和适应性。这种指挥哲学有利于指挥员在行动中发挥人的能力塑造态势和整合军事行动，进而实现指挥员意图和预期。

在研究讨论与作战实践中，美军发现，任务式指挥能有效调动一线指挥员的积极性，提升指挥作战效率。美国陆军 2011 年版的《作战纲要》中，甚至将任务式指挥作为唯一的指挥与控制模式。任务式指挥强调发挥基于纪律的主动性，其特点是意图集中而控制分散。这一理念将指引下级指挥人员完成任务。2012 年，美国参谋长联席会议（美参联会）发布了《任务式指挥白皮书》。美参联会主席邓普西上将指出，在日益复杂和不确定的作战环境中，探索、灌输和推进任务式指挥对有效捍卫国家安全至关重要。2013 年修订颁布的美军第 1 号联合条令出版物——《美国武装力量条令》明确指出，"任务式指挥是指挥与控制的首选概念"，"联合部队司令运用任务式命令分散实施作战行动。"美参联会发布的《任务式指挥与跨域协同》研究报告指出，"过去 10 年的作战强化了分散指挥和授权下级及参谋人员及时做出反应的需要。那些不能恰当实施分散指挥的人失去了灵活性和主动性，并且冒着任务失败的危险。我们也看到指挥员意图聚焦'做什么'和'为什么'，而不是'如何做'，让下级发挥自律的主动性，以增强灵活性和效率。"在《多域战：21 世纪的合成部队》中，美军将任务式指挥能力作为多域作战所需能力的第一项能力，即在任务条件下对任何编组实施任务式指挥的能力。

通过采取任务式指挥，指挥员整合、协调行动。指挥员明白，他们在上级编成内而非独立开展行动。他们整合、协调与其他部队的行动，以便达成总体行动目的。指挥员与本单位及其他统一行动伙伴开展协作与对话，形成并保持共同的认知和目的，进而达成行动一致。他们向下级阐明意图，使用任务式命令指派任务、分配资源和提供宽泛的指导。根据指挥员意图和任务目的，下级以最有利于完成任务的方式采取行动。不需要上级的最新命令，他们也能采取适当的行动，并执行必要的协同。2003 年初美军第 3 步兵师进军巴格达是任务式指挥付诸行动的一个典型案例。该师通过出其不意的突袭行动（迅雷行动）进入伊拉克首都巴格达。部队攻入巴格达市区后并没有停留，也没有放慢进攻节奏，而是抓住战机、随机应变，继续向市中心推进。美军突然出现在巴格达市中心给萨达姆政权致命一击。迅雷行动成功的原因在于军和师级指挥员在命令中阐述了明确的意图，相信下级的主动性、判断力和创造力，能够应对纷繁复杂的战场环境。赋予地面部队指挥员相应责任和决策权、允许他们在上级意图范围内主动作为，正是任务式指挥的优势所在。

2．事件式指挥

事件式指挥是实现未来联合作战指挥与控制的另一种主要方式，与他组织的任务式指挥相反，它是一种自底向上的指挥与控制模式，是一种自组织形式的指挥与控制方式，主要适用于城市作战、荒漠作战、反恐作战等边缘作战。未来联合作战充满危险、迷雾和不确定性，在纷繁复杂、瞬息万变的战争中，一线指挥员最了解战场真实情况。很多关键时刻需要现场决策，谁在最前沿，往往谁就最熟悉当前态势情况，也就最能做出合适的决策。事件式指挥是处理战争不确定性的重要方式。未来联合作战强化了分散指挥和授权下级及参谋人员及时做出反应的需要，因此需要下放部分决策权，减少上级决策的压力，提高下级决策的灵活性和速度。事件式指挥具有弹性重组、共享信息和自主协同的特征。

事件式指挥设想了一种自下而上的组合能力，弹性重组也因此成为边缘指挥与控制的关键特征。在边缘作战中，指挥与控制单元或行动单元可按照具体冲突需求，促成原来分属不同组织的各种单元快速、智能、战略性转换、分解和重组，依据赋能或释能快速重组可获取的战场资源，生成成本较低廉的具有多样性和适应性的多域杀伤链，可以应对诸如城市战、荒漠战、无人岛屿值守等多作战场景，以及各种突发性事件。任务完成后，重组的单元可以释放回归到原来的系统，彻底改变军事行动的时间周期和作战体系的适应性。

军队本是由武装起来的人组成的，它得以成为体系，要求在人与人之间、部队和部队之间建立某种联系或联动机制。能够将军队各作战力量、作战单元、作战要素连接起来的中枢神经只能是信息。信息的有效分布和交互是战斗力提升的关键。边缘作战是信息化战争的新样式，同样是信息流驱动的战争。信息的有效联通和共享是边缘和一线部队战斗力提升的关键。边缘作战信息来自物理域，经直接或间接方式以声音、数据等不同的形式进入信息域，在此进行滤波、融合和处理，或通过感知直接进入认知域，在认知域中构成认识、决策的基础。在边缘作战中，有了信息的联通和共享，陆、海、空、天、网才能实现多维一体，多支团队之间的协同才有可能。与以往不同的是，边缘作战的信息传播动力学与工业时代的战争发生了显著的变化，从主要通过建制层次或指挥结构获取信息而发展到在这些垂直的信息流之外获取信息，对信息共享的要求更为迫切。因此，边缘作战指挥与控制，依据指挥意图和高质量的态势感知，赋予边缘做出决策的权力。在实际作战中，基层部队可以得到以往难以企及的卫星和信号情报、电子战干扰力量、计算机网络攻击及定向宣传信息作战力量的支持。

由于未来作战使共享感知成为可能，其关注的重点就是用基于自同步的新模型来替换传统的指挥与控制模型。正因为如此，未来指挥与控制强调所有作战域的自主协同。各个作战部队能够跟上全局作战节奏，对自身的优劣短长有着客观的认知，并且知道该干什么、不该干什么，而不用上级下达具体的命令。这就使下级部队指挥员主观能动性得到极大的发挥，而不是像集中指挥与控制那样要固守上级的具体行动规划。"很显然，这就要求各部队指挥员具有很高的综合素质，能根据战场整体态势和作战总体目标决定自己的行动。"[1]边缘作战力量要能够协同行动，综合运用各种作战能力，在某个或多个域创建并利用好稍纵即逝的作战机遇，削弱对手在多个域的作战能力。这种作战协同是以跨军种的横向直接协同为主的协同。"如对同一作战目标既可以用海军舰艇发射导弹攻击，又可用空军飞机突防打击，还可选择特种兵渗透袭击等，总之用最优方案、最突然手段，达成最佳效果。这样多种攻击手段并用，多个领域同步行动，打乱常规作战阶段划分，打破传统领域限制，有意将作战推向混合状态，还会给对手造成很大压力。"[2]未来作战能够获得胜利的必要条件是信息流不会受到过度限制构成组织的关键特征，其中组织的关键部分可以共享感知，并

---

① 胡晓峰. 战争科学论——认识和理解战争的科学基础与思维方法[M]. 北京：科学出版社，2018：302.
② 吴中和，朱小宁. 多域战：美军推动联合作战新"抓手"[N]. 解放军报，2017-11-30（11）.

且个体部分的动作可以自主协同。

　　事件式指挥并不是为了提高指挥与控制能力，其追求的目标也不是施加更多的指挥与控制，而是试图减少所需的指挥与控制。实现的方法是下级发挥自律的主动性，并进行必要的协同。指挥员应当接受下级的冒险和失误，促进信任和相互理解，与下级保持交流，并培育团队精神。近年来，美军采取多种措施，不断强化事件式指挥的教育训练，以提高下级军官的领导能力、适应能力和创新能力，并通过人事政策改革，培育适应事件式指挥要求的制度机制和文化环境。实施事件式指挥比敌人决策更快，事件式指挥应当作为一种行为方式融入军队的 DNA。

3. 自组织与他组织相结合的指挥

　　组织的形式决定了指挥与控制的形式。未来作战的指挥方式除他组织的任务式指挥和自组织的事件式指挥外，还有一种指挥方式就是它们的结合，即他组织和自组织的有机结合，其本质上是一种动态敏捷的指挥与控制模式。

　　战争系统的中心问题同时也是复杂系统的中心问题，即他组织与自组织，组织力来自系统外部的称为他组织。组织力来自系统内部的称为自组织。一直以来，指挥与控制的实现机制主要是他组织的。军队通过层级化的上级设定目标、指令或指导而组织起来，并通过这种自上而下的机制展开部署和发挥力量。信息化条件下，战场空间多维、参战力量多元、战场态势多变，指挥与控制很大程度上呈现出自组织的特点。仅凭他组织显然难以满足现代战争的要求。实际上，未来作战两种组织形式都需要，本质上是一个不断适应的过程，需要两者之间进行快速转换。一方面，未来作战的自组织趋势并不完全排斥他组织性。下级组织接受上级组织赋予的任务，是他组织的一员，需要接受他组织的框架约束。这种约束主要通过贯穿在整个组织中的自我约束加强。另一方面，下级组织更需要有自组织的特性，主动围绕发现的任务形成任务联盟，即自组织。他组织和自组织之间并没有绝对的界限，关键在于尊重战争自身的规律，在二者之间保持一种张力，达到收放自如，进退裕如的境界。

　　运用这种指挥方式的组织必须具备自任务或自行动的能力。自组织与他组织相结合的指挥方式的成功依赖于单个实体拥有制定有效决策的能力、信息及手段。一线部队和组织应根据动态形势自我发现任务，此谓自任务。垂直和金字塔式的层级化指挥与控制在数个世纪的时间里维持了军队的秩序，快速变化且各方面因素相互依赖的环境与这种层级化指挥与控制方式已经格格不入。普利高津"非平衡是有序之源"的论断和自组装原理的发现证明了高效自组织是完全可能的，也是技术发展的必然趋势。自组装原理是用来形容一个无序系统在没有外部干预的条件下，由个别部件间的互动，如吸引、排斥或自发产生化学键等，组成一个有组织的结构的过程。在错综复杂的环境里，干扰和互动是不可避免的，能否具有这种吸收冲击波的能力正变得越来越重要，应该学会用自组装原理所体现的韧性思维来应对不确定性。未来作战一线组织不仅能够应对未曾预料到的威胁，而且还能在遭到打击后恢复到以前的状态。在错综复杂的环境里，韧性往往意味着成功。

运用这种指挥方式的组织应具备评估完成任务的能力。该指挥与控制方式的基础是自组织。自组织意味着一种自发性、自觉的行为，是系统要素按彼此的相关性、互补性和协同性形成特定结构与功能的过程。在以往层级式、宝塔式指挥体系下，"作战指挥与控制通常按照自上而下的层级顺序进行，上下级之间纵向联系多、横向沟通少，使各作战单元处于信息孤岛状态。"①自组织与他组织相结合的指挥方式是自我调节型的指挥方式，横向沟通频繁，作战力量必须不断地适应变化的战斗环境，实施必要的紧密协同。这种协同通过局部行为实现，而不是通过中心支配实现。因此，它应具备评估完成任务的能力，为发布任务及构建任务组织提供依据，表现在对作战要素、资源和能力的理性认知上，形象地说就是我们在建立一个完成任务的微信群时，能够对哪些人具备入群的条件有一个清晰的认知。

自组织与他组织相结合的指挥方式需要建立奖惩机制。未来作战各类权限、资源可灵活转移和配置，必须解决随之而来的监管问题，建立奖惩机制。未来作战的资源在很大程度上是动态构建的，它的指挥系统（"神经中枢"）、控制系统（"手脚"）、情报侦察系统（"耳目"）、通信系统（"神经脉络"）、火力打击系统（"拳头"）等可以临时来自不同的单位，形成一个新的自组织，其指挥与控制的有效性依赖于灵活重组的各参与方主动加入与积极协作，因此必须建立奖惩机制，一方面鼓励具备相应资源的边缘组织共同参与任务的完成，在完成任务后，对提供"耳目""手脚""拳头"的组织进行"好评"和激励。另一方面，对出于保存实力、具备相应资源而没有积极协作的组织进行复盘分析和惩罚，避免类似事件的发生。

4.3 指挥与控制模式的度量

在指挥与控制模式的选择上，没有普适的最佳方法，不同的问题需要选择不同的指挥与控制模式。

4.3.1 指挥与控制问题三维空间

在针对问题选择 C2 模式时，需要理解所面临问题的差异，因此，如何分析问题是选择 C2 模式的关键。在 C2 问题分析上，可通过三个维度分析建立 C2 问题三维立体空间，如图 4-3 所示。

通常，C2 所面临问题的三个维度可表述为战场态势变化的节奏（静态到动态）、问题的精通程度（熟知至未知）和信息需求的满足程度。

1. 战场态势变化的节奏

静态问题通常指态势变化缓慢。例如，第一次世界大战期间欧洲的阵地战，在战线、国家的政治、社会和经济运行环境上，以及在作战所采取的方法手段上，其变化都较为缓

---

① 赵秋梧. 自组织的信息化作战[J]. 南京理工大学学报（社会科学版），2009（2）：109.

慢，C2 所面临的问题可以认为是一种静态的问题。动态问题体现在作战环境的不稳定性上，战场重点与关键时间节点变化迅速，冲突各方都快速、频繁地创新手段与方法。

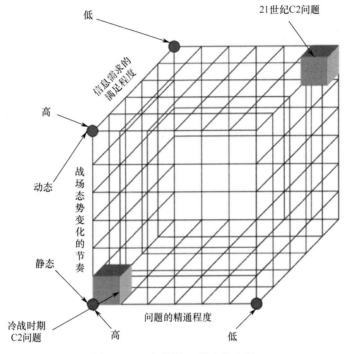

图 4-3　C2 问题的三维立体空间

静态问题的解决适合在决策权限集中时进行，集中的决策可以实现解决方案的最优化，同时，静态问题可以通过相关各方定期的交互达到较好的控制目的。然而，在战场态势变化激烈时，静态问题的解决方式就不适用了，传统的工业时代 C2 就显得无能为力。

2. 问题的精通程度

如果 C2 所面临问题是众所周知的，那么一切就简单了。原因在于，如果明确需要什么信息、谁需要这些信息、问题需要什么样的交互模式等问题，我们可以在解决问题的决策权限的分配上就能够给出正确划分。也就是说，对于 C2 所面临的熟知的问题，工业时代的 C2 能够给予有效的解决。

态势的感知与态势的变化节奏并没有必要的关联。例如，对可能爆发的第三次世界大战，北约和华沙都为动态的战场空间制订了军事冲突计划，双方进行为期 10 年的准备，包括计划、战备和情报收集工作，双方都相信自己对即将到来的军事冲突有非常深刻的理解，并且成立了高度专业的部门，制订了非常详细的计划。也就是说，战场态势的节奏变化激烈并不意味着问题的熟知程度低，只要准备充分，仍然可以达到较高的问题熟知程度。

对熟知战场态势的自信并不意味着能够转化为有效计划。例如，在 20 世纪 30 年代末，法国认为他们已经掌握了可能来自德国的攻击，并且构筑了坚固的马其诺防线，然而，当德国军队穿越边境线时，法军发现他们面临的是一个非常陌生的军事冲突。

问题的熟知程度在不同类型的组织中有不同的表现。通常，在一个知识型的组织中，问题对许多人来说都是熟知的，因此，其解决问题的决策权限可以下放。而在一个非知识型的组织，或者知识集中的组织中，只有少数人熟知问题，其决策权限要相对集中。

3. 信息需求满足程度

无论态势变化的节奏有多快，问题的精通程度有多高，在选择解决问题的 C2 模式时，信息需求的满足程度是一个至关重要的因素。

信息需求的满足程度是指在多大程度上能够满足信息需求方的信息需要。信息需求的满足程度与信息需求量的多少无关，一个组织虽然只有简单的信息需求，但可能具备一个很高的信息需求满足度。同样，一支联合作战力量可能需要大量的信息实施精确打击或协同作战，由于信息需求量大，导致信息的满足程度低。

显然，信息需求的满足程度也取决于信息的质量。信息质量越高，则信息需求的满足程度越高，反之亦然。

4.3.2 指挥与控制模式度量的维度

考虑到 C2 通常所面临的问题可通过战场态势变化的节奏、问题的精通程度和信息需求的满足程度来建立问题的三维空间描述，在 C2 的本质界定上，David S. Alberts 和 Richard E. Hayes 同北约研究小组一起提出了三个关键要素，这三种要素也可作为 C2 模式度量的维度，它们分别为：

（1）决策权的分配；

（2）交互模式；

（3）信息的分发。

在决策权的分配维度上，其值的变化范围为[集权，分散（点对点）]；在交互模式上，其值的变化范围为[层次结构交互，完全分布式交互]；在信息分发维度上，其值的变化范围为[严格控制，广播]。

决策权的分配是指兵力组织内权威与职责的分配。在 C2 模式度量的三个维度上，决策权的分配是基础维度，影响其他两个维度的要素。对任何一个角色，决策权的分配意味着明确三种决策权威：一是绝对的权威，即全权负责；二是特定的权威，即在某些特定情况下的决策权威；三是辅助的权威，即仅是参与角色，而非支配的决策权威。这里的决策是指决策本身（如方案的选择）和确定给出决策/拍板的时机。对执行控制职能的角色来说，某些决策是禁止的，如武器系统的使用，必须有某一级指挥职能的批准，否则该武器系统的控制角色不允许行使决策的权威。

交互模式存在三种情况：需要的交互、允许的交互和禁止的交互。决策权的分配直接影响交互模式的选择，而交互模式也影响组织内的其他因素，尤其是非正式的交互。除此之外，交互的实现还受限于可获取的交互基础设施、条令条例、文化等。通常，在交互模式这一维度上的分析包括三个方面的内容：一是参与交互的人数和类型；二是交互的内容；三是交互的质量（如交互的媒介、有效性和持续性等）。

信息分发带来的影响是辩证的，对指挥来说，信息分发通常带有积极影响，而对控制职能的发挥可能带来消极的影响。因此，信息共享也需要划分三种情况，即必需的、允许的和禁止的。

C2 模式度量上的三个维度要素不是孤立的，而是相互影响、相互关联的，其中基础维度决策权的分配影响交互模式和信息分发，对交互模式的影响主要体现在社会域的关系与协作和信息域的信息共享，交互模式决定了信息分发。信息分发方式可能影响决策方式，从而影响了决策权的分配。例如，低层的战术军官在遭遇突发情况时，如果遵循既定的决策权的分配方式，向上级汇报，得到上级决定后再进行处理，可能导致错失良机。这种情况发生时，通常是低层军官先进行临机处理，在处理的同时向上级汇报情况。由此可以看出，信息分发改变了决策的方式，从而导致了决策权分配的调整，即低层军官具有了更大的决策权限。

因此，三个维度的关系如图 4-4 所示。

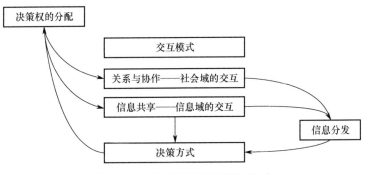

图 4-4 C2 模式度量维度间的关系

决策权的分析，不仅包括规范运行的结构，而且还包括非正式途径运行的决策权分配。同样，在交互模式上，也只分析实际发生的交互，而不分析期望的交互。信息分发只针对兵力组织中事实上发生的信息流，而不是条令条例、战术、技术及程序上要求或规定的信息流。决策权的分配、交互模式和信息分发这三种维度因素对指挥职能和控制职能的发挥影响存在差异，但它们都是影响这两个职能发挥的重要因素。

确定 C2 模式的三个维度不是静态的，导致其动态变化的主要因素为：职能领域和时间，亦即 C2 模式随职能领域的变化而变化，同时，也随时间的变化而变化。不同的职能领域可能需要实施不同的 C2，如在作战上的 C2、装备上的 C2、后勤上的 C2 可能存在截然不同的方法。即使同一作战领域，不同的作战样式也可能导致 C2 模式的不同，如空地战的 C2、空海战的 C2、特种作战的 C2，在方法上也可能存在较大的差异。C2 模式随时间的变化而变化是显然的，在战争态势变化节奏快、时间紧迫时需要的 C2 模式与战场态势变化缓慢、战场环境相对稳定时的 C2 模式就存在较大的变化；在处理危机时，可能需要集中的 C2（包括集中的决策、持续和规范的交互及信息分发的严格控制）；如果危机转为战争，那么这些严格的约束和限制就可能取消。

在 C2 模式三个维度上的动态性是反映一个作战力量敏捷性的重要体现。一个部队如果能随其使命任务和作战进程的变化而快速调整其 C2 模式，那么该部队就是一支敏捷的作战力量。通常，其调整内容体现在兵力结构和指挥程序/工作流程上，这两方面的内容直接反映在 C2 模式度量的三个维度上。因此，C2 模式的动态性直接反映了一个兵力组织的敏捷性。

4.3.3　决策权的分配

决策就是选择。决策权是针对某一主题，在具体的背景和条件下进行选择的权威。决策权隶属于个人或组织，其赋予的方式通常是法律法规、规章制度、条令条例、个人角色、实践或个人的人格力量。决策权的分配对象是国家、社会团体、企业、组织或个人。

理论上，决策权的分配度量是一种线性变量，其取值范围是[完全集中，完全分散]。完全集中的决策权分配是指所有的决策权限集中于某一个体。通常，集权组织采取的决策方式即完全集中的决策权分配。完全分散的决策权分配是指每一个实体在每个决策上都有平等的决策权，或者说决策权的分布是一致的。然而，在现实中完全平等的决策权分配通常只是在一些小的团队中存在。决策权分配的两种极端情况很少出现在现实组织中。这就导致了决策权的集中或者分配的不均衡。

1. 工业时代的决策权分配

工业时代，决策权的分配反映了工业时代管理和知识结构化的基本原则，主要体现在两个方面：一是军事决策问题按照拿破仑建立的指挥系统分解为各种专业职能角色，如指挥、情报、后勤、计划等；二是运用结构化的等级阶层确保合理的控制跨度，也就是说，通过设置中级的管理人员把上层的意图转为执行的指令，同时，监视和汇报作战环境中发生的活动。

因此，工业时代的决策权集中在负有指挥职能的个体上，这一现象反映在命令的发布上，任何命令的发布都必须由指挥员签署，即使处理某些专业职能领域。参谋人员和下级指挥员都有一个重要的职责，那就是理解来自上级指挥员的指令，这就是为什么在工业时代要强调指挥员的意图。

需要注意，并不是所有工业时代的军事决策都是高度集中的，在本书的前面章节中，我们介绍了工业时代的 6 种成功的 C2 模式，其中的部分 C2 模式就采取了一定程度上的分散决策。然而，工业时代的 C2 模式在决策上的分散程度是有限的，在实际的条令条例中，没有提及自同步作战或完全扁平组织的 C2 模式。

2. 信息时代的决策权分配

信息时代的组织，尤其是军事组织，都期望最小化决策权限的集中程度，通过分散决策来最大限度地调动军事组织所有成员的主观能动性。不仅在军事领域如此，而且在其他领域亦如此。我们可以想象一种极端情况，没有决策权的分配或者说没有指挥员的战场，这就是自同步的战争。网络中心战研究表明，当共享感知达到一定效果时，就可实现战场的自同步。网络中心战与扁平化 C2 模式（Edge C2）都依赖于信息分发的广泛性和不同的交互模式，同时也需要单个实体具有做出有效决策的能量、信息和手段。信息时代优势组织的形成不仅需要广泛的信息共享，同时也需要决策权最大限度地分散。因此，信息时代不仅需要更多的信息，更好的信息共享与协作机制，更多知识型的、训练有素的个体，还需要不同的 C2 模式途径。

信息时代，我们需要重新认识领导/指挥员的职责与能力要求。这是决策权限分配的前提。

首先，在军事力量使用的不同阶段，对领导职责和能力有不同的要求。在军事力量部署前，领导的职责是确保部署前作战力量要素能够胜任所赋予的军事任务。在宏观整体层次上，领导的角色和职责包括人员招募、装备配备、部队训练以确保能够完全所赋予的使命任务。在力量部署后，领导的职责包括制定执行使命任务的作战方案，向部队明确传达其作战计划和意图，并调动其积极性，确保部队的士气。在使用作战力量时，其职责是清醒地认识到并不是参与任务执行的所有领导都处于指挥链的同一层次上，也没有必要把所有指挥链汇聚到一起，而是让他们各施其责，各尽其职。

其次，在信息化战场领导/指挥员也具有较大的能力局限性和目标差异性。由于专业技术兵种众多，各军兵种在文化、条令条例、战术规则、作战样式与思想上都存在较大的差异。因此，信息时代战场没有一个指挥员具备所有力量要素的权威；同时，联合作战的实施导致不同作战力量的整合，其整合的通用方式是层次结构，由于组成单元的独立性，不同层次上不同的作战单元都可能存在各自的目标与意识的差别。

因此，与工业时代相比较，信息时代的战场，决策权需要较大程度地分散，由此导致指挥意图不再是某个指挥员的意图，而是一个群体的意图，它包括信息化战场不同职能领域、不同的组织部门和作战单元的领导意图。由于指挥意图的载体由单一向群体的转变，信息时代军事指挥的关键挑战在于形成一致的指挥意图。

决策权广泛分布并获得有效执行的基本条件是决策分配对象理解或具备下列因素：

（1）指挥意图；

（2）实现意图的行动方案；

（3）可能的突发情况；

（4）组织内成员间具有高度的信任；

（5）成员训练有素，能力充分。

4.3.4　角色间的交互模式

角色间的交互模式往往被误解为成员间的连接关系，即军事组织内谁与谁联系。然而，对角色间的交互模式来说，这种连接需求仅仅只是一部分。理解交互模式与效果还需要关注以下内容：

1. 互操作的能力水平

互操作的能力水平包括三个方面：一是技术上的互联互通水平；二是语义上的互通能力，即相互理解的能力水平；三是协作与交互意愿的强烈程度。

2. 交互产生的媒介数量

交互的产生可能通过多种途径，其媒介的数量也是交互模式的度量尺度之一。交互产生的媒介包括语音连接（如甚高频通信）、电子邮件、白板（用于态势、作战方案展现和讨论的平台，如屏幕等）。

3. 协作水平

与数据和信息交换相比，协作是最令人愉悦的交互模式，它是指为了共同的目的而协同工作。协作不仅通过数据和信息交换观点，而且还表达更深层次的内涵。

4. 数字化的连接水平

在交互模式上，数字化的连接较纯粹的语音交互效果要好得多。单一的语音交互需要交流发起方清晰明确表达，传递方传递语音内容及时、完整，收听方注意力高度集中，收听准确无误。这种语音交互的任何遗漏或疏忽都会导致在信息共享、感知共享、决策或行动同步上的失误。

5. 信息交换机制

在 C2 模式上，信息交换机制也是影响交互的关键因素之一。不同的信息交换机制导致了交互模式的水平差异，这些机制伴随通信技术的发展而变化，包括信息推销机制、预约信息服务机制和公告信息服务机制。

（1）信息推销机制。传统的信息交换机制是一种信息推销机制，即一方给另一方发送其认为对方需要的信息。信息交换的发起方要决定发送信息的内容、格式、发送对象和更新周期。这就需要制订信息传递的精确计划、详细标准和具体的协议。大多情况下，这种机制也需要接收方有接收的回执，这种接收回执也意味着接收方在对信息内容不理解、不明确时会向发起方进行咨询，或者要求重新发送所需要的内容。

（2）预约信息服务机制。由于卫星通信和相关通信系统能够提供的带宽越来越大，使得局部区域的通信可以实现广播通信。在这种情况下，信息的交换机制发生了改变，信息交换的发起方只决定信息的内容和更新周期，而接收方或者说信息的用户方须同步及时接收信息。这种机制容易导致信息广播的"黑洞"，浪费通信资源。如果用户方能够根据自身的需求定制信息，信息的传递根据用户方的定制需求实施定向发送，那么既可解决通信资源的浪费问题，又可提高信息的利用效率。

（3）公告信息服务机制。由于信息和网络技术的发展，信息交互的发起方可以通过不同的途径来传递信息，只需要在合法信息用户可进入的空间自由公布信息即可，信息的安全问题、控制权限问题都通过网络技术解决。这种机制确保了信息交换过程中信息获取的及时性、安全性。信息交换的公告机制需要信息用户知道哪些信息可获取和获取的途径或方式。

由此，在交互模式的度量上，存在两种极端情况：一种是完全的分布式交互，其条件是通信系统具有足够的带宽能够确保任意两个实体之间的连接，全维的互操作能力（具备技术、语义和协作条件），支持持续协作的网络环境。另一种极端情况是完全的层次结构交互模式，其条件是只具有非常有限的带宽，角色之间只能按层次结构进行点对点的交流，其互操作能力水平低下。

影响工业时代的交互有两个方面的主要因素：一是通信上非常有限的带宽资源，二是军兵种和职能部门独立的通信系统。这两种因素导致了工业时代的交互模式缺少横向的交互，军兵种或职能部门之间的协作非常脆弱。这一交互模式的特点直接导致了工业时代指挥信息系统的典型"烟囱"模式。

信息时代的交互模式设计能确保中心控制，信息流与"指挥链"或军事组织的层次结构保持一致，其交互模式在一定程度上是军事组织结构的模拟。信息时代的交互模式实际上就是网络，其交互媒介多种多样，包括信使、电话、视频会议、局域网等，交互的产生同样依赖双方的意愿。

4.3.5　信息分发

信息包括数据、信息、知识和智慧等。北约认为数据置于背景之中用以减少不确定性时就变为信息，信息在通过信息系统的传递进入认知域（人的大脑）时就变为感知。

在军事组织内，信息分发与 C2 过程结果密切关联，主要取决于决策权的分配和交互模式。决策权的分配对信息分发的影响主要是指确定谁负责信息分发过程、谁实施信息共享与协作、谁有权限接收信息，而交互模式对信息分发的影响是指确定谁能够获取什么信息。

在网络中心的思维上，信息分发的概念还包含了信息裕度要素，裕度是指可获取信息的广度、深度和质量（正确性、完整性、及时性、一致性等）。

在一个军事组织内，信息分发的模式除受决策权的分配和交互模式的影响外，还包括共享信息的意愿、接收信息的意愿及接收信息要使用的工具和熟练程度。无论是个人还是组织，信息分发决定了其感知能力。

在信息分发维度上存在两种极端情况：一种是信息完全集中控制的信息分发；另一种是完全分布式的信息分发。每一个人都可接触任何信息，其存储是冗余方式。

1. 工业时代的信息分发

工业时代军事组织实施了功能分解和角色的专业化，信息分发通常根据每个用户具体的需求进行,这就需要预先准备,确定每一个信息要素的拥有者。信息要素的拥有者要负责信息按组织的计划进行分发,并确保信息的质量。在信息收集、处理过程中发生的变化通常需要专家组或委员会进行集中的决策。工业时代,C2系统的设计需要花费相当大的精力来开发信息交换需求,即确定谁在什么情况下需要什么信息,继而确定信息链的容量和信息获取的权限。换言之,工业时代的信息分发是基于这样一种假设:已知威胁和系统/组织运行环境,这种假设和设计约束、限制了信息分发行为。

工业时代,军事组织的运行原则是预先计划、集中指挥和限制信息分发,如情报信息限于军事情报渠道,后勤信息限于后勤渠道等。这些职能有共同的汇聚点,即军事指挥员。对于这些信息,尽管集成和融合会带来很多的好处,但是如果军事指挥员不提出汇聚的要求,它们仍然分布在不同的职能渠道。工业时代,信息分发的另一个限制就是军事组织的等级层次结构。

2. 信息时代的信息分发

信息时代,信息的共享使得信息分发突破了传统职能和层级结构僵化的约束限制。同时,协作能力的提升促进了信息质量的提高和信息分发模式的多样性。

典型的信息时代的组织(如优势组织)具有最低的信息获取限制,组织中的任何信息对任何实体都是可获取的,其关注点是信息的保密性、完整性、权威性、可获取性等。但用户对信息的获取需要使用工具,在信息的处理中,需要理解信息,深入挖掘信息内涵,以增进对态势的感知。

4.4 指挥与控制模式的选择

指挥与控制模式的选择,受到指挥体制、作战任务、敌情掌握程度、作战力量构成、指挥与控制手段和人员素质等客观条件的制约。

4.4.1 指挥体制

指挥体制是军队指挥在机构设置、职能划分和相互关系等方面所确定的组织制度。分为平时指挥体制和战时指挥体制。它对指挥与控制方式的影响最为直接。

目前,世界各国军队的指挥体制,大致分为集中型和联合型两种基本类型。多数国家采用的是集中型,美国等西方国家采用联合型。指挥体制不同,首先表现为指挥机构设置不同。不同的机构设置带来了指挥层次和指挥跨度的不同。指挥层次的增多,会使指挥周期拉长,影响指挥时效和质量。但是,指挥层次过少,又会使指挥跨度增大,加之在战时往往还要临时配属许多部队,很容易使指挥跨度突破临界线,引起指挥失控,因而不得不降低指挥职权的集中程度。

指挥体制的不同,还表现为职责权限和职能划分的不同。从最高指挥员到基层指挥员,构成一个权力传递的链条。如果每一级指挥员都只有一个上级，则构成由上而下的直线式指挥。如果某一环节赋予权力过大，其相邻环节权力就小。

指挥体制的另一个重要内容是指挥与控制关系，即以法规制度的形式对各级指挥与控制机构和指挥与控制对象的隶属关系做出明确的规定。显然，指挥关系一旦确定下来，便对指挥与控制方式具有决定性的影响。

4.4.2　作战任务

作战任务对指挥与控制方式的影响，主要表现在三个方面。一是完成任务的区域。如果所属部队遂行同一任务，且在同一区域行动，指挥权的集中程度就可以高一些。如果部队分散行动，相距较远，直接的协同动作不多，对统一行动要求不高，或作战区域较大，鞭长莫及，就应采用集中程度较低的指挥与控制方式。二是任务的紧迫程度。当准备时间比较充分，有时间、按步骤组织作战行动时，指挥权可相对集中。临时受领任务，情况紧急，来不及详细组织时，若采取集中式指挥方式，就会延误战机。而运用下放权力的方法，分别明确任务，由下级指挥员分方向、按任务实施机动灵活的指挥与控制，就能较好地抓住战机。三是任务的稳定性。有的作战任务，如进攻性行动，目标任务比较固定，集中程度可以高一些，控制到下两级甚至三级；而防御性行动，由于任务随机性较大，就没有条件进行集中式指挥，而只能实行其他形式的指挥与控制方式。

4.4.3　敌情掌握程度

敌情掌握程度也是影响指挥方式的主要因素之一。敌情比较明确的时候，指挥员可以据此定下比较详细的目标，指挥权的集中程度可以高一些。海湾战争的空袭作战阶段，由于空袭目标比较明确，所以整个空袭行动的指挥权全部集中到中央总部。位于利雅得的指挥中心对每天出动的2000～3000架次的飞机，详细规定袭击目标、出动时间、航路、空中加油时间等，各飞行中队必须严格按时间表行事，无权变更，实行的是高度集中的指挥。然而，在未来战争中，尤其与强敌进行信息作战时，指挥与控制空间具有无疆性和非线性，敌情很难掌握，不确定因素很多。指挥员在战前对敌情了解很难充分。或是由于时间仓促，或是由于侦察手段落后，或是敌情尚在变化之中，还没有形成相对稳定的态势，或是双方都在运动之中，不清楚将会形成的态势，而此时又必须下定决心，以便部队展开准备或开始行动，就只能采取集中程度较低的指挥方式。此时如采取集中程度较高的指挥方式，也只能逐次明确任务，分阶段组织协同。首先明确当前敌情、任务，然后根据发展变化，明确后续任务。一般来说，敌情越清楚，越有条件实施集中式指挥。从这个意义上说，敌情明确程度，是影响指挥方式的最重要的因素之一。

4.4.4　作战力量构成

作战力量的构成主要表现在两个方面：一是构成成分的数量，二是各种成分所占的比例。一般来讲，构成成分越复杂，协同越困难，指挥难度越大。现代条件下的信息化作战，通常是诸军（兵）种联合作战，力量构成复杂，控制难度大。当主观条件无法满足集中指挥需要时，就要从指挥对象中划出某些成分，授权分层，层次控制，从而保证总体上的集中指挥。这种情况，与过去的单一兵种作战有很大不同。在作战力量构成中，各种成分因其所占比例不同，对指挥与控制方式的影响也不同。力量构成的主体或核心对指挥与控制方式影响最大。

4.4.5 指挥与控制手段

指挥与控制手段作为一种物质力量，从根本上影响着指挥方式。指挥与控制手段的强弱，表现在指挥器材的数量和质量上。各种指挥与控制方式对指挥与控制手段的依赖性都很高。指挥与控制手段对作战指挥方式的影响主要表现在，指挥权越集中，对指挥器材的依赖性越高，要求越高。指挥与控制手段的现代化水平和指挥器材的数量，是选择指挥方式时必须考虑的因素。

4.4.6 人员素质

由于指挥与控制方式反映的是上下级人员之间的权力分配关系，所以人员的素质与其有着密切的关系。对于一次作战的最高指挥员来说，他的指挥素质越高，作战经验越丰富，把握全局的能力越强，就越有条件实施集中程度较高的指挥与控制，以充分发挥自身优势。如果被指挥人员具有丰富的作战经验和独立的指挥与控制能力，就可以赋予其较多的职权。反之，就必须对其实行较为具体的集中式的指挥与控制。分权式指挥的权力委托是建立在作战思想一致和信任的基础之上的，而信任的基础是被信任者具有较高的素质。如果平时缺乏独立指挥与控制训练，经验不足，就不能赋予其过大的职权，尤其是不能对其全权委托。美军之所以比较崇尚集中程度较低的指挥与控制方式，与其平时重视培养指挥员的独立指挥与控制能力有着密切的关系。

第5章

指挥与控制组织设计

　　组织是一个具有明确的目标、精心设计的结构和有意识的协调活动的社会实体，同时又与外部环境保持密切的联系。组织存在的目的是完成使命目标，为了关注组织完成使命的情况，需要能够描述组织具体特征的模型和度量组织能力的方法，其目的在于优化组织的结构与能力，使其能更高效地完成组织使命。

　　C2 组织是为了完成作战使命而存在的军事组织，是战场环境中的作战实体在作战使命的驱动下形成的有序行为和与之协调的结构关系。C2 组织的行为是其完成使命的行动过程或任务流程，C2 的结构关系是与有序行为匹配的实体间的交互关系。C2 组织设计的目的在于评价并改善组织效能，因此需要定义和描述 C2 组织，并建立组织测度标准评价组织的能力，进而设计和优化 C2 组织结构以改善组织执行使命的效果。

　　C2 组织设计从方法论上可分为自顶向下的设计和自底向上的设计两类。基于计算组织理论的设计方法是一种自顶向下的设计方法，通过把 C2 组织的关键要素抽象为决策者、作战平台和使命任务，建立数学优化模型，根据任务的能力需求优化组织的资源分配，根据信息传输的要求优化组织的指挥与协作关系，体现了基于系统工程的组织设计思想。当前，信息和通信技术的发展极大地影响了 C2 的组织方式，边缘指挥与控制成为智能化时代指挥与控制的新范式。边缘组织设计采用一种自底向上的设计方法，通过设计良好的赋权机制，指挥中心可以将部分决策权限赋予边缘节点，使它们在"权""责""利"的共同驱动下实现自组织、自协同，提高 C2 组织面对复杂战场环境的敏捷性。

5.1　基本概念

5.1.1　组织基本概念

组织的定义至少包含三层含义。

（1）组织作为一个整体，有共同目标。

（2）需要建立组织机构以实现共同目标。

（3）需要对机构中元素指定职能、明确责任、协调工作、交流信息。决定组织效率的因素是组织元素的协调配合和信息的交流。

组织的基本特征如下。

（1）组织是一种实体。

（2）组织具有可以设计的结构和协调作用。

（3）组织是各类管理措施发挥作用的平台。

（4）组织是特定的群体为了共同的目标，按照特定的原则，使相关资源有机组合并以特定结构运行的结合体。

按照组织的社会职能，组织可分为以下三种。

（1）文化性组织：人与人之间相互沟通思想、联络感情，传递知识和文化的社会组织，如学校、研究机构等。

（2）经济性组织：以追求社会物质财富为目标的社会组织，如生产企业、银行等。

（3）政治性组织：为某个阶级的政治利益服务的社会组织，如政党、军队等。

按照组织形成方式，组织可分为正式组织和非正式组织。

（1）正式组织：为了实现组织目标且经过人为设计，具有明确具体的规范、规则和制度的组织。

（2）非正式组织：满足特定心理或情感需要而在实际活动和共同相处过程中，自发和自然形成的团体。

前者专业分工，科层结构，法定权威，统一规范，相对稳定，职位可替代；后者基于共同的文化理念，内聚力较强，关系不固定，无章可循，具有两面性。

随着信息和网络技术的发展，现代组织正面临前所未有的挑战，这种挑战包括了组织所处环境的不确定性、组织使命的复杂性及组织平台功能的多样性、组织结构上的松散性等。新技术的广泛应用使现代组织突破了地域限制、组织资源限制及传统的结构限制，呈现出分布性、自主性、灵活性和扁平性。这种新型的现代组织在不同的领域有不同的表现形式，如网络组织、虚拟企业、敏捷制造系统、灵性组织和超链接组织等。

由于组织成员个体能力的有限性、组织使命的复杂性及组织面临环境的不确定性，现代组织的竞争优势不再仅限于平台资源、组织权威及组织成员个体能力，更多地是通过适时快速地优化组合组织中的个体，组织物理资源及信息资源，以组织成员之间的协作、资源配置部署及组织运作策略的使用来获取竞争优势，实现组织目标。

5.1.2 指挥与控制组织概念

指挥与控制（C2）组织是战场环境中面向特定作战使命的人与各类资源的集合，C2组织在作战使命的驱动下形成有序的行为及与之协调的结构关系。C2 的要素主要包括：决策者（指挥机关）、使命任务、作战力量（指挥对象）等。

C2 组织的主要特征如下。

（1）面向作战使命性：C2 组织从特定战场环境中的作战时机出发，对作战使命进行基于效果的规划，选择作战资源，进行优化组合，实现优势互补、共享信息、相互合作，以取得信息优势、决策优势，并最终实现行动优势，获取作战利益的最大化。

（2）生命周期性：C2 组织可分为作战态势评估、作战行动计划、兵力组织结构（包括指挥与控制结构和信息交互结构）设计与组织构建、指挥与控制实施及解散五个阶段，具有明显的生命周期特征。

（3）利益一致性：C2 组织中的各组织元素具有共同的目标，完成同一个作战使命。C2 组织中的各个作战单元能够为实现作战任务，提供信息或共享兵力资源。

（4）协作性：为了完成作战任务，需要组织各要素之间的高效协作，实现指挥与控制的各主要功能。

（5）动态性：C2 组织为满足特定使命任务的需要，以作战使命为中心，基于一定的目标，灵活、快捷地选择相应的作战资源，形成优化的指挥与控制结构。不同的作战使命，可能触发 C2 组织进行结构调整或重构，体现了其动态适应性特征。

（6）整体性：C2 组织是一个在一定作战时间内相对稳定的整体，具有统一的行动策略或机制。

C2 组织中最主要的关系是指挥关系。指挥关系是指挥员与指挥对象之间、指挥员与指挥机关之间、平行指挥机构之间，按照指挥职能规定和指挥权限划分所形成的相互关系。确立明确、顺畅的指挥关系是顺利实施作战指挥的关键，其前提是合理地划分指挥权限。从一定意义上说，作战指挥就是上级对下级，首长对部属，或者官对兵行使权力的行为。我军一般把最基本的指挥关系区分为隶属、配属和支援三种。隶属，是指编制或命令规定的下级对上级的从属关系；配属，是指军队首长将上级配属的或建制内的某些兵力，临时调归所属某一单位的首长指挥和使用；支援，是上级指挥员为加强担负主作战任务的某部队，协助其完成复杂的作战任务，而调动其他（兵）种部队支援其作战所构成的指挥关系。这三种最基本的指挥关系既适用于不同的军（兵）种和不同的部（分）队之间，也适用于同一军（兵）种或同一部队内部。

指挥关系的建立应着眼于形成最大的整体合力。指挥关系的建立在不同的历史时期有着不同的要求。现代条件下，建立指挥关系尤应着眼于发挥所有参战力量的整体合力。战场环境是一个典型的分布环境，在这种分布的环境中，由于个体（指挥员）能力的有限性、武器平台功能的多样性及作战使命的复杂性，战争双方的对抗是一种典型的组织与组织、团队与团队之间的对抗。这种对抗不再仅限于武器平台的功能和成员个体的能力，而更多地是通过快速优化整合战场资源，以组织成员个体、作战平台或作战单元围绕作战使命任务，快速而有效地协作，从而获取对抗优势。由于战场环境的激烈变化与复杂性，要维持战争中的对抗优势就必须根据作战使命与战场环境适时调整组织对抗部署和策略。这种行动包括作战资源配置和部署的调整、作战行动的协同，以及确保这些行动的快速、有效、准确地连接。

建立和完善与使命任务、战场环境、作战编成相适应的 C2 组织，确立有效的组织结构，沟通并完善指挥与控制关系，对实现高效、快速的指挥具有重要意义。

5.1.3 组织设计理论与方法

组织科学是一门经典科学，对组织学系统的研究始于西方社会工业革命，由于机器代替手工劳动，出现了大量的工厂，在这一背景下便出现了以泰罗、法约尔、韦伯和厄威克为代表的古典组织理论学派。现代组织理论源于 20 世纪 30 年代，尤其是第二次世界大战后，是在新的管理思想和理论基础上发展起来的。进入 20 世纪 70 年代后，网络和信息技术的飞速发展，改变了组织传统的交流、协作、管理和控制及组织赖以生存的环境，组织的变革正如人类社会从农业时代向工业时代过渡一样，是前所未有的一场深刻的革命，为此，后现代组织理论应运而生。

1. 科层制组织理论

科层制组织模式，即"理想的官僚组织模式"，由"组织理论之父"马克思•韦伯在 19 世纪末 20 世纪初期所提出。科层制的德语原意是官僚制，按照韦伯的意思，是指像政府机关那样层次分明、制度严格、责权明确的组织模式。韦伯的科层制组织设计的特点主要有以下四个。

（1）专业化分工。韦伯的科层制组织强调：组织中，根据专业技术分工和人类理性关系，人的差别只有技术能力的差别，而不再是身份和社会地位的差别。所以，组织成员的选拔，必须采用考试的方式，专业能力替代了个人效忠，权力和责任属于职位而不属于个人，这些权力和责任以法律制度的形式固定在组织之中。

（2）等级制。科层制组织中的职位，按权力大小和"命令–服从"关系形成金字塔形的等级序列。这种等级制是按组织权力形成的，其实质是专业技术和知识的差异。成员有职权的高低大小之分，但没有身份地位高低贵贱的区别。

（3）对法理化规则的遵从。在韦伯的理想状态中，科层制组织的构建形成、部门分工、职位设置、成员选拔，一直到组织运作，每一个成员的权力和责任都是由法律制度（包括成文与不成文制度）明确规定的。这些法律规则由组织成员协商而达成，或者由组织上层提出，但其成员因理性思考、权衡而接受，任何组织成员都依据这种规则行事。

（4）非人格化。在韦伯眼里，科层制组织是规章的体制，而不是个人的体制，组织的运行不以个人的意志为转移，不受个人感情的支配。官僚制改变了传统社会中的人身依附和个人忠诚程度，职业人员接受上级的指挥和命令，是因为他们要服从法律和规则，而不是服从命令者本身的人格魅力，也不是服从附着在命令者身上的身份地位，更不是服从由传统习俗决定的社会等级。

韦伯认为，从纯技术的观点来看，科层制是最符合理性原则、效率最高的。它在精确性、稳定性、纪律性和可靠性方面都优于其他组织模式。当然，韦伯也承认科层制组织的缺陷，他自己也不讳言，这种完全排除了情感的科层制组织，会使组织变成冷冰冰的机器，高度正规化的和非人格化的组织有可能损害人们的创造力和自由。他曾试图探讨以个人魅力来校正科层制组织的异化，但未能完成相应的研究。

2. 行为科学组织理论

行为科学是运用心理学、社会学、人类社会学等学科的理论和方法来研究工作环境中个人和群体行为的一门综合性和交叉性学科，出现了人际关系理论、均衡理论、激励理论、决策过程组织理论等产生过重大影响的学说。

1）人际关系理论

人际关系学派的主要代表人物是乔治•梅奥、罗斯利斯伯格。他们从 20 世纪 20 年代中期到 20 世纪 30 年代初进行了著名的霍桑试验，对工作环境、工作条件、群体行为、员工态度、工作士气与生产效率之间的关系进行了研究，发现人们的生产效率不仅取决于人的生理、物理方面的因素，还受到社会环境、社会心理等方面的影响。人际关系学派的主要观点如下。

（1）组织不仅是一个技术-经济系统，还是一个社会系统。

（2）组织成员不单纯受经济奖励的激励，而且受不同的社会和心理因素的激励。人是"社会人"，人的行为受感情、情绪与态度的影响。

（3）在正式组织之中存在着非正式组织，非正式组织对组织效率起着重要影响。

（4）考虑到各种社会心理因素，应对传统观念中的以组织正式结构和职能为基础的领导模式进行实质性修正。人际关系学家强调的是"民主"而不是"独裁"的领导方式。

（5）领导不仅需要有有效的技术才能，还应具有有效的人际关系技能。

人际关系学说在纠正古典管理理论忽视人的因素这一点上是有很大贡献的，但它过分强调社会心理方面的作用，强调非正式组织的作用，忽视理性与经济因素，有其偏颇之处。

2）均衡理论

人际关系理论出现后，出现了一种均衡理论，是由美国学者巴纳德在《执行者的职能》

中提出的一种理论。该理论把组织特性与人的特性联系起来，指出为保证组织的生存，组织应在一定条件下诱导其成员参与组织活动，对组织做出贡献。组织通过"贡献"与"诱导"之间的平衡来进行活动。组织为了得到成员必要的贡献，就必须诱导成员，使其感到能从组织中得到满足。这样，组织的管理者的重要职能就是对管理对象进行刺激。巴纳德认为，对组织成员来说，社会与心理刺激是第一位的；经济刺激是重要的，但其是第二位的。组织若要发展，必须同时提供特殊的和一般的诱导，即精神的和物质的诱导。

3）激励理论

（1）马斯洛的"需求层次理论"。

马斯洛在其代表性著作《人类动机的理论》和《激励与个人》中，对人的行为和动机进行了深入的研究，提出人的动机是由需要决定的，这些需要按照人的生存和发展的重要性可以划分为 5 个基本的层次，即生理的需要、安全的需要、社交的需要、尊重的需要和自我实现的需要。马斯洛认为，只有满足了人低层次的需求后，人才会有更高层次的追求。在管理中，应从满足员工不同的需求入手，激励和调动员工工作的积极性。

（2）赫茨伯格的双因素激励理论。

赫茨伯格在其《工作的推力》和《工作与人性》等著作中，提出影响人的积极性的因素主要有两大类，一是保健因素，二是激励因素。在管理中，保健因素起着保证和维持原有状况的作用，它能够预防组织成员的不满。但是，保健因素不能激发组织成员的积极性，要激发组织成员的积极性，必须采用激励因素，即通过成就、认可、挑战性工作、责任、升迁和发展等因素，来调动组织成员的积极性。

（3）阿吉里斯的"不成熟—成熟理论"。

阿吉里斯在《个性与组织》一书中指出，组织中的人性是发展的，它们会经历一个从不成熟到成熟的过程。这一过程也是从被动到主动、从依赖到独立、从不自觉到自觉的过程。但是，这一过程仅仅靠正式的组织是难以实现的，这就需要管理者吸收工人参与，采取以工人为中心的管理方式，使工人具有多种工作经历，进行角色体验，强化工人的责任，依靠工人的自我管理。

（4）亚当斯的"公平理论"。

亚当斯认为，人的积极性不仅受其所得绝对报酬的影响，还受相对报酬的影响，人类需要保持一种分配上的公平感，否则会挫伤工作的积极性。

4）决策过程组织理论

这一理论的提出以美国著名的决策理论家赫伯特·西蒙为代表。他的主要思想反映在其《行政行为——行政组织中决策程序的研究》《组织学》《管理决策的新科学》等著作中。西蒙的组织理论受巴纳德组织理论的影响较大，认为组织是为了实现共同目标而协作的人群活动系统。组织行为是人们为了完成一个人无法完成的工作而协作进行的团体活动。因此，组织就是为了完成这样的协作而有目的地进行设计的系统。

根据西蒙的观点，组织就是一个决策系统。决策有两种极端的类型，一是程序化决策，二是非程序化决策。这是由组织活动所决定的。西蒙认为，对于实际中遇到的问题，要找到一个精确的最优解是不容易的，但要找到一个近似的最优解就容易得多。标准从"最优化"变成"令人满意"，就可大大缩短解决问题的时间与并减小难度。

由此可见，行为科学组织理论的着眼点不是组织的表面结构，而是组织行为，实际上就是组织中人的行为。在这一理论中，组织设计有以下原则。

发挥人的主导作用。人是组织的主宰，被约束过严就会扼杀人的主动性，产生被动、消极和依赖行为，限制人的聪明才智的发挥。所以在组织设计中应重视发挥人的主导作用。

注重满足成员心理需要。劳动分工时应考虑人的兴趣和爱好，因事择人，量材而用；划分部门时要因人而异，对具有多方面才能、精力充沛、组织能力强的人可放宽其工作范围。根据人的心理需要设置组织层次，主张扁平型组织结构，尽量减少层次。因为组织层次多会影响组织成员的心理和情绪。

重视和运用非正式组织。各种各样的非正式组织虽是无形的，但对组织的运行效果影响极大，必须加以重视，正确引导和利用。

行为科学组织设计理论强调以人为中心来设计组织，注重满足人的心理需要，充分发挥人在组织中的主导作用；但在劳动分工中过于强调照顾人的兴趣爱好，忽略了工作效率；组织层次与部门划分因人而异，导致组织缺乏稳定性，必然带来管理上的复杂性。

3．系统组织理论

系统组织理论，即把一般系统理论应用到组织管理之中，考察组织结构和管理职能，以系统解决管理问题的理论体系。系统管理理论向社会提出了整体优化、合理组合、规划库存等管理新概念和新方法，被认为是 20 世纪最伟大的成就之一。这一理论是卡斯特、罗森茨韦克和约翰逊等美国管理学家在一般系统论的基础上建立起来的。

系统组织理论的主要观点如下。

（1）组织是一个由许多子系统组成的系统。组织作为一个开放的社会技术系统，是由五个不同的分系统构成的整体，这五个分系统包括：目标与价值分系统；技术分系统；社会心理分系统；组织结构分系统；管理分系统。这五个分系统之间既相互独立，又相互作用，不可分割，从而构成一个整体。这些系统还可以继续分为更小的子系统。

（2）组织是由人、物资、机器和其他资源在一定的目标下组成的一体化系统，它的成长和发展同时受到这些组成要素的影响，在这些要素的相互关系中，人是主体，其他要素则是被动的。管理人员须力求保持各部分之间的动态平衡、相对稳定、一定的连续性，以适应情况的变化，达到预期目标。同时，组织还是社会这个大系统中的一个子系统，组织预定目标的实现，不仅取决于内部条件，还取决于组织外部条件，如资源、市场、社会技术水平、法律制度等，它只有在与外部条件的相互影响中才能达到动态平衡。

（3）如果运用系统观点来考察管理的基本职能，可以把企业看成是一个投入−产出系统，投入的是物资、劳动力和各种信息，产出的是各种产品（或服务）。运用系统观点使管理人员不至于只重视某些与自己有关的特殊职能而忽视了大目标，也不至于忽视自己在组织中的地位与作用，可以提高组织的整体效率。

系统管理理论中，还有一种影响比较大是巴纳德的系统组织理论。巴纳德认为，社会的各级组织包括军事的、宗教的、学术的、企业的等多种类型的组织都是一个协作的系统，这些协作组织是正式组织，都包含三个要素：协作的意愿、共同的目标和信息联系。所有的正式组织中都存在非正式组织，两者是协作中相互作用、相互依存的两个方面。对于个人目标和组织目标的不一致，巴纳德提出要使组织存在和发展，必须符合组织效力和组织效率这两个基本原则。所谓组织效力是指组织实现其目标的能力或实现其目标的程度，当一个组织系统协作得很成功，能够实现组织目标时，这个系统就具有组织效力，它是系统存在的必要条件。系统的组织效率是指组织在实现其目标的过程中满足其成员个人目标的能力和程度。这样就把正式组织的要求同个人的需要结合起来了，这在管理思想上是一个重大突破，该理论也被称作"组织协作理论"。

对于经理人员，尤其是将一个传统的组织改造为现代组织的经理人员来说，巴纳德的价值尤其突出。因为传统的组织偏重于非正式组织和非结构化的决策与沟通机制，目标也是隐含的，要将其改造为现代组织，就必须明确组织的目标、权力结构和决策机制，明确组织的动力结构（即激励机制），明确组织内部的信息沟通机制。这三方面是现代组织的柱石；同时在转变的过程中，要充分考虑利用非正式组织的力量。

4．权变组织理论

权变组织理论是 20 世纪 60 年代末、20 世纪 70 年代初在经验主义学派基础上进一步发展起来的管理理论，是西方组织管理学中以具体情况及具体对策的应变思想为基础而形成的一种管理理论。当时美国社会的危机使得人们意识到必须随机制宜地处理管理问题，于是形成一种管理取决于所处环境状况的理论，即权变理论，"权变"的意思就是权宜应变。

权变组织理论的研究对象是组织与环境的关系，试图找出不同环境条件下最适宜的组织形式。权变理论的中心思想是：首先，组织是社会大系统中的一个开放型的子系统，受环境的影响。因此，必须根据组织在社会大系统中的处境和作用，采取相应的组织管理措施，从而保持对环境的最佳适应。其次，组织的活动是在不断变动的条件下以反馈形式趋向组织目标的过程。因此，必须根据组织的近远期目标及当时的条件，采取依势而行的管理方式。最后，管理的功效体现在管理活动和组织各要素相互作用的过程中。因此，必须根据组织各要素的关系类型及各要素与管理活动相互作用时的一定函数关系来确定不同的管理方式。

总体来说，权变组织理论认为组织应该是多样的，不能用单一的模型来解决所有组织设计问题，而只能提出在特定情况下有最大成功可能的方案。权变组织理论的根本目的在于提出最适合具体情况的组织设计和管理行为。因此，一个组织的结构和职能必须以组织所处的外部或内部的许多环境因素为基础，并依基础的不同而不同。

5. 计算数学组织理论

计算数学组织理论（Computational & Mathematical Organization Theory，CMOT）是由 Kathleen 等人在 20 世纪 90 年代初提出的，其基本方法是采用计算数学方法来研究和测试组织理论。组织是具有异构、复杂、适应和演化等特点的动态非线性系统，由于组织结构和组织行为的复杂性，针对组织的定量分析模型较少，传统的组织模型和理论大多是模糊的、直觉而不具体的。这就需要在理论上来给组织及其要素以明确而充分的定义，以建立科学的分析研究方法，计算数学组织理论填补了组织研究的这一缺陷。

Kathleen 和 Gasser 在多主体系统研究过程中给出了计算数学组织理论的定义，他们认为计算数学组织理论能够通过计算技术分析、研究组织和组织过程，建立新的组织理论。CMOT 的基本观点是人类组织的本质特性也可看成是计算的，其研究采用计算数学的方法，以计算实体的形式统一研究人类组织（亦称自然组织）和人工组织。

从组织理论研究过程来看，计算数学组织这一概念的提出背景是，信息技术革命冲击传统的组织模式，从而产生了新的组织模式，传统组织理论和组织研究方法对新型组织的研究已经存在缺陷或力不从心。然而，采用计算数学的方法来研究组织却经历了较为漫长的历程，可分为四个阶段。

第一阶段，根据因果关系来建立组织范型。Weber 在组织理论研究中试图根据因果关系来理解组织，这种因果关系可以解释组织中的多种现象。为此，他采用了将组织范型与组织历史数据结合的方法来研究组织。这种组织范型是组织采用计算数学方法和手段建立模型的雏形。

第二阶段，以智能主体模型为基础，建立组织模型。在早期的组织理论研究中，Taylor、Fayol 等其他在组织科学管理领域中研究的学者都认为在一个组织完成使命过程中，是可以建立以主体模型为基础的组织模型的，这些模型虽然是组织的一种理想模型，但可以采用组织的历史数据来测试。在传统组织理论领域，这一思想是计算组织理论的形成和发展的起点。

第三阶段，研究面向过程的组织模型。Cyert 和 March 的组织行为理论把组织看作智能主体的集合，这一理论是把建立正式的组织模型用于研究组织的里程碑。他们的研究工作证明了组织"有限理性"（Bounded Rationality）的影响及组织构造过程处理模型的价值。其工作可概括为以下几方面：研究面向过程的组织模型；解决少量的经济决策问题；结合组织模型与组织历史数据发展了一般组织理论；Cyert 和 March 的研究突破了传统组织理论研究方法，是采用计算数学方法来研究组织的新的尝试。这一阶段的工作是计算组织理论的形成过程。

第四阶段，构造组织的网络化模型。Weber 在组织外部环境上的研究可以说是计算组织理论的另一次革新。在组织环境研究上，Weber 把组织看成由组织个体之间关系组成的网，同时 DiMaggio 和 Burt 指出了组织内网与组织网在研究组织内个体行为与组织间活动时的重要性。这方面的工作都显示了组织网在描述组织和市场时的功用，而分析这种组织网的计算工具使组织中智能主体与组织网结合成为统一的框架成为可能。这一阶段的工作是计算数学组织理论的发展过程。

在总结这些工作的基础上，Carley 对计算数学组织的研究进行了分类和归类，提出了计算数学组织的概念和详细定义。Carley 认为这一领域的研究不同于组织科学的传统研究，而属于组织研究的另一范畴，即以计算手段和数学模型来研究组织的理论和方法。在计算数学组织领域，Carley 又划分了如下的研究方向：组织设计、组织学习、组织适应性、组织与信息技术、组织演化。从其研究过程来看，计算数学组织理论的研究重点是组织设计，其次是组织学习，组织学习涉及心理学、认识科学和人工智能，而不是一般的组织理论。目前，在组织适应性、组织变化与革新、组织与信息技术领域的研究也引起了越来越多学者的重视，在这些领域的研究结合了网络分析技术和组织的信息处理方法。

5.2 测度指标

C2 组织能力测度是对组织能力达到规定目标程度的定量评价，是分析比较组织能力的一种基本标准，是进行组织结构设计及组织结构适应性优化的基础和关键。实现 C2 组织能力测度涉及两个关键步骤：一是"用什么测"，二是"如何测"。"用什么测"涉及如何选取合适的测度参数作为评价组织能力的客观依据，"如何测"涉及如何通过正确的测度方法实现组织能力的评价，不同的测度参数和测度方法将导致截然不同的评判结果。度量不同组织的运行性能、评价不同组织的优劣是组织测度研究的主要目的，也是辅助支持组织进行演化、促进组织性能提升的关键，更是指导组织设计的基础。

组织的性能可以从多个不同的角度和层次进行度量，在不同的模型层次上有不同的性能测度指标。这些指标包括网络的结构指标，如组织层级、管理幅度、协调关系数等；还包括网络的能力指标，如内外部协同负担、响应时间、运行损耗、可靠性等。考虑到组织所处的环境和目标通常是动态变化的，为了应对动态变化带来的复杂性、不确定性等挑战，组织还需具备敏捷性，即能快速适应变化的能力，因此要考察组织的敏捷性指标。本节主要针对这些测度指标的定义和度量展开讲解，定义和建立和相应的量化的测度模型。

5.2.1 结构指标

指挥与控制组织通常有层级式指挥结构和网络化指挥结构两种形式。

1. 层级式指挥结构

树形层级式指挥结构（见图 5-1）层次鲜明、统属明确，在日常管理中具有优势，但在信息化条件下的指挥中则暴露出很多不足，如：不同任务部队之间条块分割，层次繁多，职能重叠，信息共享度不高，信息流转效率和协同效率偏低。

层级式指挥结构可以用指挥层次、扇出度、协调关系数、协作跨度等指标度量。

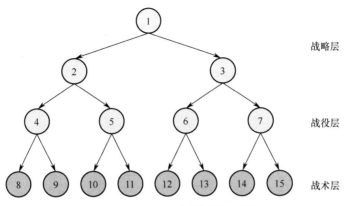

图 5-1　树形层级式指挥结构示例

1）指挥层次

指挥层次指的是指挥员及其指挥机关在指挥所属某一部队行动时所要经过的编制级别数，是反映指挥体系纵向结构的重要指标。如陆军集团军采用师、团、营编制时，军指挥到营的指挥层次为 4。克劳塞维茨曾经指出："增加任何传达命令的新层次，都会从两方面削弱命令的效力，一方面是多经过一个层次，命令的准确性会受到损失；另一方面是传达命令的时间延长，会使命令的效力削弱。"

2）扇出度

扇出度又称指挥幅度，或称指挥机构的扇出度，是指挥员及其指挥机关直接指挥的单位数，是反映指挥体系横向结构的重要指标。当一个步兵师下辖 5 个团时，它的扇出度就是 5。组织的扇出度越大，指挥的复杂程度越高。扇出度为 3 时的指挥结构就对应了通常所说的"三三制"指挥体制。

在组织管理理论中，扇出度就是管理幅度，是指在一个组织结构中，管理人员所能直接管理或控制的部属数目。这个数目是有限的，当超出这个限度时，管理的效率就会下降。

3）协调关系数

协调关系数衡量了不同指挥机构之间在指挥或被指挥时发生的各种协调关系。一般分为三类：一是指挥员与单个被指挥员间的协调关系；二是指挥员以一个被指挥员为主，与其他被指挥员进行协调的关系；三是各被指挥员之间的协调关系。一个指挥机构与其下一级机构间的协调关系数一般采用公式 $N=P(3P-2)$ 计算，其中 P 为扇出度[①]。

4）协作跨度

协作是指挥与控制过程中不同指挥机构及其人员形成统一的态势认知，完成决策共享，并对作战行动进行统一控制的重要手段。协作能力是衡量指挥机构能力的重要方面。

---

① 孙儒凌.作战指挥基础概论[M]. 北京：国防大学出版社，2011.

协作跨度指的是同级指挥机构协同时需要经过的指挥机构数。在树形层级指挥结构中，处于同级的指挥机构协同时，需要一直追溯到双方的共同上级，通过该上级指挥机构来完成两者之间的协同。同层指挥机构间协同示意图如图 5-2 所示，当指挥与控制组织中节点 5 和 6 需要协同时，他们需要一直追溯到双方的共同上级（节点 1），即通过节点 1 来完成两者之间的协同，指挥与控制关系需要经过 4 次往复传递才能完成。

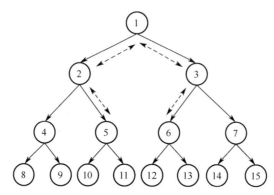

图 5-2 同层指挥机构间协同示意图

2．网络化指挥结构

随着技术的发展和需求的牵引，指挥与控制组织结构向着扁平化、网络化的方向发展。网络化指挥结构是指在层级式指挥结构的基础上，增加同级指挥节点间横向协同、跨级指挥、态势信息多层共享等指挥与控制关系和情报关系，以提高联合指挥与控制结构的效率，支持不同军兵种之间的快速协同。网络化指挥结构示意图如图 5-3 所示。

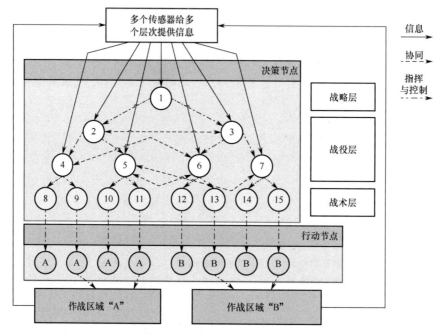

图 5-3 网络化指挥结构示意图

信息网络技术的广泛应用使指挥机构的网络化水平不断提高，呈现出新的复杂网络特点。因此在衡量指挥结构优劣时，除采用传统的指挥层次、扇出度等指标外，还可以使用以下的指标来反映指挥与控制方式的异同。

1）指挥节点的中心度

该指标衡量指挥节点在整个指挥结构中的地位，通过其对整个指挥结构的影响反映它具备的决策权。指挥单元的中心度越高，所分配的指挥决策权越大。可以根据该指标的大小，判断给定任务要求下指挥结构中的指挥单元是否具备合适的决策权。

2）指挥结构网络图的直径

该指标反映指挥节点间进行交互协作的能力和效率。指挥结构网络图的直径越小，指挥节点间就有更多的交互手段，交互能力越强。

3）指挥结构网络图的密度

该指标反映整个指挥结构的信息传播能力，该指标值越大，信息分发和共享的潜力越大。

4）横向连通度

该指标针对多层网络，多层网络是由多层结构所组成的网络系统，同时具有树形层级结构和网络化结构的特点。多层网络的每一层都是由若干个节点构成的，节点间的连接分为两类，即层与层之间的连接和同层之间的连接。

多层网络中节点的横向连通度是指和该节点相关联的同层节点数。为计算该指标，首先要获得每个节点所从属的层级信息，然后统计与给定节点相连并和该节点处于同一层的节点个数。

横向连通度主要反映同层节点之间连接的紧密程度。一般用于分析同级节点之间信息交互、协同合作的程度。此外，横向连通度与多层网络自顶向下的路径数，以及网络的平均路径长度有关。增加同层节点之间的连接，可使自顶向下的路径数增加，同时缩短网络的平均路径长度。

5）信息传递时效性指标

信息在网络化结构组织中起着重要的作用，信息沟通的有效性是提高网络组织有序度的根本保障。信息传输的时效性和准确性是信息传递过程中的两个重要指标。组织的层次越多，上下层流动的信息中转次数也就越多，流动的时效性就会变差。如果减少网络层次，网络节点之间的跨度必然增大，信息流通的时效虽然加快了，但是降低了交流的准确性。如果增加网络层次，信息流通的路径增长而分叉减少，从而延缓信息流通的速度，但提高了精确性。可以看出，信息流通的时效和质量不可兼得，系统总是在组织层次和管理幅度间寻求某种适度的平衡，以兼顾信息流的时效性和准确性这两方面要求。

组织结构的时效度是指信息在各节点之间传递过程中的流通速度，时效熵是指信息流通时的不确定性程度。显然，信息时效度 R_1 与信息在组织内传递的路径长短是密切相关的，这一点从直观上也能理解，信息传递的路径越长，越会影响信息的时效度。组织结构的时效熵和时效度的计算步骤如下。

（1）确定联系长度 L_{ij}：组织中任意 2 个节点间的最短路径长度。

（2）确定组织结构的时效微观态总数：

$$A_1 = \sum_{i=1}^{N} \sum_{j=1}^{N} L_{ij}$$

（3）计算节点间联系的时效微观态实现概率：

$$P_1(i,j) = L_{ij} / A_1$$

（4）计算两节点联系的时效熵：

$$H_1(i,j) = -P_1(i,j) \log_2[P_1(i,j)]$$

（5）计算组织结构的总时效熵：

$$H_1 = \sum_{i=1}^{N} \sum_{j=1}^{N} H_1(i,j)$$

（6）计算组织结构的最大时效熵：

$$H_1^{M} = \log_2(A_1)$$

（7）计算组织结构的时效度：

$$R_1 = 1 - H_1 / H_1^{M}$$

式中，$R_1 \in [0,1]$，且 R_1 越大，组织结构越有效。

6）信息传递质量

组织结构的信息传递质量是对信息在组织中流通时准确性程度的度量，质量熵描述了信息传递质量不确定性的程度。显然，信息传递质量 R_2 与信息能传播的跨度是密切相关的，这一点直观理解为，信息传递跨度越大，越不利于信息传递的准确性。网络化组织结构的质量熵及信息传递质量的计算步骤如下。

（1）确定第 i 个节点的连接度 k_i：组织中与该节点有直接联系的节点数。

（2）确定组织结构的质量微观态总数：

$$A_2 = \sum_{i=1}^{N} k_i$$

（3）计算节点质量微观态实现概率：

$$P_2(i) = k_i / A_2$$

（4）计算组织中节点的质量熵：

$$H_2(i) = -P_2(i)\log_2[P_2(i)]$$

（5）计算组织结构的总质量熵：

$$H_2 = \sum_{i=1}^{N} H_2(i)$$

（6）计算组织结构的最大质量熵：

$$H_2^{\mathrm{M}} = \log_2(A_2)$$

（7）求出组织结构的信息传递质量：

$$R_2 = 1 - H_2 / H_2^{\mathrm{M}}$$

式中，$R_2 \in [0,1]$，且 R_2 越大，组织结构就越有效。

7）结构有序度

基于时效/质量模型的组织结构有序度，综合考虑了信息传递的时效和质量。通过组织有序度可以定量刻画不同组织结构的有序程度，表示为 $R = \alpha R_1 + \beta R_2$，其中 R_1 和 R_2 分别表示组织结构的时效和质量，α 和 β 分别表示组织结构中信息时效度和信息传递质量的权重系数。

5.2.2 能力指标

能力指标是对组织最基本的运行性能的要求，这些要求与任务目标的要求对应产生，是判断组织是否能够成功完成任务的基本指标。C2 组织的使命通常为在有限的时间内，利用有限的资源，基于正确的决策，可靠地完成作战任务。本节的所有测度参数都采用面向任务的方式定义，以体现 C2 组织的能力提供是否匹配使命的能力需求。与 C2 相关的能力测度主要包括：时效性测度，包括个体任务时间指标和组织任务时间指标；资源能力测度，主要包括任务资源满足度、任务执行质量、资源损耗指标等；决策能力测度，包括任务决策负载和任务决策质量等；组织可靠性测度。

1．时效性测度

1）个体任务时间指标

该指标是指对负责某个任务的兵力单元在完成该任务过程的时间维度的描述，包括决策时间、通信时间和执行时间，表示为

$$\tau = T_{\mathrm{deci}} + T_{\mathrm{comm}} + T_{\mathrm{exe}} \tag{5-1}$$

式中，T_{deci} 是决策时间，T_{comm} 是通信时间，T_{exe} 是执行时间。

决策时间 T_{deci} 是决策实体功能属性之一，其中包括决策者对任务的分析分解、计划制订和决策等能力，能力越强，消耗的时间越短。如果执行任务的实体为单纯的执行单元，

则不需要进行决策，则 $T_{\text{deci}} = 0$。

通信时间 T_{comm} 是通信实体的重要属性之一，主要包括信息传递时间。假设当组织处于准备好的、随时可用的状态时，决策时间和通信时间一起构成了组织对任务的响应时间。

执行时间 T_{exe} 是从接受任务到任务执行结束的时间，这段时间包括机动到任务地点时间和任务执行时间两部分，是 C2 组织完成任务所消耗的时间。

2）组织任务时间指标

组织任务时间是组织完成整个作战流程的时间，反映了组织执行任务的时效性。由作战任务分解可知，任务之间存在着串行或并行的关系，单独度量某个任务的完成时间意义不大，只有在给定任务集的情况下，度量一组任务的完成时间才能说明组织执行任务的时效性。任务集中所有任务的完成时间 TFT 可以表示为

$$\text{TFT} = S_{\text{T}}(\text{FT}_i) \tag{5-2}$$

式中，S_{T} 是任务集中所有任务的完成时间 TFT 与各任务的结束时间 FT_i 之间的关系函数。

2. 资源能力测度

资源能力测度是对 C2 组织为有效完成使命所提供的火力打击、侦察预警及综合保障等资源能力的定量评价，是分析比较组织资源能力的标准。测度组织资源能力的参数包括任务资源满足度、任务执行质量、资源损耗指标。

1）任务资源满足度

该指标是任务所需的各类型资源的获取量与需求量之比，度量了任务资源需求得到满足的程度。记任务 T_i 对各类型资源的实际获取量为 R_i，任务 T_i 的资源满足度 TA_i 可以表示为

$$\text{TA}_i = S_{\text{R}}(\text{TR}_i, R_i) \tag{5-3}$$

式中，S_{R} 是任务资源满足度 TA_i 与资源需求量 TR_i 及资源获取量 R_i 之间的关系函数。

2）任务执行质量

该指标是任务资源满足度的函数，度量了任务完成的程度，反映了组织资源能力对任务执行的影响。当任务的资源需求得到满足的程度越高时，任务的执行情况越好。记任务 T_i 的执行质量为 TQ_i，表示为

$$\text{TQ}_i = S_{\text{E}}(\text{TA}_i) \tag{5-4}$$

式中，S_{E} 是任务执行质量 TQ_i 和任务资源满足度 TA_i 之间的关系函数。

3）资源损耗指标

该指标是对组织执行任务时产生的资源消耗的度量，表示为

$$c = \sum R_{\text{cost}} \tag{5-5}$$

式中，R_{cost} 是资源的损耗属性，包括资源战斗损耗和资源运行损耗。资源战斗损耗是指不可重复使用资源的战斗消耗，如子弹、导弹的使用和人员伤亡等。资源运行损耗是资源运行的基本消耗，包括机动消耗和可重复使用资源的磨损。资源损耗指标对应的约束是任务目标中的资源损耗限制。

3. 决策能力测度

决策能力测度是对 C2 组织为有效完成使命所提供的信息处理能力及指挥与控制能力等决策能力的定量评价，是分析比较组织决策能力的标准。测度组织决策能力的参数包括任务决策负载和任务决策质量。

1）任务决策负载

该指标描述 C2 组织中的决策者为了完成所参与的任务而承担的决策工作量。从 C2 组织结构的定义及组织能力的提供方式可知，决策者可能承担任务执行或者任务指挥等不同类型的决策工作，因而也将承担不同类型的决策工作量。在确定了决策者和任务的执行关系及决策者与任务间的指挥关系的基础上，任务决策负载应该是参与任务的所有决策者的决策工作量的总和，并与任务的决策负载强度及任务处理时间相关联。任务 T_i 的决策负载 DW_i 可以表示为

$$DW_i = S_1(DT_i, DI_i) \tag{5-6}$$

式中，S_1 表示任务决策负载 DW_i 与任务处理时间 DT_i 及任务决策负载强度 DI_i 之间的关系函数。如果任务处理时间越长或者任务的决策负载强度越大，那么决策者所承担的决策工作量也会越大，反之则越小。

2）任务决策质量

该指标是参与任务的各决策者的决策工作质量、决策执行能力及决策贡献度的函数，能够反映各决策者能否有效完成决策工作。记决策者 DM_m 的决策工作质量为 q_m，决策执行能力为 DA_m，决策贡献度为 DG_m，在确定了决策者与任务的执行关系及决策者与任务间的指挥关系的基础上，任务 T_i 的决策质量 DQ_i 可以表示为

$$DQ_i = S_2(q_m, DA_m, DG_m) \tag{5-7}$$

式中，S_2 表示任务决策质量 DQ_i 与各参与决策者的决策工作质量 q_m、决策执行能力 DA_m、决策贡献度 DG_m 之间的关系函数。决策贡献度 DG_m 为每个参与执行任务 T_i 的决策者 DA_m 所承担的决策负载占完成 T_i 所需的决策负载总量的比例。如果决策者的工作质量越高，决策贡献度越高，或者决策执行能力越强，那么任务的决策质量越高，反之则越小。

4. 组织可靠性测度

该指标是组织执行任务的可靠性的描述，表示为

$$r = \overline{r}_{R,T} \tag{5-8}$$

式中，$\overline{r}_{R,T}$ 是任务执行过程中全部资源的任务执行可靠性的均值。

资源的任务执行可靠性 $r_{R,T}$ 是指资源正确使用、功能发挥正常的可靠性，表示为

$$r_{R,T} = \overline{R}_{\text{e-deci}}\overline{R}_{\text{e-comm}}R_{\text{reli}} \qquad (5\text{-}9)$$

式中，$\overline{R}_{\text{e-deci}}$ 是兵力组织中的决策实体可靠性的均值，$\overline{R}_{\text{e-comm}}$ 是兵力组织中的通信实体可靠性的均值，R_{reli} 是兵力组织中的某资源功能的可靠性。

可靠性是建立在历史数据上的经验统计值，所以每一个决策实体和通信实体的可靠性都是对历史数据的统计平均得来的，这里将兵力组织中的决策实体和通信实体的可靠性做均值处理是将决策和通信的可靠性再一次进行统计平均，得到整个兵力组织的决策和通信可靠性。可靠性指标是度量组织能否顺利完成任务的重要指标之一，在战场的不确定环境中，组织的各个参战要素能否正常发挥功效直接决定着兵力组织对任务的完成程度和完成效果。可靠性指标对应的约束是任务目标中的可靠性限制。

5.2.3 敏捷性度量

克劳塞维茨对战争有这样的一段描述："战争是一条真正的变色龙，它的性质在每一种具体情况下都或多或少有所变化，根据战争的全部现象可以将其内在的倾向归纳为以下三个方面：一是战争要素原有的暴力性；二是概然性和偶然性的活动；三是战争作为政治工具的从属性，战争因此属于纯粹的理智行为战争。"

由此可见，不确定性是战争最鲜明的特点之一。随着科技的不断发展，军事任务的多样性、军队行动的时效性和军事对抗中的不确定性日益成为军事行动中不可不关注的、影响军事行动成败的重要因子。传统的 C2 已无法适应当前信息战争条件下军事行动中对军事组织的指挥、控制和运作机制的要求，出现了指挥与控制行为命令与实际作战需求不符、信息传递延迟过长、底层兵力组织不灵活等问题。因此，如何应对这种不确定性，如何快速敏捷地应对军事活动中随时可能的变化，是 C2 组织能否取得军事行动成功的关键。

敏捷性是指能够成功处理情况和环境变化带来的改变的能力。敏捷 C2 组织面临的不再是固定的使命任务和环境，而是不断来袭的全局任务和不断变化的不确定的环境，这些变化和不确定性的存在，让组织预先设定的计划和情况判断的有效性降低，组织必须依赖自身的敏捷性来应对这些可能的变化和不确定性。

但是，对敏捷性的度量是主观的，对敏捷要求的关注点和角度不同会导致对敏捷性的度量方法和标准也不同。国外的学者提出了 6 个维度的敏捷性，分别是：鲁棒性、适应性、响应性、创新性、恢复性和灵活性。这 6 个维度的定义和内涵有所重合，并没有公认的统一标准。

由于敏捷性定义的不统一，较难有针对性地进行 C2 组织的敏捷性度量。本节将敏捷

性的不同表现方面进行重新定义和分类，总结为 3 个维度的敏捷性，分别是鲁棒性、适应性、响应性，并由此得到敏捷性综合性度量。其中，鲁棒性定义的是在组织结构不改变的情况下对任务的完成能力的度量，其中包含了 6 个角度的定义中的鲁棒性部分，也包含了灵活性的内容，以及恢复性中的部分内容。而适应性则定义为在组织结构改变的情况下对任务的完成能力，其中包括了 6 个维度的定义中的适应性的内容，也包含了需要做出组织结构改变的恢复性的部分内容。响应性定义为对组织响应时间角度的度量。

1. 鲁棒性度量

鲁棒性希望组织在任务执行中，在应对可能的任务变化时，能在不改变兵力组织结构的前提下，通过组织自身的多种可能的资源组合方式来执行并完成任务，这些资源组合方式是建立在原有的组织结构之上的，不改变组织的结构。

根据鲁棒性的层次，首先研究微观鲁棒性的度量。微观鲁棒性是针对兵力组织的，而兵力组织的产生本身就是面向任务的，因此，微观鲁棒性的度量也是面向任务的，是针对执行某项具体任务的兵力组织的敏捷性的度量。

定义 5.1 微观鲁棒性是对兵力组织在不改变兵力组织结构的情况下完成任务能力的度量，表示为

$$A_{frobus} = R\_C_f \tag{5-10}$$

式中，R_C_f 是兵力组织对使命任务空间中最大资源需求的兵力组织资源的相对能力。

鲁棒性的形式化定义的含义是，兵力组织在不改变自身组织结构的情况下，能够完成任务可能变种的能力。这个值越大，代表兵力组织对任务变化的应对能力越大，鲁棒性也就越好。

兵力组织是针对某项任务产生的，并且兵力组织生成之后，意味着包含在这个兵力组织之中的全部要素都是可以用的，这些要素包括全部兵力组织中的实体、资源，以及实体之间的可指挥关系、可控制关系和可协作关系。兵力组织可以根据任务目标要求自行对这些要素进行资源组合并进行任务执行流程的制定，从而在一定程度上完成任务。任务的执行流程决定了兵力组织执行任务的时序问题，而兵力组织具有的资源种类和数量，决定了它可以接受的任务的可能变化，只有任务的变化在兵力组织资源的种类和数量允许的范围之内，兵力组织才能够根据任务组合资源，执行任务。

因此，兵力组织能够应对的任务可能变种的能力 R_C_f 是由兵力组织的资源种类和相应的资源能力，以及任务的可能变化决定的。

假设，兵力组织 O_f 具有资源集合 $\{(r_1,N_{r_1}),\cdots,(r_n,N_{r_n})\}$，分别代表了资源的种类及相应资源能力的大小。使命任务空间中的任务资源及资源能力的需求描述为 $\{(r_1,N\max_{r_1}),\cdots,(r_n,N\max_{r_n})\}$，那么 O_f 能够接受的任务可能变化的能力 R_C_f 定义为

$$R\_C_f = \frac{\sum_i \dfrac{N_{r_i}}{N\max_{r_i}}}{n} \tag{5-11}$$

从公式中可以看出，R_C_f 的计算是对兵力组织自身能力和任务最大可能变化进行比较得到的相对资源比的均值，度量的是兵力组织对任务可能变化的相对接受能力，在兵力组织资源能力之内的变化，兵力组织能够良好地接受并继续完成任务，这种接受能力就是由兵力组织的鲁棒性决定的。因此，用 R_C_f 度量兵力组织的鲁棒性。

另外，可以看到虽然兵力组织是针对具体的任务产生的，但兵力组织的鲁棒性能是组织固有的，与具体的任务无关，它度量的是兵力组织自身的能力。

宏观鲁棒性的度量是建立在兵力组织鲁棒性的基础上的。

宏观鲁棒性是对敏捷 C2 组织能够在不改变自身组织结构的情况下完成任务能力的度量。对于某个特定的任务，敏捷 C2 组织可以生成多个可行的兵力组织，当首选的兵力组织在不改变自身结构的情况下不能执行任务时，如果其他的兵力组织可以接替完成，同样不改变组织整体结构，因此，对于某个特定的任务，敏捷 C2 组织针对该任务生成的兵力组织集合的整体鲁棒性能代表了它对该任务的完成能力。而对于敏捷 C2 组织来说，它面对的是整个使命任务空间，那么宏观鲁棒性也应该是对使命任务空间中全部任务完成能力的度量。

定义 5.2 宏观鲁棒性是组织在不改变兵力组织结构的情况下执行任务的敏捷特性的度量，表示为

$$\begin{cases} A_{\text{robus}T} = A_{f\text{robus}} \times (1 - R\_P_f) \\ A_{\text{robus}} = \overline{A}_{\text{robus}T} \end{cases} \tag{5-12}$$

式中，R_P_f 是指当前兵力组织结构下的资源占整个敏捷 C2 组织的资源的相对资源占有率，$A_{\text{robus}T}$ 是敏捷 C2 组织针对特定任务生成的全部兵力组织的鲁棒性。

宏观鲁棒性的度量分为两个阶段：针对特定任务的组织宏观鲁棒性 $A_{\text{robus}T}$ 和对任意任务的组织宏观鲁棒性 A_{robus}。前者是对针对特定任务生成的兵力组织集合中，全部兵力组织能不改变组织结构执行任务的能力的度量，后者是对针对全部可能的任务，敏捷 C2 组织能不改变结构执行任务的能力的度量。前者是相对静态的，与具体的任务相关；后者是敏捷 C2 组织在不断的任务执行中长期统计的、动态的结果。

假设，兵力组织 O_f，具有资源集合 $\{(r_1, N_{r_1}), \cdots, (r_n, N_{r_n})\}$，敏捷 C2 组织的全部资源描述为 $\{(r_1, N_{\text{AO}_{r_1}}), \cdots, (r_n, N_{\text{AO}_{r_n}})\}$，那么 O_f 资源对全部敏捷 C2 组织的资源相对资源占有率 R_P_f 定义为

$$R\_P_f = \frac{\sum_i \frac{N_{r_i}}{N_{\text{AO}r_i}}}{n} \tag{5-13}$$

根据计算公式可知，R_P_f 是兵力组织资源在整个组织中的资源比重。如果确定用某兵力组织完成一项任务，那么该兵力组织中的全部资源将用于完成这一任务，在此期间，当有新的任务到来时，新的兵力组织生成将不能使用这部分资源。因此，在度量组织鲁棒性的时候，不仅要考虑单个兵力组织的鲁棒性，还要考虑单个兵力组织鲁棒性之间的相互影响。$(1-R\_P_f)$ 度量的就是在生成某个确定的兵力组织后剩余资源的相对资源占有率。

因此，针对特定任务的敏捷 C2 组织的鲁棒性 $A_{\text{robus}T}$ 是由针对该任务生成的兵力组织 O_f 的鲁棒性和 O_f 资源对全部敏捷 C2 组织的资源的相对资源占有率 R_P_f 共同决定的，是每一个兵力组织的 $A_{\text{robus}T}$ 与 R_P_f 乘积的均值。

同时，针对整个使命任务空间的敏捷 C2 组织的鲁棒性是针对全部使命空间任务的 $A_{\text{robus}T}$ 均值，体现的是敏捷 C2 组织对使命空间中的任务的整体完成能力。

2. 适应性度量

将适应性引入敏捷性的度量，是在鲁棒性失效的情况下，即任务的变化超出敏捷 C2 组织预先考虑到的情况的范围，即组织能够不改变组织结构接受的任务的变化情况之外，组织必须改变自身固有的组织结构或者加入新的组织要素才能够完成任务时，对组织敏捷特性的度量。

首先研究微观适应性的度量。微观适应性也是对面向任务的兵力组织的敏捷特性的一种度量，与鲁棒性的不同之处在于适应性允许兵力组织进行结构上的改变，而鲁棒性是建立在已有结构的基础上的，不能改变原有的指挥与控制和协作关系。

定义 5.3　微观适应性是对面向任务的兵力组织在原有兵力组织结构不适应任务需求时执行任务的敏捷特性的度量，表示为

$$A_{f\text{adapt}} = \overline{A_{f_i\text{robus}} \times C_{\text{adapt}}} \tag{5-14}$$

式中，$A_{f_i\text{robus}}$ 是适应性改变后得到的新的兵力组织的鲁棒性，C_{adapt} 是适应性调整的调整代价因子。

适应性的形式化定义的含义是，在任务的变化导致兵力组织必须改变结构，经过适应性调整时形成的新的兵力组织结构，将这些调整得到的新的兵力组织的任务的完成能力与组织进行适应性调整产生的代价进行综合平均，作为适应性的度量方法。适应性的定义也是建立在能够成功的基础上的。

组织调整是在原有的兵力组织之上改变兵力组织内部的协作关系，或者将新的组织要素加入兵力组织中，适应性要求组织结构做出改变来完成任务。而组织能否做出结构

改变、做出什么程度的改变，是由敏捷 C2 组织演化规则和能力决定的，如果组织不能做出适应性调整来完成某任务，那么针对该任务，组织是不具备适应性的；如果组织能够做出调整，那么能够进行调整的程度决定了组织的适应性调整的能力，同时也影响着兵力组织的适应性。

因此，与鲁棒性度量不同，适应性度量是包含了组织的结构上的适应调整能力度量，而不是仅由组织固有的结构决定的，用"如果，那么"的方法来度量兵力组织的适应性，度量的是兵力组织可以做出调整产生新的可以完成任务的组织结构时兵力组织的适应性指标。

假设，兵力组织原始的组织要素为 $(N_{f\_D}, N_{f\_E}, N_{f\_C})$，做出适应性调整后新的兵力组织要素为 $(N_{f_i\_D}, N_{f_i\_E}, N_{f_i\_C})$，用组织调整幅度来度量兵力组织的调整代价，将调整代价因子定义为

$$C_{\text{adapt}} = \overline{\frac{N_{f\_D}}{N_{f_i\_D}} + \frac{N_{f\_E}}{N_{f_i\_E}} + \frac{N_{f\_C}}{N_{f_i\_C}}} \tag{5-15}$$

因此，调整代价因子是原有组织中决策实体、执行实体和通信实体的数量与新的组织结构中相应的要素数量的相对值的均值，它度量的是兵力组织做出调整的可能性，调整的代价越大，调整成功的可能就越小。

另外，适应性调整的目的是希望兵力组织对变化后的任务具有鲁棒性，任务的执行不需要再进行结构上的改变。

宏观适应性是组织在各种可行方案都不能不改变组织结构而执行并完成任务的情况下，做出组织结构上的改变来完成使命。造成各种方案不能良好执行的原因可能是任务中出现了新的资源组合的需求，而这种组合方式是原有的组织结构中不存在的，必须建立新的协作关系，进行资源组合。宏观适应性的度量是建立在微观适应性的基础之上的。

定义 5.4 当原有组织结构不适应任务需求时，宏观适应性是对组织执行任务的敏捷特性的度量，表示为

$$\begin{cases} A_{\text{adapt}T} = \overline{A}_{f\text{adapt}} \\ A_{\text{adapt}} = \overline{A}_{\text{adapt}T} \end{cases} \tag{5-16}$$

式中，$\overline{A}_{\text{adapt}T}$ 是敏捷 C2 组织针对特定任务等的全部兵力组织的平均适应性。

与宏观鲁棒性类似，组织宏观适应性的度量也分为两个阶段：针对特定任务的组织宏观适应性和针对任意任务的组织宏观适应性。前者是对针对特定的任务组织能改变组织结构执行任务的敏捷特性的度量；后者是对针对全部可能的任务组织能改变结构执行任务的度量。前者是相对静态的，与具体的任务相关；后者是敏捷 C2 组织在不断的任务执行中长期统计的、动态的结果。

宏观鲁棒性和宏观适应性一起，度量了组织在任务执行效果上的敏捷性。

3．响应性度量

响应性度量是和时间相关的度量，是对组织对任务反应时间的度量，是对从发现任务到开始执行任务之间的时间的度量。响应性是对决策能力、通信能力和部队作战准备及机动速度等的综合度量，主要的度量指标是时间。

它既可以是兵力组织的敏捷性度量，也可也是敏捷 C2 组织的敏捷性度量。

定义 5.5 响应性是兵力组织在时间上的敏捷特性的度量，表示为

$$\begin{cases} A_{frespo} = \overline{T_{\text{deci}O_f} + T_{\text{comm}O_f}} \\ A_{\text{respo}} = \overline{A}_{frespo} \end{cases} \tag{5-17}$$

式中，$T_{\text{deci}O_f} + T_{\text{comm}O_f}$ 是从兵力组织接到任务到底层资源开始执行任务的时间；A_{frespo} 是兵力组织的响应性，也称为微观响应性；A_{respo} 是组织的响应性，也称为宏观响应性。响应性的形式化定义的含义是，在任务目标可达到的前提下，对决策实体和通信实体在时间上的平均消耗的度量。在度量兵力组织的响应性时，决策时间和通信时间分别是指兵力组织内部的决策实体和通信实体的决策时间和通信时间；在度量组织的响应性时，决策时间和通信时间分别是指组织的决策实体和通信实体的决策时间和通信时间。

4．敏捷性综合度量

宏观敏捷性与微观敏捷性都是组织敏捷性的重要表现形式，从不同层次和角度刻画了整个敏捷 C2 组织的敏捷性。因此，组织的敏捷性度量应该是这些不同层次和角度度量的综合。

定义 5.6 组织的微观敏捷性度量，包括微观的鲁棒性、适应性和响应性，表示为

$$A_{O_f} = <A_{frobus}, A_{fadapt}, A_{frespo}> \tag{5-18}$$

式中，A_{frobus}、A_{fadapt}、A_{frespo} 分别是微观的鲁棒性、适应性和响应性。

微观敏捷性，也就是组织的微观鲁棒性、适应性和响应性的综合，是对兵力组织的敏捷性的度量。其中，微观的鲁棒性和适应性虽然是面向任务的，但是敏捷性度量的是兵力组织固有的能力，而微观的响应性是只从时间角度对兵力组织敏捷性的度量，不受任务变化的影响。因此，鲁棒性、适应性和响应性三者共同形成了一个相对稳定、客观的兵力组织敏捷性度量综合指标。这个综合指标的计算可以作为组织在多个任务执行方案中的首选方案，即敏捷性相对较好的兵力组织。

定义 5.7 组织的宏观敏捷性度量，包括宏观的鲁棒性、适应性和响应性，表示为

$$A = <A_{\text{robus}}, A_{\text{adapt}}, A_{\text{respo}}> \tag{5-19}$$

式中，A_{robus}、A_{adapt}、A_{respo} 分别是宏观的鲁棒性、适应性和响应性。

宏观敏捷性，也就是组织宏观的鲁棒性、适应性和响应性的综合。其中，宏观的

鲁棒性和适应性一样是长期统计得到的均值，因此，宏观的鲁棒性和适应性不会因为某个任务的出现而出现较大的改变。宏观响应性是只从时间角度对组织敏捷性的度量，也不受任务变化的影响。因此，宏观敏捷性是一个相对稳定、客观的组织敏捷性度量综合指标。

5.3 基于计算组织理论的设计方法

计算组织理论认为人类组织的本质特性也可看成是计算的，通过建立合适的组织模型来研究组织现象。随着高性能计算机的发展和数学手段的加强，计算组织理论的研究也越来越成熟，已经从简单的算法观点上升到用经验数据进行验证、与专家经验互相补充，并应用于构造高效的商业和军事组织模式。

本节基于计算组织理论研究指挥与控制的组织设计问题，通过对组织的参与者、能力、使命任务、协作等进行合理抽象，建立合理的数学模型以优化指挥与控制组织设计。

5.3.1 问题建模

C2 组织设计的目的是设计良好的 C2 组织以高效地完成其使命，C2 组织设计需要回答这些问题：组织的使命任务由哪些武器平台完成？这些任务在何时完成？这些平台该由谁来指挥？平台之间如何进行协同？指挥员之间如何高效沟通？等等。为了回答这些问题，首先将 C2 组织的元素抽象为三大类：任务、平台和决策者，并将 C2 组织设计问题分解为三个子问题：任务计划网设计、组织协作网设计、决策结构设计。

C2 组织的主要元素包括任务、平台和决策者。其中，任务是组织的子目标，是由使命分解得到的一系列活动；平台是组织中的物理资源载体，提供武器装备、通信设施和侦察监视设备等资源；决策者是组织中负责信息处理并进行决策的实体，是提供信息处理、通信功能和管理下属决策者及平台的人员和设备。C2 组织元素及其能力属性如表 5-1 所示。

表 5-1 C2 组织元素及其能力属性

元素名称	元素定义	元素属性名称	能力属性	能力类型
任务	任务是需要特定的物理资源和决策支持才能完成的活动，是对 C2 组织作战使命进行分解得到的基本过程单元	处理时间	时间、地点等任务执行需求	能力需求
		地理位置坐标		
		资源需求	火力打击需求 侦察预警需求 综合保障能力	
		任务决策负载强度	信息处理需求、指挥与控制需求	

（续表）

元素名称	元素定义	元素属性名称	能力属性	能力类型
平台	平台是物理资源载体，为执行任务提供武器装备、通信设施和侦察监视设备等资源	最大速度	运动能力	资源能力
		资源能力向量	火力打击能力、侦察预警能力、综合保障能力	
决策者	决策者是负责信息处理并进行决策的实体，完成管理平台、协作交流、信息处理和指挥决策等工作	决策者工作负载	信息处理能力、指挥与控制能力	决策能力
		决策执行能力		

下面给出这三类要素的形式化描述。

定义 5.8　任务是指需要特定的物理资源和决策支持才能完成的活动，是对 C2 组织作战使命进行分解得到的基本过程单元，其分解的粒度通常到战术层次的行动，分解方法包括目标分解、功能分解和区域分解、行为分解等。记包含 N_T 个任务的使命任务集 $T = \{T_1, T_2, \cdots, T_i, \cdots, T_{N_T}\}$。每个任务 T_i 有如下属性。

（1）任务处理时间 DT_i，$DT_i = FT_i - ST_i$，其中 FT_i 为任务 T_i 的结束时间，ST_i 为任务 T_i 的开始时间。

（2）地理位置坐标 $TP_i = (x_i, y_i)$。

（3）资源需求向量 $\mathbf{TR}_i = (TR_{i1}, TR_{i2}, \cdots, TR_{ik}, \cdots, TR_{iN_A})$，其中 TR_{ik} 表示成功地处理任务 T_i 所需的功能为 f_k 类型的资源的数量，N_A 为资源类型的数量。

定义 5.9　任务图：定义任务之间先后关系的有向无环图，图中每个节点对应于使命任务集 T 中的一个任务 T_i，有向边表示任务先后关系，其等价的表达方式是 $N_T \times N_T$ 的任务先后关系矩阵 $\mathbf{R}_{TT}(T_{i_1}, T_{i_2}), i_1, i_2 = 1, 2, \cdots, N_T$。$\mathbf{R}_{TT}$ 是 0−1 矩阵，若 $\mathbf{R}_{TT}(T_{i_1}, T_{i_2}) = 1$，则 T_{i_2} 必须在 T_{i_1} 完成之后开始。任务图定性描述任务间的依赖关系，如任务的优先顺序、数据流程及任务间的输入/输出关系等，具体例子如图 5-4 所示。

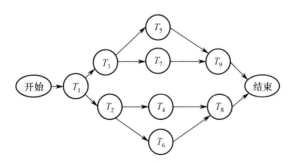

图 5-4　任务图示例

定义 5.10　功能是指在某一次组织活动（如战役活动、战术活动、产品制造等）中被认为是在执行使命中不可再分割任务的基本能力。记描述组织基本功能的资源矢量为

$\boldsymbol{F} = [f_1, f_2, \cdots, f_k, \cdots, f_{N_A}]$，$N_A$ 为组织资源的基本功能类型的数量，$f_i (1 \le i \le N_A)$ 表示组织具备的第 i 项功能资源。

通常，确定组织功能的依据是组织资源类型的划分。例如，以一次多军兵种联合作战登陆战役为例，其 C2 组织的资源类型划分为防空类 f_1、反舰类 f_2、反潜类 f_3、地面攻击类 f_4、炮兵类 f_5、装甲类 f_6、扫雷类 f_7 和识别探测类 f_8。

定义 5.11 平台：是物理资源载体，为执行任务提供武器装备、通信设施和侦察监视设备等资源。记包含 N_P 个平台的平台集为 $P = \{P_1, P_2, \cdots, P_j, \cdots, P_{N_P}\}$。每个平台 P_j 具有的属性如下：

（1）最大移动速度 v_j；

（2）平台资源能力向量 $\mathbf{PR}_j = (\mathrm{PR}_{j1}, \mathrm{PR}_{j2}, \cdots, \mathrm{PR}_{jk}, \cdots, \mathrm{PR}_{jN_A})$，其中 PR_{jk} 表示平台 P_j 所拥有的 f_k 类型资源的数量。

定义 5.12 决策者是负责信息处理并进行决策的实体，完成管理平台、协作交流、信息处理和指挥决策等工作。

记包含 N_{DM} 个决策者的决策者集为 $\mathrm{DM} = \{\mathrm{DM}_1, \mathrm{DM}_2, \cdots, \mathrm{DM}_m, \cdots, \mathrm{DM}_{N_{DM}}\}$。DM 中每个决策者 DM_m 的属性可以用一个三元组 $<\mathrm{DWB}_m, \mathrm{DA}_m, \overline{\mathrm{CN}}>$ 来表示。

（1）DWB_m 是决策者 DM_m 的工作负载上限，表示了 DM_m 所能处理的最大决策工作量。

（2）DA_m 表示决策者 DM_m 的决策执行能力，同样的决策工作交由具有不同决策执行能力的决策者来做，决策工作的完成效果不同，决策执行能力越高的决策者完成决策工作的情况越好。科学考察和实践表明，1～9 的标度能够很好地区分事物各种属性存在的差异，因此，为了评价决策者的决策执行能力，本书将决策执行能力分为 1～9 的 9 个等级，即 DM_m 的取值范围是 1～9。

（3）$\overline{\mathrm{CN}}$ 是决策者 DM_m 控制平台的数量上限，表示 DM_m 最多可控制的平台数量。

在作战开始前，我们需要根据初始环境设计初始的 C2 组织。在设计一个组织或者团队去完成具体使命时我们通常都会遇到很多问题，如组织或团队的使命是什么，有哪些可获取的资源，在组织或团队中谁拥有什么，谁能做什么，谁能控制什么，谁能看见什么，谁知道什么，谁能和谁交流，谁发布命令，谁做出决策，谁负责什么平台功能，谁需要与谁交流，谁与谁在任务上协作，谁需要与谁协调等问题。明确了这些问题的答案也就构造了一个完整的组织或者团队。

C2 组织设计中的这些问题可以概括为对以下问题的回答：

（1）基于组织使命产生任务序列和任务对能力的需求，即在什么时间去做什么事情、什么任务的执行需要哪些功能的协作问题，这一问题的本质是执行使命的行动策略问题。

（2）平台到任务的分配，即哪些平台执行什么功能、去完成什么任务的问题，这一问题的本质是作战平台资源的部署问题。

（3）平台到决策者的聚类，即哪些平台归属同一决策实体的指挥更有利于组织的整体效能问题。

（4）决策者的协作交流同指挥与控制的关系，即在平台资源聚类基础上建立这些聚类之间的关系，这些关系的建立确立了决策实体之间的指挥协同关系。

针对以上问题，C2 组织结构设计可以分解为对三个关联的问题的求解。

问题一：任务计划网——R_{P-T}，确定每个任务在什么时间、由哪些平台执行。

问题二：组织协作网——R_{DM-P}，确定每个平台由哪个决策者指挥。

问题三：决策结构——R_{DM-DM}，确定决策者之间的指挥和协作结构。

5.3.2 任务计划网设计

R_{P-T} 关系设计是进行平台资源到任务的分配，分配问题的实质是根据平台的能力及任务顺序关系和对功能的需求进行规划，以产生最佳的调度方案。因此，R_{P-T} 关系设计也可以看作一个任务规划问题，即在所建立的任务流图的基础上进行资源的合理配置与部署，其目标是把合适的作战平台部署到正确的地点去执行正确的任务。

典型的任务计划网设计问题可这样的描述：给定一个任务图和可用的平台集合，确定任务到平台的分配及任务的执行顺序以最优化某些指标，通常以整个任务流程完成的时间最短或者以资源的充分利用为目标。任务的要求通常用任务图表示，如图 5-5 所示为一个包含 18 个任务的任务流程图实例，图中的箭头表示任务之间的执行顺序（包括任务的串行、并行及交叉关系），任务的参数还包括任务的处理时间、资源需求等任务的基本特征。平台具备处理任务的功能，平台和任务之间通过任务的能力需求和资源的功能能力关联，以此进行资源–任务分配。

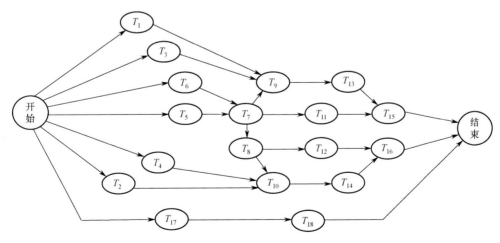

图 5-5 任务流程图

通常，某一作战任务的处理需要具备处理这一任务的所有条件，这些条件包括足够的平台能力、平台在任务区域集结完毕及该任务准备就绪。由此，假设某一任务由平台资源进行处理需要具备如下条件和约束。

（1）在这一任务之前的所有任务都已处理完毕。

（2）分配到这一任务的所有作战平台已到达指定地点。

（3）聚集的平台能力不小于任务对该能力的需求。

（4）一个作战平台每次只能处理一个任务。

任务计划网设计目标包括三点。

一是效率：缩短完成总任务的时间，提高完成战役使命的有效性。

二是效用：提高平台资源的利用率。

三是可行：减少作战平台在任务执行上不必要的协作以降低组织协作网和决策结构设计的复杂性。

以缩短完成总任务的时间的目标为例，任务计划网设计就是要分配合适的平台或平台组到正确的区域去执行合理的任务，具体地说，就是在满足任务资源需求的情况下提高平台资源的利用率，缩短完成任务过程的时间。同时，减少作战平台在任务执行上不必要的协作，以降低设计的复杂性。为此，定义以下决策变量。

任务顺序变量 a_{ij}：如果任务 t_j 的处理必须在任务 t_i 处理完后才能开始则为 1，否则 $a_{ij}=0$。

平台任务分配变量 w_{im}：平台 p_m 分配给任务 t_i 时 $w_{im}=1$，否则 $w_{im}=0$。

平台在任务间的转移变量 x_{ijm}：平台 p_m 处理任务 t_i 后再处理任务 t_j 则 $x_{ijm}=1$，否则 $x_{ijm}=0$。

时间变量 s_i：s_i 表示任务 t_i 的处理开始时间。

针对不同的优化目标，优化模型如下：

$$\begin{cases} \sum_{m,n} x_{ijn} \cdot x_{jim} = 0? \\ x_{ijm} + x_{jim} = w_{im} \cdot w_{jm} \\ x_{ijm} \cdot a_{ij} = 0 \\ \sum_{m=1}^{K} p_m c_{ml} \cdot w_{im} \geq r_{il} \\ if \quad x_{ijm} \cdot x_{jhm} = 1? then \quad x_{ihm} \neq? \\ x_{ijk}, w_{ik} \in \{0,1\} \\ i,j,h = 1,2,\cdots,N; \quad m,k = 1,2,\cdots,K; \quad 1 \leq l \leq 8 \end{cases} \quad (5\text{-}20)$$

通过采用通用数学规划软件或设计专门的求解算法可以求解以上问题，得到平台任务分配方案。如图 5-6 所示的为使用 20 个平台完成 18 个任务时的最优任务分配与调度方案。

甘特图

时间	0	10	20	30	40	50	60	70	80	90	100	110	120	130	140
P1							T2								
P2		T1					T2								
P3		T1													
P4		T18		T11											
P5		T7			T12						T15				
P6															
P7	T17				T11	T13									
P8	T4			T8	T12								T16		
P9	T3			T8							T14				
P10	T6		T7								T15				
P11	T5			T9								T10			
P12	T5			T9											
P13	T5			T9											
P14	T5				T12										
P15		T1			T13										
P16	T17					T2									
P17	T18														
P18		T7									T10		T16		
P19	T6			T9							T15				
P20	T6			T8							T10		T16		

图 5-6　最优任务分配与调度方案

5.3.3　组织协作网设计

任务流程的串行、并行和交叉关系导致了平台之间的相互依赖和协作关系，平台之间这种复杂的关系使得对平台的管理控制有些困难。如何对这些平台进行有效管理，把平台划分成不同的组，每组对应一个决策者，是组织设计关键问题之一。本节介绍组织协作网设计，其本质是建立决策者对平台的控制关系，即 $R_{\text{DM-P}}$ 关系设计。决策者通过对平台的管理控制来执行使命任务，决策者之间通过平台在任务上协作构成了组织协作网，即控制着不同平台的决策者在协同完成共同任务时就形成了相互协作关系。因此，对决策者和平台控制关系的设计就确定了组织内决策实体之间的协作网。

协作网的每个节点代表一个决策者，边表示两个决策者之间存在协作，而边的权重表示两个决策者之间需要进行协作的任务数量。组织协作网的设计是在各决策者能力所及范围内建立最佳决策者内部协作（对平台控制）、外部协作（决策者之间在任务上的协作）的关系，使得组织各决策节点的工作负载尽可能地小，或者最小化各决策实体工作负载的均方根等。图 5-7 表示一个包含 2 个决策者的组织协作网示例，该组织包含 5 个平台，需要完成 2 个任务，共同执行同一个任务的平台构成协同关系，控制平台的决策者之间形成协作网。

为了形式化描述 $R_{\text{DM-P}}$ 关系设计问题，我们给出以下符号和定义。

从上节所述的任务计划网设计过程中得到平台和任务的执行关系参数为

$$R_{\text{P-T}}(i,j) = \begin{cases} 1, & \text{如果平台} P_i \text{分配到任务} T_j \\ 0, & \text{其他} \end{cases}$$

K = 平台数量;

N = 任务数量;   (5-21)

D = 决策者数量。

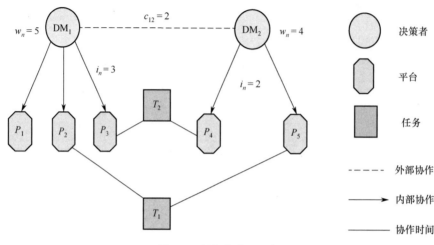

图 5-7 组织协作网示例

定义决策者对平台的控制决策变量:

$$R_{\text{DM-P}}(j,m) = \begin{cases} 1, & \text{如果平台}P_j\text{分配到任务DM}_m \\ 0, & \text{其他} \end{cases} \qquad (5\text{-}22)$$

在组织协作网设计问题中,为进一步描述决策者的内外部协作量,以设计组织内的高效协作关系,我们定义如下基本概念。

定义 5.13 决策者 DM_m 与任务 T_i 的执行关系向量:

$$\left[R_{\text{DM-T}}(i,1),\cdots,R_{\text{DM-T}}(i,N) \right] \qquad (5\text{-}23)$$

式中

$$R_{\text{DM-T}}(i,m) = \begin{cases} 1, & \text{如果平台}T_i\text{分配到任务DM}_m \\ 0, & \text{其他} \end{cases} \qquad (5\text{-}24)$$

定义 5.14 内部协作量:决策者的内部协作是决策者对其拥有的平台资源进行管理控制,定义决策实体 DM_m 的内部协作量 $I(m)$ 为其所控制的平台数量,即 $I(m) = \sum_{j=1}^{K} R_{\text{DM-P}}(j,m)$。其中,$R_{\text{DM-P}}(j,m)$ 表示平台 P_j 与决策实体 DM_m 的隶属关系,若 P_j 属于 DM_m 则 $R_{\text{DM-P}}(j,m) = 1$,否则 $R_{\text{DM-P}}(j,m) = 0$。

定义 5.15 直接协作量:记决策实体 DM_m 和 DM_n 之间的直接协作量 $d(m,n)$ 为 DM_m

和 DM_n 必须协作完成的任务数，即

$$d(m,n) = \sum_{i=1}^{N} R_{\mathrm{DM\text{-}T}}(i,m) R_{\mathrm{DM\text{-}T}}(i,n) = \sum_{i=1}^{N} \min\left(R_{\mathrm{DM\text{-}T}}(i,m), R_{\mathrm{DM\text{-}T}}(i,n)\right) \tag{5-25}$$

$R_{\mathrm{DM\text{-}T}}(i,m) R_{\mathrm{DM\text{-}T}}(i,n)$ 表示决策实体在任务上的协作，若 DM_m 和 DM_n 必须在任务 T_i 上协作则 $R_{\mathrm{DM\text{-}T}}(i,m) R_{\mathrm{DM\text{-}T}}(i,n)=1$，否则 $R_{\mathrm{DM\text{-}T}}(i,m) R_{\mathrm{DM\text{-}T}}(i,n)=0$；$R_{\mathrm{DM\text{-}T}}(i,m)$ 为决策实体与任务的关系，若 DM_m 通过所控制的平台执行任务 T_i，则 $R_{\mathrm{DM\text{-}T}}(i,m)=1$，否则 $R_{\mathrm{DM\text{-}T}}(i,m)=0$。

定义 5.16 外部协作量：决策者的外部协作是指其与其他决策者在任务上的协作，定义决策者 DM_m 的外部协作量为其与所有其他决策者之间的协作总量，记为 $E(m)$，则

$$E(m) = \sum_{n=1,m\neq n}^{D} d(m,n) \tag{5-26}$$

定义 5.17 工作负载：定义决策者在组织协作网中的工作负载为内部协作量与外部协作量的加权和，记决策实体 DM_m 的工作负载为 $W(m)$，则

$$W(m) = W^{\mathrm{I}} \cdot I(m) + W^{\mathrm{E}} \cdot E(m) \tag{5-27}$$

式中，W^{I} 为直接内部协作负载权值，W^{E} 为外部协作负载权值。

令 $y_{nmi} = \begin{cases} 1, & \mathrm{DM}_n \text{和} \mathrm{DM}_m \text{在任务} T_i \text{协作} \\ 0, & \text{其他} \end{cases}$，则

$$y_{nmi} = R_{\mathrm{DM\text{-}T}}(i,m) R_{\mathrm{DM\text{-}T}}(i,n) = \min\left(R_{\mathrm{DM\text{-}T}}(i,m), R_{\mathrm{DM\text{-}T}}(i,n)\right) \tag{5-28}$$

组织协作网设计的核心是对平台建立良好的分组以减少决策者之间（或者说组与组之间）不必要的交互协作，提高组织的运作效率。记所有决策者在组织协作网中最大工作负载为 $W_{\max}$，组织协作网的目标为最小化决策者在组织协作网中的最大工作负载，组织协作网的设计可以描述为以下优化问题。

$\min W_{\max}$

$$\begin{cases} \sum_{m=1}^{D} R_{\mathrm{DM\text{-}P}}(j,m)=1, \ j=1,\cdots,K \\ y_{nmi} \geqslant R_{\mathrm{P\text{-}T}}(i,j) \cdot R_{\mathrm{DM\text{-}P}}(j,m), \ m,n=1,\cdots,D; \ i=1,\cdots,N; \ j=1,\cdots,K \\ y_{nmi} \geqslant R_{\mathrm{P\text{-}T}}(i,j) \cdot R_{\mathrm{DM\text{-}P}}(j,n), \ m,n=1,\cdots,D; \ i=1,\cdots,N; \ j=1,\cdots,K \\ W_{\max} \geqslant W^{\mathrm{I}} \cdot \sum_{j=1}^{K} R_{\mathrm{DM\text{-}P}}(j,n) + W^{\mathrm{E}} \cdot \sum_{m=1,m\neq n}^{D}\sum_{i=1}^{K} y_{nmi}, \ n=1,\cdots,D; \ R_{\mathrm{DM\text{-}P}}(j,n), y_{nmi}\in\{0,1\} \end{cases} \tag{5-29}$$

式（5-29）中目标函数表示最小化决策者的最大工作负载。第一个约束表示每个平台需要分配给唯一的决策者（即分配到唯一的一个分组）；第二个和第三个约束表示两个决策者 DM_n 和 DM_m 之间存在协作当且仅当它们之间有任务协同；第四个约束表示决策者所承

受的最大加权工作负载，它包括决策者的组内工作负载及决策者之间的协作工作负载。上述优化问题是一个 NP 问题，其本质是决定平台到决策者的聚类（或者说是平台到分组的聚类）。对这一问题求解可采用层次聚类法，其核心思想是通过某种策略不断合并聚类，以获取新的聚类，直到满足期望条件算法终止，算法输出即确立平台与决策者的分配关系。

初始化 M 个聚类 $\{G_1, G_2, \cdots, G_m\}$，$m = 1, 2, \cdots, M$，并且确定平台到决策者的分配变量 $R_{\text{DM-P}}(j, m)$，由此得到决策者和任务的关系 $\left[R_{\text{DM-T}}(m, 1), \cdots, R_{\text{DM-T}}(m, N) \right]$，以此计算各个聚类的参数。层次聚类算法的流程如下。

第一步，根据聚类策略（如最小相异聚类策略或最佳聚类策略），选择两个要合并的聚类组合 $\{r, s\}$。

第二步，合并聚类组合 $\{r, s\}$，得到新的聚类，计算并更新聚类的参数。

第三步，判断形成的聚类数与决策者数目正好相等时，算法终止；否则返回第一步。

为了更好地理解这一算法，下面我们给出一个简单的应用案例，该案例中共有决策实体 5 个，平台实体 20 个以及分解后的子任务 18 个，初始聚类分组 6 个，初始聚类分组情况如图 5-8 所示。

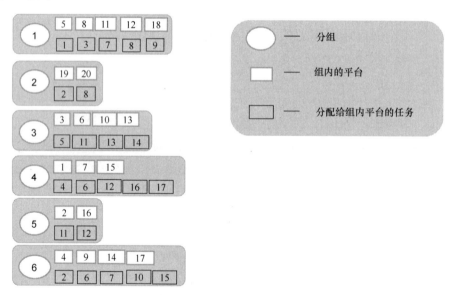

图 5-8 初始聚类分组

由于平台的聚合会减少分组数目，从而减少协作，且越相近或相同其协作量减少得越多，然而，两个平台集合并后的平台数量（也就是合并后的内部协作）为两个平台集的平台数量之和，意味着内部协作增加。因此，在合并时需要在任务矢量的相似度和最小化平台集的大小之间权衡，这种权衡可以减少外部协作和减少内部之间的矛盾。通过计算可得到两组可以合并的组合：一是聚类组合 {2,5}，二是聚类组合 {4,5}。我们选择第二种组合，得到新的聚类如图 5-9 所示。

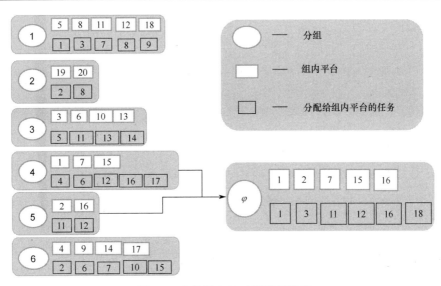

图 5-9　合并组合 {4,5} 得到新聚类

层次聚类法通过迭代合并聚类以最小化最大的决策者工作负载，当聚类算法得到的类别数即分组数等于决策者数目时，算法终止，得到平台到决策者的分配方案。组织协作网的设计以尽量减少协作负载为目标。在现实中，对于具体使命环境的组织设计，期望做到组织成员在既定的使命任务上分工明确，组织高效运作；同时又期望组织能在一定程度上适应环境的变化，能够处理意外事件的发生，即组织具备鲁棒性和灵活性，这就使得适当地增加协作负载成为必要。

5.3.4　决策结构设计

组织中知识、经验、信息、资源、责任、权利与义务分布在不同的个体成员间，个体成员间复杂的相互关系在很大程度上影响了组织效能，这使得组织内个体成员间层次结构关系的研究成为必要。

通常，在正式组织中都有明确的层次结构，这种层次结构对组织有两种截然不同的影响：一方面层次结构使角色和分工不同的个体成员在任务的协作处理上获得了较高的效率；而另一方面层次结构对组织中交流信息的过滤也导致了个体成员间的信息交流延迟、过载或者信息的"扭曲"，从而使得组织执行使命的效能下降，这一点在激烈变化的不确定环境下的组织中表现得尤为突出。在较为稳定的使命环境中，经过优化设计的层次结构能使组织在使命任务的执行中获得更佳的效能。

由此，组织设计工作在很大程度上都集中在层次结构问题上，这些问题包括交流对象、控制或指导对象、资源分配等。本节定义了组织内决策实体的内部工作负载、直接外部协作、间接（附加）外部协作及工作负载的概念，基于组织协作网采用优化决策树算法设计其层次结构。

从管理学的角度，组织决策网代表一个无中心的、对等的、网络化的组织结构，决策者之间因为完成共同的任务而建立协作关系。组织决策树是在协作网的基础上建立的组织决策结构图，是组织层次结构的体现，决策树确定了决策者之间的指挥与控制结构关系。组织决策树以决策者为树节点，决策者之间的决策链接为边，任意树节点只有一个父节点，决策树内不存在环路。C2 组织模型中，组织决策树确定了组织结构模型的决策层次关系 $R_{\mathrm{DM-DM}}$（见图 5-10）。

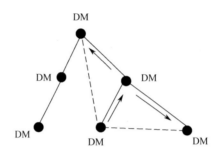

图 5-10　决策层次关系 $R_{\mathrm{DM-DM}}$

从组织协作网到决策树的产生去除了协作网中存在的环路，设置了决策者之间新的层次结构关系，由此产生了决策实体之间的间接外部协作，并增加了决策实体的工作负载。

定义 5.18　直接外部协作：决策实体 DM_m 同其他决策实体通过其控制的平台在任务上的协作定义为决策实体 DM_m 的直接外部协作，记 DM_m 的直接外部协作量为 $E(m)$，则

$$E(m)=\sum_{n=1}^{M} d(m,n) \tag{5-30}$$

式中，M 为总的决策实体数量。

定义 5.19　间接外部协作：在决策树 T 中由于决策实体 DM_m 与 DM_n 间没有建立直接决策链接关系而导致它们之间的协作交流必须通过其他决策实体进行。记 DM_m 与 DM_n 在决策树 T 中协作交流的路径为 path_{mn}，决策实体 DM_i 在 T 中的间接协作负载量记为 $A(i)$，则

$$A(i)=\sum_{m=1}^{M}\sum_{n=m+1}^{M} d(m,n)\cdot\mathrm{path}_{mn}(i) \tag{5-31}$$

式中，$\mathrm{path}_{mn}(i)$ 为 bool 函数，当 $i\neq m,n$ 时，$\mathrm{path}_{mn}(i)=1$，否则 $\mathrm{path}_{mn}(i)=0$。

记组织决策树的间接外部协作总量为 AC，则

$$\mathrm{AC}=\sum_{i=1}^{M}A(i)=\sum_{m=1}^{M}\sum_{n=m+1}^{M} d(m,n)\cdot(\mathrm{length}(\mathrm{path}_{mn})-1) \tag{5-32}$$

式中，$\mathrm{length}(\mathrm{path}_{mn})$ 为路径 path_{mn} 上边的数量。

如果把组织决策树中决策实体 DM_m 的直接外部协作与间接外部协作统称为 DM_m 的外部协作负载 $\mathrm{EA}(m)$，则

$$\mathrm{EA}(m)=E(m)+A(m) \tag{5-33}$$

定义 5.20　组织决策树中决策实体 DM_m 的工作负载为 DM_m 内部工作负载与外部协作负载的加权和，记 DM_m 的工作负载为 $W(m)$，则

$$W(m) = W^I \cdot I(m) + W^E \cdot EA(m) \tag{5-34}$$

式中，W^I 和 W^E 分别为决策实体 DM_m 的内部工作负载与外部协作负载的权值。

组织决策树的生成是在组织协作网的基础上产生决策实体间的层次结构。可以基于多种不同的优化目标来生成决策树。

（1）最小化决策树中所有节点的总的工作负载。

（2）以平衡决策节点的工作负载为目标，最小化决策节点的最大工作负载。

本节通过优化第一种目标来生成组织决策树，优化决策树的数学表示为

$$\min_{T \in \Delta(DM)} W(T) \cdot \min_{T \in \Delta(DM)} \sum_{m=1}^{M} \sum_{n=m+1}^{M} d(m,n) \cdot \text{length}(\text{path}_{mn}) \tag{5-35}$$

其中，$\Delta(DM)$ 表示所有可能的组织决策树的集合。

上述最优决策树问题可应用网络优化中的相关理论来求解。根据目标函数的表达式可知，以树中所有节点的总工作负载最小为目标的优化决策树实际上就是寻找由组织协作网 G 生成的所有边的权值和最小的赋权决策树 T。该树可以通过 Gomory-Hu 树生成算法得到。具体步骤如下。

初始化 $|T|=1$，树 T 只有一个圈，这个圈包含了组织协作网 G 中的所有节点。

第一步：在树 T 中任意选择一个圈 C，从树 T 中分离这个圈 C（即去掉树 T 中与圈 C 相连的边），从而树 T 被分割为多个链接的部分。

第二步：圈合相互链接的部分的节点得到圈，并对圈 C 进行圈扩，由新得到的单个节点和圈生成残留网 H。

第三步：任意选择圈 C 中的两个节点 n 和 m，在残留网中寻找分离节点 n 和 m 的最小分割 (S_1, S_2)，其中，$n \in S_1$，$m \in S_2$，$S_1 \bigcup S_2 = V(H)$。

第四步：创建两个新的节点集（可能是圈或者是单个节点）C_1 和 C_2，满足：$C_1 = C \bigcap S_1$，$C_2 = C \bigcap S_2$。在树 T 中去掉圈 C 和与之相连的边，加入节点集 C_1 和 C_2，并在它们之间建立链接边，边的权值为 $d(S_1, S_2)$。对于树 T 中原来与圈 C 相连的任意单个节点或者圈，记为 S，如果 $S = S_1$ 则 S 与 C_1 之间建立链接边，如果 $S = S_2$ 则 S 与 C_2 之间建立链接边，边的权值为原来 S 与圈 C 之间的权值。

第五步：如果树 T 中没有圈则算法终止；否则，返回第一步。

以图 5-11 描述的组织协作网为例，采用 Gomory-Hu 树生成算法求得它的最佳组织决策树，如图 5-12 所示。组织决策树的分步生成过程如图 5-13 所示。

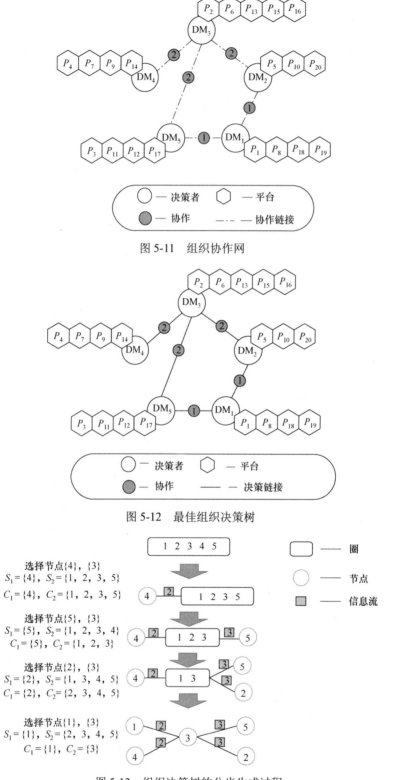

图 5-11 组织协作网

图 5-12 最佳组织决策树

图 5-13 组织决策树的分步生成过程

第 6 章

指挥与控制过程模型

C2 过程是 C2 概念模型的核心组成部分。C2 过程从时间维度上将指挥与控制活动划分为不同的环节，每个环节对应不同的使命任务，各环节之间存在着因果、前提、逻辑、业务等关联。C2 过程模型尝试针对 C2 过程建立合理的概念模型以分析 C2 的运作机制和指导 C2 流程的优化设计。由于 C2 本身的复杂性，这种概念模型通常具有较高的抽象层次和较粗的建模粒度，但能反映 C2 活动组织的内在逻辑与运作机理。通常而言，C2 任务类型的多样性、实体和关系的复杂性、现实情况的特殊性等都使其难以建立一种普适性的 C2 过程模型并适用于所有场合。因此，决策者需要基于具体场景和实际情况，在综合一般性 C2 过程模型的基础上，设计和优化符合实际要求的 C2 过程模型。

本章将介绍多种一般性 C2 过程模型，它们各有侧重、互为补充。典型的指挥与控制过程模型是约翰·博伊德（John R. Boyd）的 OODA 环模型。该模型源于对美军空战制胜原因的分析，但被广泛应用于作战指挥与 C2 过程的建模。OODA 环模型将 C2 过程抽象为"观察—判断—决策—行动"四个不断循环迭代的环节，简明深刻地阐释了获胜的关键在于指挥与控制上比敌人有更快的节奏，介入到敌人的 OODA 循环中，扰乱敌人的指挥与控制过程，使得敌方不间断地面对威胁或新情况，无法做出有效反应。该模型虽然简单，但较好地涵盖了 C2 过程中使命、环境、认知、行动、效果等各个要素，强调面向复杂环境的适应性决策与执行，因而成为军事领域的一个经典模型，并延伸至社会和管理等领域，衍生出诸多扩展模型。

6.1 OODA 环模型

6.1.1 模型构成

1987 年，美国空军上校约翰·博伊德在分析朝鲜战争中美军飞行员的胜率时，提出一种描述空战 C2 过程的 OODA 环模型，并将 OODA 环的概念应用于理解空空作战。

OODA 环将整个指挥与控制过程视为包含四个分离而又不独立的阶段的循环,如图 6-1 所示。

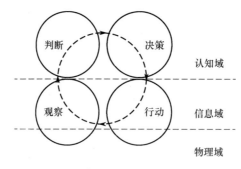

图 6-1　OODA 环

（1）观察（Observe）：采取一切可能的方式获取战场空间中的信息。

（2）判断（Orient）：利用知识和经验来理解获取的信息,形成态势感知。

（3）决策（Decide）：根据任务目标和作战原则,选择行动方案。

（4）行动（Act）：实施具体行动。

博伊德认为交战双方的作战活动都需要经历这四个阶段,环环相扣,循环迭代。以空战为例:在 OODA 环的观察阶段,需要侦察、感知到敌机的位置和状态等信息;在判断阶段,需要指挥己方飞机锁定某敌机;在决策阶段,需要决定将要采取的动作,如继续监视或进行拦截等;在行动阶段,需要执行决策制定的具体动作,如发射导弹进行攻击。执行行动后,决策者观察行动的效果,再次进入"观察—判断—决策—行动"的循环,如此不断迭代。OODA 环并没有明确指出循环终止条件,当行动达到预期效果,或者无法进行更多观测导致 OODA 环没有更多输入时,自动退出循环。因此,OODA 环具有周期性,周期的长短与作战的兵力规模、空间范围、作战样式有关。

博伊德提出 OODA 环模型的独特之处在于对"节奏"的强调,即 OODA 过程的循环时间。博伊德认为要获取战场的主动权就必须在指挥与控制上比敌人有更快的节奏,介入到敌人的 OODA 循环中,扰乱敌人的指挥与控制过程。事实上,对抗竞争环境中每一个个体都拥有自己的 OODA 循环,这些 OODA 循环都遵循相似的过程,即对环境的观察→对态势的判断→根据判断做出决策→根据决策做出行动。在任何冲突中,谁能让 OODA 循环更快,并确保其一致性和有效性,谁就能维持战场行动更快的节奏,因而能获取 OODA 每一个循环的优势。与优势一方相反,劣势一方将越来越陷入反应慢和滞后的困境。伴随每一次 OODA 循环,战场态势由于交战双方的持续对抗而不断动态变化,劣势方会因为节奏缓慢而越来越跟不上实时态势的发展,从而导致 C2 自身的恶化,不得不面对作战的颓势。

尽管 OODA 环模型很简单,但它清楚地说明了 C2 过程的运作机理,并且体现了指挥与控制过程中物理域、信息域、认知域相互交织融合的特点。OODA 循环中的观察阶段始于物理域,可以通过融合其他观察信息,将决策者的注意力贯穿整个信息域;判断阶段发生在认知域,通过吸收观察信息的内容,并结合个人先前的知识、训练经验和战斗实践等对情况做出判断。判断阶段为决策提供依据,而决策也是认知域的行为。最后,在行动阶段,具体的作战行动必须通过信息域和物理域,例如下达指令、控制飞机等。

OODA 环模型适合描述组织与复杂环境的互动,因为它提出并解答了适应性(Adaptive)问题,即有机体如何迅速适应不可预知的技术、对手、规则和周围环境的突变。为使己方的 OODA 环具有竞争优势,必须实现决策力与执行力的整合,方法是从观察到行动形成良性的环路,把经观察、选择而来的决策视为需经行动验证的假设,把行动效果作为环境变化的一个组成部分,进入下一轮观察、行动循环。只要拥有具备竞争优势的 OODA 环,就可以更自主、更迅速、更不规则地实施观察、判断、决策和行动,反复和出其不意地利用敌人暴露出来的弱点,使敌人疲于应对,最终打败敌人。

6.1.2　模型局限

尽管 OODA 环模型建立了 C2 的一般过程,但该过程是一个序贯过程,既没有反映出指挥员制定决策的方式,也没有反映出信息时代特有的协同决策的制定方式。OODA 环模型的缺陷包括以下方面。

第一,OODA 环模型既不能描述一般的决策制定过程,也不能具体地运用于军事决策。在现实的军事背景下,军事行动必须由一系列不同层次的活动来刻画,并且活动之间具有复杂的关联关系,OODA 环模型对军事过程的描述过于简单。

第二,OODA 环模型源于对空战的观察和理解,可能不适用于空战领域以外的指挥与控制过程。OODA 环是建立在对少数个体交互的理解(典型情况是一对一的空战交互)和抽象上的,其是否适用于大规模的交互对抗是值得怀疑的。虽然不少学者在大规模作战的指挥与控制建模上运用了 OODA 环模型,并且有积极和建设性的结论,但这并不能确保OODA 环模型就一定能够无限制地使用。

第三,OODA 环模型适用于简单决策,但不一定适用于决策过程复杂的情况。简单的决策就是从一组决策方案中选择一个的决策,这种决策方案包括最简单决策——行动或不行动,如在空战中选择射击与否。复杂的决策包括一组决策的提出、从中确定选择的标准,以及将这些标准综合到一起形成所用规则的组合。例如,在战役级联合作战中,提出、评估并选择行动方案通常就是复杂的决策。

第四,OODA 环模型中没有描述团队的协同与协作。在实际作战中,任务使命的完成往往取决于团队协同合作的效果。协同涉及信息共享、信息交互、协同决策、协同执行等更为复杂的环节。

第五,在 OODA 环模型中没有明确描述战场环境中的对手,或者说没有描述 C2 的对抗性,而只适合描述任何个体的一般 C2 过程。C2 的对抗性是战争的本质,也是理解 C2不可或缺的特性。

6.1.3　模型修订

1996 年，博伊德对 OODA 环模型进行了修订，以增强模型的普遍适用性，使其不仅仅限于一对一的空战 C2 过程描述。

在其修订的 OODA 环模型中，博伊德强调了四个过程环节中的"判断"。博伊德认为"判断"是作战主体形成的对现实世界的映像、感觉、观点和见解，它是 C2 过程的重点，它影响"观察""决策""行动"三个过程。作战主体的"判断"受到外部信息、文化传统、以前经验及已知环境条件等多重因素的影响。"观察"和"行动"主要是技术手段，但"判断"和"决策"是心理过程。博伊德指出，"判断"的形成和改变是最容易受到外界影响的一步。因此，修订的 OODA 环模型考虑了战场上人和心理的作用，注重考虑在闭合系统下对环境态势的判断和相应决策的形成和变化，如图 6-2 所示。

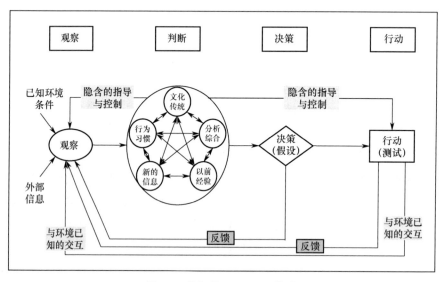

图 6-2　修订的 OODA 环模型

修订的 OODA 环模型的其他三个环节有如下解释。

观察：通过与环境的交互、感知，获取环境信息的过程。观察还接受来自判断过程的指导与控制，并接受来自决策与行动的反馈。

决策：设想各种战场环境态势及可能的应对措施，并进行选择。决策接受来自判断的前馈，并为观察过程提供反馈。

行动：执行决策的结果，通过与环境的交互，测试决策的效果。行动接受来自判断过程的指导与控制，行动过程为观察提供反馈。

修订的 OODA 环模型强调"判断"的思维过程。同样的思想，无论东方还是西方，其实很早就有人提及甚至研究过。例如，东方早就有诸如"观天之道，执天之行，尽矣""揣其情，摩其意，权其变，谋其策，决其断"的思想或思维范式；西方同样有很多先哲就实践认识论进行过非常详细的探究。可以说，博伊德对此进行了综合，提出了一个简明的思维和行动框架。因此，OODA 环理论不仅适用于军事，而且适用于社会生活、商务活动和企业领导管理的行动哲学。

6.1.4　模型扩展

针对 OODA 环模型的局限和不足，很多学者提出了扩展模型。以下简单介绍两种扩展模型。

1. D-OODA 模型

D-OODA 即动态 OODA 环，其提出目标是成为指挥与控制的一般性或者普适性模型。设计 C2 过程模型需要考虑的一个基本问题：建立普适的指挥与控制模型是否可行。纵观历史，战争中 C2 的实施已经发生了巨大的变化，尤其是新的信息技术的出现，对 C2 产生了深刻的影响，建立一个对所有时期和场合都适用的 C2 过程的普适性模型是非常困难的，因此，D-OODA 模型关注的重点不在于 C2 是如何实施的，而在于 C2 的功能是什么，即为了使决策者能够达到指挥与控制的目标，C2 系统需要实现哪些功能。

为了找到所需要实现的功能，将《战争指挥》（Martin van Creveld，1985 年）中所提出的 8 个功能定义为 C2 的特性。

（1）搜集我方、敌方、天气、地理环境方面的信息。

（2）利用合适的方法存储、检索、过滤、分类、传播、展示信息。

（3）评估形势。

（4）降低目标，同时为实现目标准备多套方案。

（5）定下决心。

（6）制订计划。

（7）下达命令，确保命令到达及下属明白作战意图。

（8）确保执行结果能够及时反馈，形成良性的互动循环。

在 C2 功能分析上，借用了策略冲突理论。该理论强调获胜的条件是取得"系统打击"的能力，如通过快速打击使敌人系统瘫痪，无力作战，以及出其不意地攻击敌人系统脆弱的一面。因此，对于形势的充分理解和快速行动是非常需要的特性。

8 个功能，加上环的概念，设计 D-OODA 环如图 6-3 所示。图中以 8 个功能作为出发点，将其转变为一组功能，这些功能是高效的 C2 所需要的。

D-OODA 环与 OODA 环的不同之处在于：第一，行动阶段被重新命名为军事行动，并可能包括多个子行动。其次，新的过程被添加到信息收集和决策阶段，目的是清楚地说明 C2 的决策不是建立在初始信息上的，而是建立在信息被处理为态势理解和作战计划的基础之上的。这些新的过程是对前面提到的 8 个功能中的第（2）～（4）个功能的确认和解释。为了包含这些方面，模型用定下决心来表达对于要做什么的理解，这包括了对高级指挥员命令和形势的综合判断。定下决心不同于态势感知和态势评估，它的一个可能结果是使命被完成，不再需要额外的行动。

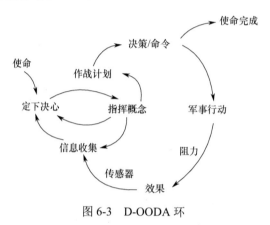

图 6-3　D-OODA 环

D-OODA 环中加入了指挥概念。这是为了说明使用的信息只是获得信息的一个子集，这些子集是指挥员基于作战时的需求选定的；而且也是为了避免传统 OODA 环的反应式特点。指挥概念可以为作战计划制订提供导向，这也为指挥员作战意图的实现提供了更详细的概念帮助，是决策的基础。同时也能够帮助指挥人员处理在作战过程中遇到的大量信息。指挥概念的确立可能是 C2 过程中最重要的决策，当概念确立后，其他的决策就变成了基于这个概念的一系列行动的保证。

效果和信息收集之间的传感器用于说明指挥员和部属不能直接获得信息，需要通过传感器进行信息收集、融合。而效果和军事行动之间的阻力指出了阻止效果清晰呈现在指挥员面前的所有因素。阻力也可以添加到信息方面，但是会使 D-OODA 环更加复杂。

箭头是 D-OODA 环的一个重要特征，代表了一个功能的实现需要以其他功能的实现为前提，因此箭头表明了功能之间的逻辑关系，在处理过程的层级上不应该给予严格的解释，因为实现不同功能时的过程有可能重叠。例如，定下决心和作战计划被认为有可能有重叠的部分，这是由于定下决心是对一种形势的理解，包括清楚地知道要做什么，虽然不需要一个充分完整的计划，而作战计划过程是不会对下定决心过程有任何贡献的，反之亦然。定下决心和指挥概念也是同样的道理。箭头也代表了当前对各项功能之间关系的理解。

D-OODA 环模型要求：8 个任务必须合理地完成，对应的 8 项能力必须被实现，并且要比敌方快，比敌方好。这好像和 OODA 环没有明显的区别，其实这没有什么奇怪的，毕竟 OODA 环是 D-OODA 环模型的参考基础。但是，正如上面所述，一个可以快速实施的 C2 模型是不够的，仅依靠决策是不会打败敌人的，如果忽视了其他方面的延迟，快速决策将一无是处。我们必须能够进入到敌人的 D-OODA 环，而不仅是他们的 OODA 环，同时也要对其他环节的延迟进行充分建模。

与基础的 OODA 环相比，D-OODA 环提出了高效 C2 所需要实现的功能，以帮助人们在研究中分辨实现这些功能所需的过程，并且利用新的信息技术来改进实现过程。在 C2 实践中，D-OODA 环可以作为有关解释胜利或失败的假设来源，它能够提供比 OODA 环更丰富的假设来源。

2. M-OODA 环模型

M-OODA（Modified OODA）环模型是由 Robert Rousseau 和 Richard Breton 提出的修改版的 OODA 环模型，其主要特点是考虑了动态性（Dynamic）和控制（Control）的概念。他们认为，经典的 OODA 环模型对 C2 决策过程的描述不够充分，其受制于三个基本的难点。

（1）缺乏对动态决策过程及其中的反馈进行有效的建模和描述。

（2）它是一个严格序列的模型，考虑单个入口及单个过程序列，没有考虑决策中不同层级的专家意见及现实任务的多样性。

（3）其作为一种非常高层级的、抽象概念的描述，并不能为各个环节的实现提供具体细节。

因此，他们提出基于以下几条原则来修改 OODA 环。

（1）采用模块化方法，将 OODA 环的每个过程表示为一个基本模块，每个模块均含三个组件：过程（Process）、状态（State）和控制（Control）。

（2）在模块内部和模块之间引入控制单元，以控制模块间的双向数据/信息流。每个模块内也包含了反馈环。

（3）为团队决策使用 OODA 环提供一个基本的建模架构。

与基本的 OODA 环模型相比，M-OODA 环引入了更多的控制和流程组件，其架构基于"积木"（Building Block）概念，即它由许多基本模块构成。一个模块为一个与任务—目标关联的活动，每一个模块都是标准化结构，并可视为一个控制系统。一系列模块以 OODA 环的方式被组建，并用前馈（Feedforward）环和反馈（Feedback）环进行内联。这些环体现 M-OODA 循环的特点及模块间的信息交流及影响关联，具有动态多向的特点。图 6-4 展示了基本模块的结构。

从图 6-4 可知，一个模块包括 8 种元素：模块名、3 个核心组件、2 条反馈环和输入/输出接口。

模块名（M）：模块名关联到该模块的具体过程，由一个操作和一个对象构成。表示 M-OODA 环内该模块的基本目标 G（General Goal），如数据收集模块（Data Gathering）。

输入（I）：大多情况下模块的输入是 M-OODA 环内其他模块的输出，环境信息也可以成为一个指定模块的输入。

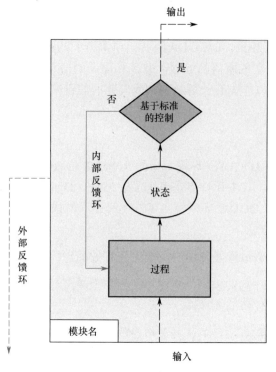

图 6-4 基本模块的结构

过程（P）：模块的核心活动组件，为应用到输入上的一个指向目标的行动，其性质取决于目标的属性。一个过程会产生一个状态。例如，对于态势感知模块，过程可以是理解、鉴别、组织、假设等。

状态（S）：过程活动的结果。

控制（C）：基于标准的控制组件是一个流程控制函数，控制到其他模块的输出及控制模块内的迭代。控制可以打断、迭代某个过程或者持续开放等。

输出（O）：过程输出达到可接收质量的当前状态。

内部反馈环（IL）：基于控制组件内的一系列准则产生的一个反复请求。

外部反馈环（EL）：用于模块间交流，目标模块是外部反馈环指向的模块。外部反馈环包含两种反馈：请求环（Request loop，R-El）和传输环（Transfer loop，T-El）。请求环是一个需要请求，提高某个模块的输入以促进其达到足够的状态；传输环传输目前模块的状态到其他模块或者其他非任务—目标关联的过程。

M-OODA 环模型可以刻画团队协作的多层决策过程（Multi-Tiered Decision Making，MTDM）。在这种情况下，模块可以属于不同的主体（Agent），多个主体也可以共享同一个模块。图 6-5 表示了一个 MTDM 的 M-OODA 环模型。多个主体共同完成数据收集任务，并将数据/信息传递到中间层的态势理解模块；态势理解也由多个主体（参谋人员）承担，任务是为指挥员提供一致的态势理解及可能的 COA。指挥员处于最高层，决定行动的最终选择。

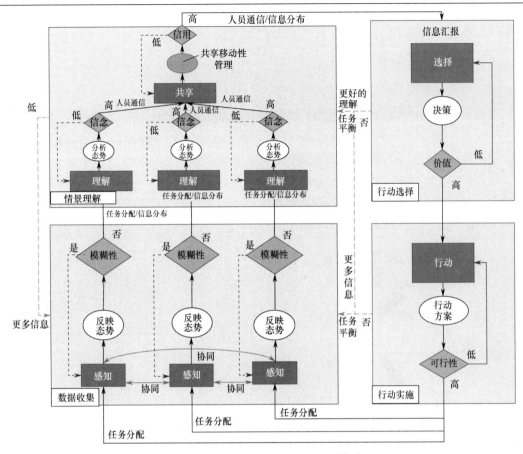

图 6-5　多层决策的 M-OODA 环模型

　　总体看，M-OODA 环是一个模块组成的简单适应网络，在保留 OODA 环基本特征的同时提供了包括信息的掌握、处理、通信等内容，同时突出了指挥与控制所要求的动态调整与控制，并具备分层性质和团队协作性质，其模块化的特点使其成为 C2 决策过程建模的有效工具。

6.2　控制论模型

　　控制论模型借鉴控制论理论和思想对 C2 流程控制进行研究。主要介绍三类模型：Lawson 模型，其中心思想在于指挥与控制中心总是在追求使战场环境达到一种"理想"的状态，并通过不断地反馈调节与递归作用来达成这一目标；SHOR 模型，即激励—假设—选择—响应模型，该模型认为军事问题的判断和求解需依据数据驱动而不是目标驱动的方法；HEAT 模型，其认为指挥与控制是在作战环境下的一种操作，军队作战有效性的相关评估是一个关键因素。

6.2.1　Lawson 模型

　　J. S. Lawson 指出，指挥与控制系统存在的唯一目标就是为上层的政治需要而保持或改变某一地理区域的态势。因此，一个指挥与控制系统应该集成三种能力。

（1）感知环境的状态。

（2）将感知到的状态与需求的目标状态进行比较。

（3）如果比较产生矛盾，就采取行动迫使环境达到需求状态。

一个可以满足上述要求的模型如图 6-6 所示。举例来说，单个士兵通过眼睛观察周围的环境，通过大脑将观察到的情况与接收到的命令进行融合处理，通过手中的武器采取行动。与此同时，处于指挥链上层的指挥员则通过一组数量庞大的监测器、一个更加复杂的比较与处理机器、一整个团的兵力的行动来进行相似的活动，以影响战场环境。

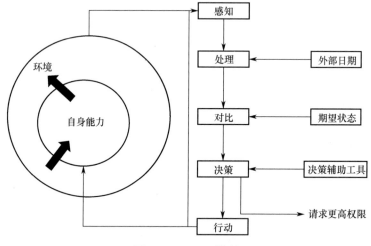

图 6-6　Lawson 模型

因此，图 6-6 中的模型显然可以递归地应用在等级结构中。嵌套型的 Lawson 模型如图 6-7 所示，阐明了等级结构不同层之间的相互关系。

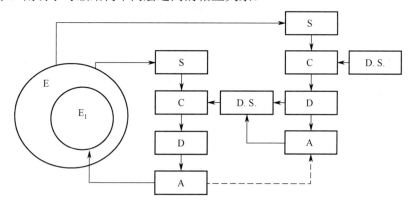

S—感知；C—对比；D—决策；A—行动；D.S.—决策支持；E、E_1—环境。

图 6-7　嵌套型的 Lawson 模型

通常，一个指挥员会有多个部属，这些部属之间可能相互重叠，如两个下属部队可能在同一区域实施空袭行动与防空行动。Lawson 模型间的协调如图 6-8 所示。

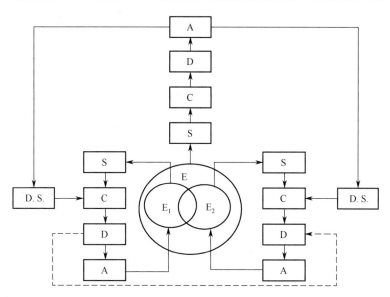

S—感知；C—对比；D—决策；A—行动；D.S.—决策支持；E、E₁、E₂—环境。

图 6-8　Lawson 模型间的协调

从图 6-8 中描述的情况可以看出，指挥员在下达命令时的一个重要考虑就是尽量避免使下属部队间产生争执。也就是说，指挥员不仅要对各个部属的任务做出明确规定，还要对可能出现重叠的 $N(N-1)/2$ 个部分做出明确指示（N 表示下属部队数目）。

不同于普通的管理系统，在指挥与控制系统中，各个部属的行动可能会导致其中某一方的损失。同时，在作战中，要求在很短的时间内能够做出关键的决定。因此，一个错误的决定在指挥与控制系统中所引起的损失远大于在普通的管理系统中所引起的损失。

由于指挥与控制是有效利用资源来应对外部敌对环境的过程，而该外部环境会感知我方的行动，并做出反应，因此时间成为一个很重要的参数。所以除指挥与控制的功能模型外，还需要一种表示动态过程的方法，称为"时间线分析"，如图 6-9 所示。

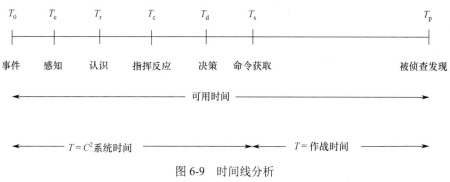

图 6-9　时间线分析

在 T_0 时刻事件发生，在 T_p 之前要求对事件做出应对。T_0 和 T_p 之间的时间被划分为多个阶段。首先，经过一段延迟时间，事件被感知器检测到。然后经过一段时间探测结果被评估与处理，得出对该事件的认识。之后，指挥员做出对该事件的反应方案，并下决心实施。短时间之后，下属部队会得到命令，并开始行动。通常，部队需要移动到一个新的地点来有效执行命令，这部分时间被包含在"作战时间"里。当然，不同过程之间可能存在沟通产生的时间延迟，这些延迟将在整个模型的层次上进行统一考虑。

如果认为指挥与控制过程中的"指挥"部分起到制订计划的作用，而"控制"部分起到监视并指导计划执行的作用，那么我们可以应用时间线分析方法对两个部分分开进行测试与评估。这样做的重要性在于虽然两个部分都属于指挥与控制系统，但它们工作在不同的时间规模上，并且作用于不同的内容。例如，一个比较聪明的指挥员可能会提前将他的部队放在合适的地方以减少他们在行动时所需的移动。因此，他就可以比一个没有经验的指挥员使用更少的指挥与控制时间来达成同样的目标。

Lawson 模型的中心思想在于指挥与控制中心总是在追求使战场环境达到一种"理想"的状态，并通过不断地反馈调节与递归作用来达成这一目标。不过，在 Lawson 模型中，这个"理想"的状态是固定不变的，而在战争中实际情况并非如此，这是 Lawson 模型的一个缺陷。

6.2.2　SHOR 模型

SHOR 模型是经典行为主义心理学刺激反应（SR）模式的基本延伸，提供了在不确定性决策过程中必须要处理的两个范畴。

（1）信息输入的不确定性，产生了对假设生成和评估的需要。

（2）行动—后果的不确定性，产生了对选择生成和评估的需要。

指挥与控制系统本身可看作一个特大型、极复杂的实时资源管理系统，其决策编制过程实质上是基本的人的决策方式在过程、组织、设备、资源等方面的一个拓展。

人类实施决策的过程可简单地用一个 SHOR 模型来刻画，如图 6-10 所示。

20 世纪 80 年代，J. G. Wohl 在对指挥与控制过程的研究中，将指挥与控制过程和 SHOR 模型相对应，提出了 SHOR 指挥与控制模型，即激励—假设—选择—响应（Stimulus-Hypothesis-Option-Response，SHOR）模型。SHOR 指挥与控制模型的结构如图 6-11 所示。

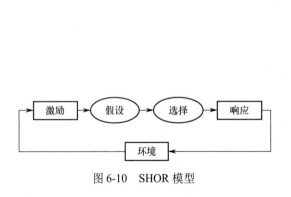

图 6-10　SHOR 模型

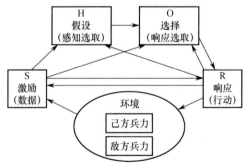

图 6-11　SHOR 指挥与控制模型的结构

该模型描述军事问题的求解和进行判断的依据是数据驱动的相应方法，而不是目标驱动的方法。SHOR 模型中的数据融合和决策支持如图 6-12 所示。

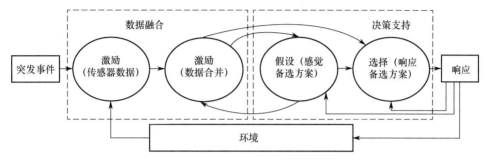

图 6-12 SHOR 模型中的数据融合和决策支持

SHOR 指挥与控制模型由四个相互动态影响的部分组成。

激励——决策过程的开始。提供当前态势的信息和当前态势的不确定性。

假设——一组备选方案。用来解释真实世界的态势。

选择——决策者选择备选方案。

响应——采取所选择的行动。

SHOR 指挥与控制模型的决策过程的剖析如表 6-1 所示。

表 6-1 SHOR 指挥与控制模型的决策过程的剖析

通用元素	所需功能	信息处理
激励（S）	收集/检测	位置，速度，类型； 质量，动量，惯性； 相关性和数据可信性
	过滤/归属	
	聚集/展示	
	存储/回收	
假设（H）	创造	我在哪？ 敌人在哪？ 敌人在做什么？ 我如何阻击敌人？ ……
	评估	
	选择	
选择（O）	创造	
	评估	
	选择	
响应（R）	计划	任务指令
	组织	人物/事件/时间/地点/行动/数量
	执行	

6.2.3 HEAT 模型

HEAT（Headquarters Effectiveness Assessment Tool）模型是 20 世纪 90 年代提出的一种

指挥与控制过程模型。该模型认为，指挥与控制是在作战环境下的一种操作，指挥与控制系统的目的是在作战环境中选择一些希望的边界，这些边界随着冲突类型和军事目的而变化，军队作战有效性的相关评估是一个关键因素。HEAT 模型如图 6-13 所示。

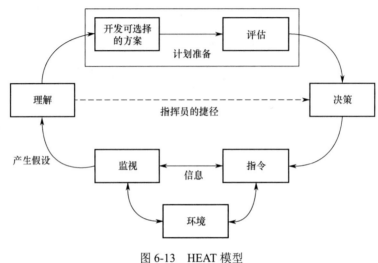

图 6-13　HEAT 模型

（1）监视：为了成功执行任务，指挥与控制系统必须首先监视环境，通过不同的技术和人工手段，得到包括来自己方状态和活动的报告，也包括情报、天气和地理环境等。

（2）理解：来自作战环境的数据和信息与环境的显著特点紧密相关，理解它们是形成决策的基础。它们表示指挥员知道的内容及如何预计未来一段时间内态势的变化。

（3）开发可选择的方案：在给定的对作战环境理解的条件下，指挥与控制系统将开发可选择的行动方案，以完成作战使命。

（4）评估：每个可选择的方案都必须评估，有时是正式评估，有时是指挥员个人简单评估，预计方案的可行性和可能状态。

（5）决策：基于一组可选择的行动计划，指挥员在多个选择方案中选择并做出决策。

（6）指令：决策必须转化为计划或指令，包括目标、可利用的资源、时序等。指令必须分发到执行作战计划的作战单元，并影响作战环境。

（7）环境：行动影响作战环境，使战场环境动态变化，指挥与控制过程重新开始新的周期。

HEAT 模型中没有具体体现信息、信息共享、协同等对指挥决策的影响，因此不能很好地描述信息时代战争的指挥与控制特点。

与 HEAT 模型相似的 C2 过程描述是美军信息战条令关于 C2 的理解，其过程如图 6-14 所示。

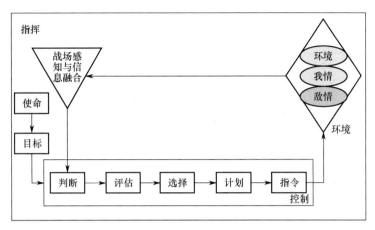

图 6-14　美军信息战条令关于 C2 的一般过程

6.3　面向信息处理的模型

随着信息化的逐步发展及在军事上日益广泛和深入的应用，C2 对信息的依赖性越来越强，对指挥人员指挥决策程序的规范性的要求也越来越高。与强调过程和任务的模型相比，面向信息处理的模型将 C2 中的信息处理放到了重要的位置，并围绕信息处理来解释 C2 的过程。以下介绍两类面向信息处理的 C2 模型。

6.3.1　基于信息加工的模型

基于信息加工的模型是指从信息加工的视角，通过指挥信息的分类及基于信息向量的指挥信息描述方式，对指挥信息的生成及指挥信息依托指挥工具在指挥环境、指挥主体、指挥客体诸要素之间的流转机制进行深入分析，最终建成指挥决策行为的信息加工的一般过程模型。

指挥决策信息是保障作战指挥决策活动进行的各种信息的统称，是维持指挥决策活动进行的必备条件。在信息化条件下作战，指挥决策信息在作战指挥活动中的地位、作用日趋突出。

指挥决策信息种类和内容繁多，按照不同的准则和方法，有多种不同的分类，分类如表 6-2 所示。

表 6-2　指挥决策信息分类

准则和方法	类　　别
指挥信息的变化特性	静态信息、动态信息
指挥信息的时效特性	实时信息、历史信息
指挥信息的传递方向	前馈信息、反馈信息
指挥信息的信号特征	数据信息、文字信息、话音信息、图像信息

（续表）

准则和方法	类　别
指挥信息的性质	语法信息、语义信息、语用信息
指挥信息涉及的业务内容	指挥与控制信息、侦察情报信息、信息对抗信息、火力协调信息、作战保障信息、政治工作信息、后装支援保障信息、战场环境信息
指挥信息的运行范围	指挥机构内部信息、对外交互信息

指挥决策信息加工流程主要包括信息感知、信息综合处理、指控（指挥与控制）信息生成三个典型环节，如图 6-15 所示。

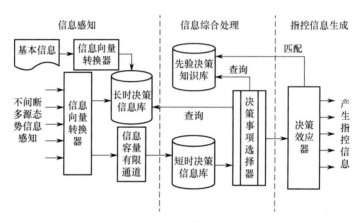

图 6-15　指挥决策信息加工流程

信息感知：在指挥决策过程中，信息感知主要包括指挥员或指挥机构对基本信息和不间断多源态势信息的感知。其中，基本信息感知主要在作战准备阶段完成；态势信息感知则是不间断更新的持续过程，包括战前、战中直到战斗结束的整个作战过程。

信息综合处理：信息综合处理是指挥员实施指挥决策的核心信息活动，指挥员在此环节定下或修改作战决心，信息综合处理包括情报信息分析、优势信息分析、决策知识匹配等典型环节。

指控信息生成：指控信息是对指挥决策信息加工得到的最终产物，体现了指挥员的决心。决策效应器将信息综合处理环节定下的决心匹配先验决策知识库生成相关命令、指示、通报等指控信息并发出。指挥员针对某一个决策事项的指挥决策行为以产生新的指控信息为标志结束本轮指挥决策信息加工流程，并进入新的决策循环。

本节基于信息加工的模型从信息加工角度对指挥员指挥决策行为进行建模，并重点对信息感知、信息综合处理和指控信息生成的三个典型加工环节进行了描述。

6.3.2　信息挖掘与感知模型

在信息过载的环境下，指挥员需要有智能化的工具来提取埋藏在这些数据中的信息和知识，并在此基础上理解敌方的计划或企图，以适应瞬息变化的战场环境并做出高效正确的决策。

信息挖掘和感知模型的框架如图 6-16 所示。

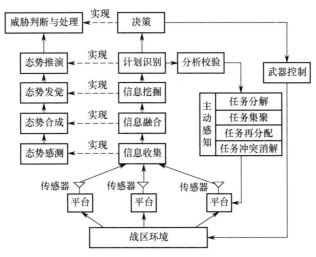

图 6-16　信息挖掘和感知模型框架

其中，指挥与控制系统认知域中的态势分析被分解为态势感测、态势合成、态势发觉及态势推演，在信息挖掘与感知模型中分别由信息收集、信息融合、信息挖掘及计划识别等环节实现。

（1）态势感测——信息从物理域或信息域映射到认知域的一种认知活动，是数据、信息进入认知域的输入过程。分为两种感知方式：即直接感知和间接感知，直接感知是指通过直接观察完成，而间接感知是指借助传感器等工具和手段进行感知。通过感知进入认知域的信息和数据经过过滤后有两方面的用途，即用于下一步的认知活动或经处理后返回信息域。

（2）态势合成——先对信息进行融合，然后将融合中心获得的数据在空间和时间上进行情景复合，形成战场态势描述。

（3）态势发觉——对当前显示和动态环境的一种解读，反映对外部要素的把握，是感知和先验知识进行复杂相互作用的结果。态势发觉包括对特定情境中要素的理解、要素相对目前考虑问题的意义、要素状态在近期的变化。

（4）态势推演——相对于理解更深一层的认知活动，具有更充分的知识，可以推断态势的演变方向和导出对未来的预测，可推出不同行动对态势的影响并获得态势的演变结果。

指挥与控制系统中主动感知体现了战场态势不断发展中的自适应调整过程，该过程使得态势感测、态势合成、态势发觉、态势推演成了一个循环反复的过程。

指挥员根据要实现的任务实施任务规划，实现计划制订，各级指挥员根据制订的计划来展开军事行动，行动的结果导致战场态势的演变，态势的演变进一步通过战场感知反馈给指挥员，并通过情报的收集处理、态势的多维表现与生成、作战视图的共享与交互等手段辅助指挥员理解当前态势。之后，指挥员根据对信息的综合判断实现对敌方意图的识别，并对敌方计划所带来的威胁进行估计，根据所受威胁进行我方作战规划的调整或修订。如此循环，最终实现一个完整的指挥与控制过程。

6.4 面向认知的模型

与面向信息处理的模型相比，面向认知的模型进一步强调了信息处理的目的——认知，并将认知的重要性充分体现在模型中。以下介绍两种面向认知的 C2 模型。

6.4.1 C2（认知）行为过程模型

C2 行为是实现指挥与控制相关功能的实体（指挥与控制人员与系统的结合体）之间的行动和交互、理解和感知、作用与相互作用。从另一个角度来说，行为是指挥与控制实体所产生的所有可视的、非可视的动作，这些动作可能触发其他实体的相应动作，也有可能不触发其他实体的任何动作。行为过程模型是指挥与控制实体的行为能力描述，包括实体可以产生的所有动作、活动或任务过程。指挥与控制过程中的行为一般分为认知行为和物理行为，如图 6-17 所示。

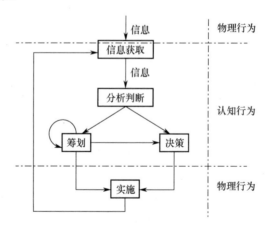

图 6-17 指挥与控制过程中的行为

认知是指挥与控制中最高级、最复杂，也是最核心的能力，认知能力实质上也是指挥与控制对现实世界和意识世界统一的能力，认知行为是指挥与控制实体所有物理行为的基础。包括指挥与控制认知行为在内的所有认知的基础都是对相关对象的记忆、表达、搜索、匹配过程。认知的最高阶段就是通过自身的理解实现与现实环境的交互，即决策的过程。

指挥与控制中的认知行为是指挥与控制行为中的高级行为，通常理解为与思维和判断相关的行为，如态势评估、拟制计划、调节反馈等。信息系统下的指挥与控制认知行为是信息系统辅助决策功能与指挥员个人决策能力结合后的产物。认知行为和决策调控紧密相关，同指挥与控制人员判断能力和使用的信息系统的智能化水平都有关系。指挥与控制的认知行为实际上与人对客观世界的认识非常类似，都是对外界状态和自身状态的一种比较、感知，并做出反应或决定的过程。

指挥与控制的外部认知行为模型如图 6-18 所示。

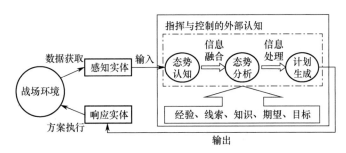

图 6-18　指挥与控制的外部认知行为模型

指挥与控制的外部认知行为模型是实现与战场环境循环交互的行为。外部认知在信息系统的支持下除依赖指挥人员的经验外，还依赖信息系统的数据积累。外部认知要经历认知阶段、评估阶段、制订计划阶段，不断加强递进。

指挥与控制的认知过程不仅仅局限在对外界战场环境的认知上，还需要实现对认知本身的认知，这也是指挥与控制认知行为的重要方面。内部认知就是对外部认知过程的自我反省、控制和调节。指挥与控制内部认知就是对指挥与控制认知结果本身的认知。指挥与控制的内部认知行为模型如图 6-19 所示。

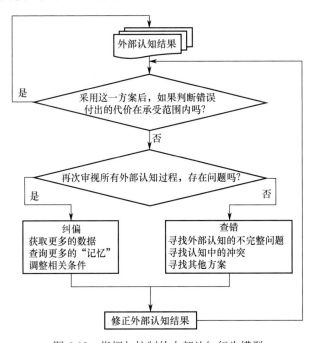

图 6-19　指挥与控制的内部认知行为模型

内部认知在指挥与控制中主要承担监督和控制责任。监督是对指挥与控制态势认知进行判断的能力。控制则体现了应用其判断而改变行为的能力。内部认知要靠一系列的措施来实现，称之为策略，包括了一系列控制态势认知活动并保证态势认知活动能实现其目标的连续处理过程。这些策略可以实现对态势认知活动的监督和计划，并最终对态势认知结果进行检查和评价。策略的监控作用以对内部认知的评价和管理为核心，对内部认知进行控制和调整，以保证整个指挥与控制认知行为的科学性与合理性。

外部认知与内部认知是指挥与控制认知行为的两个分支，两者的关系如图 6-20 所示。

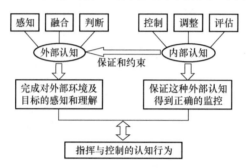

图 6-20　外部认知与内部认知关系

外部认知是指挥与控制实体对环境的理解，对对象的感知等。内部认知是对外部认知行为本身的认知，紧随外部认知之后，包括了控制、调整、评估等。两种认知活动交互作用共同构成了指挥与控制的认知能力。

6.4.2　CECA 模型

CECA（Critique-Explore-Compare-Adapt）认知模型，基于现代目标认知理论、思维理解的构造理论、心理模型和关键思考理论，是基于目标的心理模型。表现为：设计合理的作战行动并评估行动的效果；以高层操作目标来评价计划的相关性和有效性。CECA 模型示意图如图 6-21 所示。

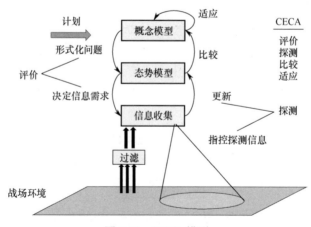

图 6-21　CECA 模型

　　扩展 CECA 模型将指挥与控制分解成观测、信息处理、指挥处理和通信。将整个 C2 组织看作耦合的两个网络：信息网络和指挥网络。由信息网实现 CECA 环中的态势模型，由指挥网构建 CECA 环中的概念模型。而信息和指挥的分配和路由确定了组织的策略及对信息的管理，信息网络和指挥网络的拓扑结构、通信成本和能力限制构成了组织结构约束。

　　扩展 CECA 模型如图 6-22 所示。

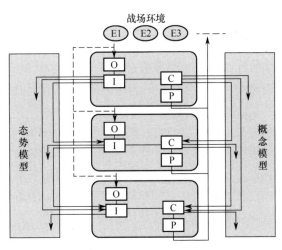

图 6-22　扩展 CECA 模型

　　模型中每个平台由观测（O）、信息（I）、控制（C）、处理（P）四部分组成。具有监视、决策、处理和通信功能。接收三类信息流：本平台观测的信息流、其他平台发送的信息流和指挥流。完成以下任务：监视事件、接收信息流、融合接收的信息和执行决策。将接收的信息分解为指挥信息和传递给其他平台的信息。将指挥信息变成该平台须执行的任务和传递给其他平台的指挥信息，由平台处理指挥任务。

6.5　PREA 模型

　　在运用 OODA 环模型对海上合成编队的指挥对抗活动进行分析时，发现 OODA 环模型根本不能解决合成编队指挥对抗机理分析的问题，其根源在于从作战平台上升到合成编队作战体系，改变视角和尺度后，再审视其指挥对抗活动，基本属性发生了质的变化。由此，适用于合成编队作战体系指挥对抗的闭环过程模型被提了出来：筹划（Planning）—准备（Readiness）—执行（Execution）—评估（Assessment），即 PREA 模型。

6.5.1　从平台到体系，指挥对抗活动属性的变化

　　从作战平台上升至体系，改变观察的视角和尺度后，指挥对抗机理发生了根本的变化，不仅体现在物理域规模与尺度的差异上、信息域"迷雾"的凸显上，而且体现在认知域理解的不一致和决策的冲突上。所有这些变化导致 OODA 环模型在体系对抗层面显

得无能为力。

1. 物理域

作战平台上升至体系后，其指挥对抗活动在物理域的变化既有传统意义上的尺度加大，也有系统动力学上的"惯性"凸显，以及从微观转至宏观时的"摩擦与阻力"差异（突变）。

（1）尺度加大。从作战平台的指挥对抗至作战体系的指挥对抗，尺度加大包括时间尺度、空间尺度和力量规模尺度的加大。在时间尺度上，作战平台的对抗活动往往以"分或秒"计，如典型的作战平台即战斗机的空中格斗；而作战群的行动对抗往往以"小时"计，如海上合成编队的战斗行动（美军以 24 小时为周期）；在上升至战役行动时，其时间尺度通常是"天"或者"月"。这种时间尺度的加大直接导致"观察"和"判断"不再是 OODA 环上的基于实时态势的即时对抗活动，而是需要基于预测态势的预先研判。在空间尺度上，作战平台的对抗活动往往发生在局部空间、单一维度，而体系对抗活动通常是全局性且多维度的，尽管在某一时间片（或者说时刻）其对抗行动仅限于局部或单一维度，但由于其时间尺度加大，从对应的时间尺度上，其对抗行动是全局的、多维的；在规模上，体系是多平台、多系统的代名词，其构成兵力通常根据任务的需求进行合成，其对抗行动是多平台、多系统的协同。

（2）惯性凸显。作战平台的"惯性"是传统物理意义上的机动惯性，如空中作战平台的转向机动、海上作战平台转向的旋回。从作战平台上升至作战体系后，由于规模尺度加大，其"惯性"的物理意义发生了变化，不仅仅是各平台的机动惯性，还包括作战行动"协同"和"准备"带来的延迟。与单一作战平台相比，体系行动的惯性要大得多，其差异是数量级的差异。以空中作战平台和海上作战群为例，空中作战平台攻击的发起或撤出可在"秒"级时间内完成动作，而一个海上作战群打击行动的发起或结束则需要在"分钟"甚至"小时"级时间内完成。与单一作战平台的指挥活动周期相比较，由于体系对抗行动惯性的增大，体系对抗行动的发起、结束及行动的转换，都需要设置专门的环节，以应对"惯性"可能带来的"麻烦"，如航母打击群从攻势作战行动转入编队自身防御，需要一个过程以处理攻势作战兵力的撤收及编队防御体系的构建，而不是单一作战平台的快速转换，忽略转换过程。

体系惯性给体系对抗行动造成风险，但运用得当也可带来"机遇"，这就是"造势"，即在对抗行动发起或转换阶段，营造有利于我方行动、不利于敌方行动的态势。在行动发起前，构建有利于行动的敌我态势，这就是作战部署；在行动发起时，转入相应的战斗部署等级，同样也是营造有利于行动的"势"。作战部署（编队队形）的决定及战斗部署等级的设置都需要考虑"惯性"的影响及对"惯性"的利用，好的部署（队形）在行动前就显现出优势，反之亦然。

（3）摩擦与阻力突变。单一作战平台对抗活动中的摩擦与阻力在很大程度上是物理意义上的外部产生的摩擦与阻力。与单一作战平台相比，体系对抗行动的摩擦与阻力要复杂得多，不仅有源于外部环境的摩擦与阻力，而且还有内部的摩擦与阻力。外部的摩擦与阻力有的来自敌方的对抗活动，也有的源自作战环境的影响；内部摩擦与阻力不仅体现在行动上的协同与配合不到位，而且也有理解、认知上的不统一，造成作战命令/指示在不同层次上执行不力，使行动效果大打折扣。源自体系内部的摩擦与阻力可通过指挥模式与机制的设计减少，源自作战环境的摩擦与阻力可规避和利用，而源自对手对抗活动的摩擦与阻力不可规避。

2. 信息域

在信息域，从平台到体系，指挥对抗活动发生了两个方面的突变：一是"迷雾"凸显；二是信息沟通的障碍与断裂。

（1）"迷雾"凸显。迷雾是战争的基本属性。在军事组织的不同层次，迷雾有不同的表现。在作战平台层次，迷雾主要体现在作战平台的传感器或指挥主体目力所及的观察范围内，通常是一维的、局部的或区域性的，而且是即时性的，因此，其迷雾也是非常有限的。由于作战平台层次的迷雾相当有限，其对抗优势的获取主要在于作战平台的机动和火力。在作战平台上升至体系后，由于尺度的变化，导致迷雾丛丛。一方面是空间与规模尺度的增大，导致观察活动需要在广域范围且各维度空间内展开，各观察节点往往在同一时间对同一区域或维度空间有不同的观察结果，观察活动以态势获取呈现，需要对所有观察源进行融合处理，迷雾由此叠加、放大甚至扭曲。另一方面，由于时间尺度的变化，迷雾从"空间"渗透至"时间"，体系层面的指挥对抗活动需要在不同的环节获取不同的态势。在战前的筹划活动中，需要的是未来态势（或者预测态势）；在作战实施阶段，需要的是当前的实时态势；而在作战总结与评估阶段，需要的是"历史态势"。从预测态势到历史态势，增加"时间"属性的态势更使得体系对抗的指挥活动迷雾丛丛。指挥员不仅需要即时应对处理实时态势，而且还要应对态势的演化趋势，做好相应的预案准备。同时，还需要获取历史态势，从历史态势中总结评估过去，决定未来的行动。

（2）信息沟通的障碍与断裂。信息沟通是体系层面作战指挥特有的活动，在作战平台上，指挥主体往往集观察、判断、决策、行动于一身，不存在或少量存在信息的沟通。在作战平台上升至作战体系后，信息交流成为其指挥活动不可或缺的手段，无论是态势的获取、决策的筹划还是行动的组织实施，都需要在指挥团队或指挥层级之间进行信息交流，交流的内容包括态势、计划、命令、指示、简报、报告等，信息在不同个体之间传递就必然存在信息内容的丢失、内涵理解的扭曲甚至信息链的断裂，层次越多、信息节点越多，这种丢失和扭曲就会放大越多，信息链断裂的可能性就越大。信息沟通所带来的障碍与断裂也是作战体系在物理域产生内部阻力的间接原因之一。减少信息沟通的障碍与断裂是所有指挥系统设计追求的目标。一方面是减少层级，扁平化指挥组织的设计；另一方面是改变指挥方式，避免信息的结构化处理可能带来的内涵丢失。例如，采用任务式指挥，直接向授权的指挥员明确意图，下达指示，给予完整的信息内容表达；而不是像集中指挥，下达作战命令/计划，把指挥员的意图/指示进行结构化的处理，以作战方案/计划的形式传递给下级指挥员，信息内容表达的任何结构化处理都可能带来信息内涵的丢失，由此导致下级指挥员对方案/计划的意图理解不透，消极执行方案/计划，行动效果与上级指挥员的行动预期相去甚远。

3. 认知域

在认知域，从平台指挥主体的个体认知上升至体系指挥团队的群体认知，会带来对态势、意图、计划/指令的共同理解和分布环境中协同决策的需求。

（1）共同理解需求增加。共同理解是在同一问题上形成的共识，在不同的指挥环节有不同的表现形式。在情况分析判断环节，共同理解是指对敌我态势的认知形成共识，即情况判断结论；在制订计划环节，是对上级意图（或作战命令）的理解形成一致的认识，对意图（或命令）理解的不一致可能造成各指挥机构或节点计划协同的困难；在执行环节，共同理解是各执行主体对同一计划/指令的认知的一致性，各执行主体对计划/指令认知的不同同样会造成行动协同的困难，甚至行动相互冲突导致效果与期望相去甚远。因此，在体系对抗层面，指挥团队通常以不同形式的指挥编组和组织活动来解决共同理解的需求问题，如在战前筹划时组织集中会商，形成共识；组织计划协同和临战训练，达到对计划/指令理解的一致性；在指挥编组上，设置情报组、计划组、评估组，甚至各域行动的控制小组等，解决共同认知在组织上的障碍。

（2）协同决策需求增加。在平台层次，指挥主体的决策活动仅限于同一空间，是个体的思维活动，通常没有协同决策的需求。而在体系层次，由于空间上的分布特性及指挥节点/机构的广域特征，在决策上的团队协作及协同是作战体系指挥活动的常态。以海上合成编队为例，编队作战体系的各组成成员——潜艇、水面舰艇和航空器分布在空、海、潜各域空间，在编队层次各域（对空、对海、对潜等）指挥机构/小组可能位于不同的作战平台，各作战平台指挥节点、各域行动指挥机构/小组在指挥决策上如何避免冲突，达成行动上的一致性，这是协同决策要解决的关键问题。决策协同的难点在于作战实施，或者说计划的执行。通常，在战前筹划阶段，各指挥节点或机构/小组（团队）有足够的时间和手段进行沟通达到决策的一致性；而在作战实施阶段，由于对抗的激烈性和时间的紧迫性，各指挥节点或机构/小组（团队）通常面临快速决策和协同决策的两难。

6.5.2 基本思想

在体系层面，无论是物理域、信息域还是认知域，指挥活动都发生了本质属性的变化，决策不再是个体的思维活动，而是团队的协作；信息不再透明和孤立，而是迷雾丛丛；在尺度规模上，时间、空间及作战力量都有数量级的变化，尤其是在时间上，从"点"到"线"，不再聚焦一个行动或战斗，而是聚焦任务或行动周期的总体进程，从作战平台战斗活动时间的分、秒转变到了日、月；在摩擦阻力上，凸显了内部和环境的摩擦与阻力；在惯性上，增加了协同与准备带来的行动惯性影响。

PREA 模型的基本思想是从体系视角和宏观尺度审视指挥对抗活动机理，建立适用于作战体系指挥与控制的过程模型，具体地体现在以下四个方面。

一是聚焦体系作战的整体进程。从作战进程的开始（通常为作战任务的受领）至作战任务的结束，始终围绕任务目标的实现而展开指挥与控制活动，而不是某一时刻的实时指挥对抗活动，这一点与源于作战平台指挥对抗的 OODA 环模型产生了本质的区别，即时高效的 OODA 环可能为局部或瞬时对抗的优势获取奠定基础，但并不意味着体系对抗的优势，反之亦然。

二是聚焦战场全局和作战体系。从作战平台视角上升至作战体系，从战场全局层面考虑摩擦、阻力和迷雾对体系作战行动的影响，把消除体系作战整体行动的摩擦、阻力和迷雾作为其指挥与控制活动的核心内容之一。这一点在作战平台级的对抗活动上没有明显的体现，作战平台的指挥决策通常是基于规则的，其行动也只受限于物理规律，而不用考虑摩擦、阻力可能带来的影响。因此，OODA 环模型也没有充分考虑摩擦、阻力和迷雾对指挥对抗活动的影响。

三是着眼态势的持续演化。在体系层面，时间尺度较作战平台要大得多，通常从分或秒级上升至日或月级，由此导致态势不再是一个瞬时状态，而是一个持续演化的过程。对指挥员来说，其面对的态势同样也是一个持续演化、逐步趋于真实态势的过程，即在战前对态势预测或预判，称之为预测（预判）态势，在直前准备阶段面临直前态势（动向情报与实时态势的叠加），以及在作战行动实施阶段面临实时态势，在作战评估阶段面临历史态势。这一点与 OODA 环模型的瞬时态势或者实时态势完全不同。

四是着眼指挥决策的动态过程，由于指挥员面临的作战态势是一个逐步趋于真实的持续演化过程，其指挥决策活动同样也应该动态调整，而不是一步到位的。态势的持续演化决定了指挥决策的动态调整，基于预测（预判）态势可实施预先筹划，基于直前态势可组织直前筹划，基于实时态势可组织临机筹划，预先筹划、直前筹划和临机筹划是在体系层面指挥决策问题逐步精确求解的过程。在这一过程中战场态势越来越趋于明朗，不确定因素越来越少，确定性因素越来越多。同时，指挥决策的时间窗口越来越小，这是作战体系层面指挥决策的基本规律。

6.5.3 模型构成

PREA 模型把体系指挥对抗的基本过程划分为四个环节和四种态势：四个环节为筹划、准备、执行和评估，对应四种态势分别为预测态势、直前态势、实时态势和历史态势。

在筹划环节，筹划是基于预测态势的预先筹划，其主要活动包括情报的获取与分析、形成情报判断结论、构想作战概念、拟制方案建议、定下决心、制定作战方案等。筹划环节通常有足够的时间窗口，但由于态势是一种对未来变化趋势的预测，具有太多的不确定因素，因此，预先筹划时可采取周密筹划的方式，充分考虑各种可能的情况，做出各种预案。

在准备环节，准备包括两个方面的活动：一方面是作战行动直前准备，如作战部署转入（或队形转换）、作战体系构建、战斗部署等级转进；另一方面是基于直前态势的直前筹划。通常，在转入直前准备环节后，直前态势包含动向情报的更新和实时态势的接入，指挥员须根据直前态势调整其预先筹划的产品，即组织直前筹划活动。直前筹划环节由于动向情报的更新及实时情报的逐步接入，消除了态势上的部分不确定因素，同时其时间窗口变小。因此，直前筹划通常是基于预先筹划产品的调整，可实现精确筹划。

在执行环节，执行同样包括两个方面的活动：一方面是方案或计划的组织实施活动，如组织兵力的作战行动、监控计划进程、监控行动过程；另一方面是基于实时态势的临机筹划等。在执行环节，战场态势趋于明朗，消除了绝大部分的不确定性因素，但实时对抗的激烈性也导致了指挥决策的时间窗口狭小，指挥员必须在非常明确的时间窗口内完成指挥决策活动，以确保自身安全或对抗优势获取。因此，执行环节的临机筹划需要指挥员的快速决策，而不是周密或精确筹划。

在评估环节，评估是基于作战过程历史数据的作战评估和研判，其主要活动包括采集/汇总作战数据、评估作战行动效果、制作/提交作战简报/详报等。

筹划、准备、执行、评估四个环节构成闭环过程，如图 6-23 所示。

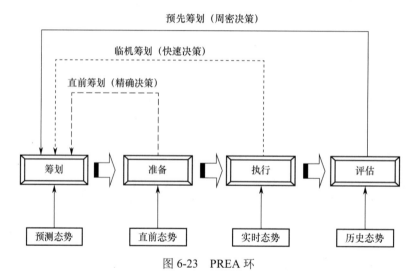

图 6-23 PREA 环

6.5.4 模型应用及意义

在作战平台层次上，指挥活动的一般过程可以描述为 OODA 环，其指挥对抗的机理是获取 OODA 环运转速度上的比较优势，切入对方的 OODA 环，打乱对手的节奏，从而获得作战平台指挥对抗优势。

在体系层次上，其指挥活动过程——PREA 环仍然是闭环过程，但在内容上发生了本质的变化，是筹划、准备、执行、评估活动在不同层次的循环与交互过程，从任务开始直至任务结束，是敌我双方两个体系多环共生、环环相关、持续对抗的过程，作战体系对抗的指挥活动交互示意图如图 6-24 所示。

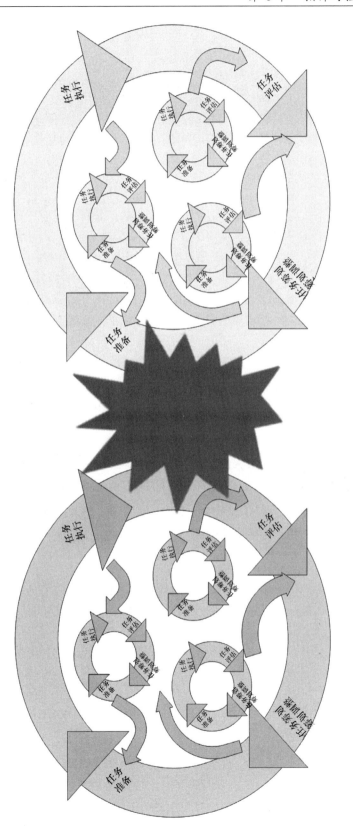

图 6-24 作战体系对抗的指挥活动交互示意图

基于军事体系指挥活动的一般过程描述，对抗的实质是行动，但关键在决策，胜负在过程演化的效果累积，而不在一时一地的得失和成败。

（1）军事体系指挥对抗机理——决策优势高于行动优势，即筹划优先。筹划是所有指挥机构的主要职责。

在 PREA 环中，筹划决策活动贯穿全过程，在不同的环节有不同的组织方式，即使是执行环节，其重点也是临机决策活动，而不是执行控制活动，尽管执行控制的反馈也非常重要，执行通常委托授权或直接赋予指挥机构参谋人员组织实施。与作战平台层次的 OODA 环相比较，两者有明显的侧重。OODA 环虽然也有决策活动，但局限于基于规则的简单决策方式，其重点是行动优势的获取；而 PREA 环的决策活动要复杂得多，既有基于知识和推理的周密决策、精确决策，也有协同决策，凸显其决策的关键性和重要性。

（2）军事体系指挥对抗机理——稳定高于速度，或者说稳定优先。

现代军事体系由于指挥体系的层级结构，PREA 环运行在不同的层级上，层级越高越需要保持运行的稳定性，其优势也体现在稳定上，而不是速度。这一机理也可以理解为宏观层面的指挥活动要保持相对稳定性，不能频繁变更决心、计划或方案，稳定即优势。宏观层面的决心调整、计划变更意味着指挥体系需要进行整体性甚至结构性的改变，这些改变可能是体系使命任务变更或者受到致命的损伤需要的调整。显然，这一改变面临不可预知的风险，在新的体系建构完成之前，根据组织变革理论，其指挥体系效能要经历一个"U"形变化的过程；指挥体系上层节点 PREA 环不稳定导致的另一个风险是共生 PREA 环的运行秩序混乱。通常，在层级体系结构的指挥系统中，上下级 PREA 环是一环带多环，如美军的海上合成编队指挥员授权各方面指挥员，各方面作战行动有各自的 PREA 环，在上下级之间的共生环上，往往是下级 PREA 环数量增加，节奏加快。因此，顶层节点 PREA 环的微小变更，往往会带动中间层或末端的多倍放大，最终导致整体秩序的混乱。

（3）军事体系指挥对抗机理——"效果"累积高于单一的"效果"，任务目标优先。

与作战平台指挥周期相比较，军事体系的指挥周期（PREA 环）要长得多，尤其是战役或战略层次的指挥周期，可能以月或年计，但时间尺度上的变化并没有完全割裂从宏观到微观的输入和从微观到宏观的反馈，这种反馈通常是行动或执行效果的反馈。在一个指挥周期内，从整体上看，系列微观层次活动或行动"效果"累积构成军事体系的整体目标，这些效果存在相互关联的关系，战术行动效果是系列战斗活动效果的累积，战役目标是不同阶段或不同样式作战行动效果的累积。因此，在军事体系层面，指挥活动追求的是整体效果，是任务目标的实现，对单一的行动，往往只关注决定性的效果。用军事语言表达，即在体系的指挥对抗上不在乎一城一池的得失，而在乎最终任务目标的实现。

第 7 章

指挥与控制系统

指挥与控制系统，简称指控系统，是指挥信息系统的"大脑"，是实现指挥所各项作战业务和指挥与控制手段自动化、信息化、智能化的信息系统，是指挥信息系统的核心，是各级指挥员和指挥机构对部队和武器实施指挥和控制的重要手段。

7.1　地位作用

按照 2011 年 12 月执行的新版《中国人民解放军军语》的定义，指挥与控制系统是保障指挥员和指挥机关对作战人员和武器系统实施指挥和控制的信息系统，是指挥信息系统的核心。主要完成：接收、处理、显示及储存各种有关作战信息；支持辅助决策、仿真模拟，形成作战方案，制订作战或演习计划；支持掌握所属部队情况，快速下达指令，提供支援信息，向上级报告作战计划和请求支援等。

按指挥与控制的层次，指挥与控制系统分为战略级、战役级和战术级三类指挥与控制系统。战略和战役级指挥与控制系统还可按作战编成和业务需要划分为若干"中心"，如作战指挥中心、情报中心、信息作战中心、通信中心、火力中心、气象中心等。

按指挥与控制的对象类型，指挥与控制系统可分为两类。一类以下级指挥机关和部队为主要控制对象，系统将战场态势信息转化为指挥员的方案、决心、计划、命令等作战指挥信息，如战役以上指挥与控制系统。另一类则以兵器、兵力为主要控制对象，将战场态势信息和打击毁伤信息转化为兵器兵力控制信息，如陆军旅以下指挥与控制系统、导弹旅指挥与控制系统、舰艇指挥与控制系统等。

按指挥与控制的范围，指挥与控制系统可分为单一军兵种指挥与控制系统、多军兵种合成指挥与控制系统和联合作战指挥与控制系统。在联合作战中，指挥与控制具有"信息主导、要素联合、统一筹划、协调同步"的本质特征，指挥与控制系统是其核心信息系统。指挥与控制系统支持联合作战力量的交叉联合，使其按照总的企图和统一计划，在联合作战指挥机构的统一指挥协调下，同步履行职能，实施体系对抗。因此，指挥与控制系统是信息化战争中将信息优势转化为决策优势,形成行动优势,最终体现战场优势的"战场中枢"。

在战场中,指挥与控制系统的作用主要体现在以下几个方面。

一是提高对战场态势的掌控能力。指挥与控制系统可以使指挥人员在远离战场的情况下全面、及时、形象、直观地掌握战场综合态势和有关情况,最大限度地廓清"战争迷雾",指挥协调作战行动,掌握控制作战平台,准确评估作战效果。

二是提高作战指挥的决策能力。通过指挥与控制系统的辅助决策手段,运用指挥人员平时知识积累的优势和战时指挥人员群体决策的优势,把指挥人员的经验和创造性与高技术手段结合起来,科学地评估选择作战方案,提高作战筹划、计划的速度和质量。

三是提高部队的快速反应能力。指挥与控制系统可以快速收集瞬息万变的战场信息,并对这些信息进行快速的分析、判断、综合和处理,实时提供给指挥人员决策使用,将相关命令、指示和各种反馈信息及时、准确地传输到各个作战单元,从而保证对有关部队和作战单元实施迅速、稳定和不间断的指挥与控制。

7.2 功能分析

指挥与控制系统的功能分为战场态势综合、作战筹划、作战计划、执行与控制四个部分,指挥与控制过程如图 7-1 所示。

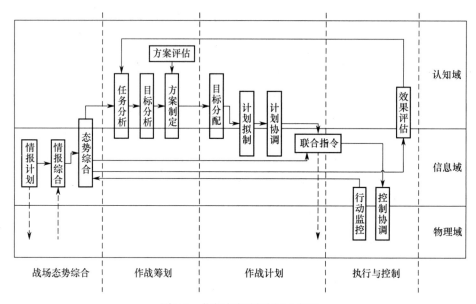

图 7-1 指挥与控制过程示意图

7.2.1 战场态势综合

战场态势综合阶段是信息化作战获取信息优势的关键。信息优势是指能够不间断地收集、处理和传输信息流，同时能够探测和破坏敌方此类活动的能力。突出表现为，具有比敌方更强的情报感知、处理与传输能力，保证将战场最新情报信息及时、准确地传递到指挥机构。该阶段的具体过程如图 7-2 所示。

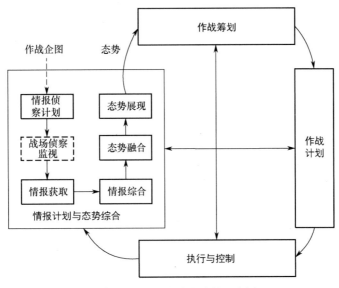

图 7-2   战场态势综合过程示意图

战场态势综合阶段的主要功能组成及其实现机理包括情报侦察计划、情报综合和态势综合三个方面，下面分别进行介绍。

1．情报侦察计划

情报侦察计划，是指作战情报部门为统一运用各种侦察力量获取情报信息而制订的综合性一体化侦察计划，包括情报侦察计划、战场侦察监视、情报获取。它是参加作战（甚至是整个国家或联盟）的各种侦察力量，根据作战指挥员（有时甚至是作战平台）的情报需求，统一协调、成体系地开展侦察活动的主要依据。情报侦察计划系统在了解作战意图的基础上，根据情报需求，采用规划、调度、优化等科学方法及相关软件技术，通过人机交互，高效地制订情报侦察计划，明确各种侦察力量担负的任务、侦察监视责任划分、情报获取的方法手段与时限、相互之间的逻辑关系、情报报告的方式和时间、协同事项、保障措施等。

2．情报综合

情报综合能将战场感知系统中由部队侦察、技术侦察、航天侦察、战场监视、雷达侦察、电子侦察等多种手段获取的情报信息进行汇聚与处理，向作战指挥员完整、准确地描述和呈现所掌握的战场情况，提供作战指挥决策所需的各种统计分析资料。获取的情报主要包括敌情、我情和作战环境。敌情包括敌方的战略情况和战场情况，我情包括我方的战略情况、战场情况和友邻情况，作战环境包括地理环境、电磁环境、气象水文、社会情况等。为了辅助支持指挥员的决策，应用数学方法和技术工具对多组数据进行多级别、多方面、多层次的处理和综合，对不同形式、不同时刻的传感器数据加以分析、处理与综合，提供敌我双方作战能力、态势变化趋势等信息的统计分析结果，实现决策级的信息融合，从而产生高品质的有用信息，为态势分析提供有力的信息支持。

3. 态势综合

态势综合是将战场综合态势融合、展现的过程。综合敌我双方实力及地理、气象环境等因素将所观察到的战斗力量分布与活动和战场周围环境、敌作战意图及敌机动性能有机地联系起来，分析并确定事件发生的深层原因，得到关于敌方兵力结构、使用特点的估计，及时、准确地给出一个战场态势的动态描述，最终形成战场的多维态势图，形成统一的战场综合态势。主要包括我方、敌方作战单元的当前位置和状态信息；我方、敌方的作战单元的运动轨迹；可能影响我方、敌方作战单元部署的所有环境信息（如天气、战斗损伤评估信息、地理信息、核生化信息、电磁信息）；由系统产生并绘制的信息，如战斗计划、作战地域、概略表示、预测、告警等。作战指挥员据此可随时掌握战场变化情况，可根据作战区域及被指挥对象的变化，任意取舍态势综合的"粒度"，为指挥员提供综合态势服务。

7.2.2 作战筹划

作战筹划是作战指挥人员借助不同层次的相关职能系统，通过任务分析和目标分析，在情报部门态势评估结果的基础上，进一步识别敌方作战意图和作战计划，确定我方的作战重心和打击目标，明确作战任务，并通过协调各方作战力量，推演并生成作战方案，定下决心，最终确定作战方案。作战筹划过程如图 7-3 所示。

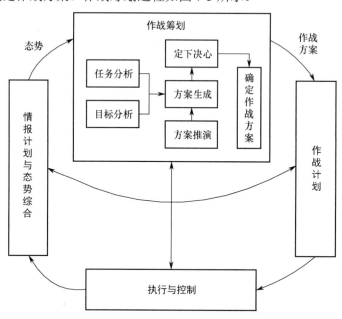

图 7-3　作战筹划过程示意图

作战筹划阶段的主要功能组成及其实现机理包括辅助分析战场态势、辅助提出行动构想、辅助确定作战编成、辅助组织行动协同、辅助生成作战方案和辅助联动各级筹划六个方面，下面分别进行简要介绍。

1．辅助分析战场态势

综合分析网络、电磁、太空、空中、海上、地面、气象水文等多维空间态势，采取威胁评估、机遇和可行性判断、优劣分析等方法和决策树、影响图等模型工具，判断敌作战企图、主战方向、主要行动，分析敌我双方作战能力强弱点等情况，形成结论报告。

一是在综合态势的基础上，准确把握并明确标示当前敌情、上级意图、联合作战部队编成、作战任务的时间要求、作战准备的时间要求、上级对作战筹划工作的指示和要求等，有时还要考虑政治、经济、外交斗争的形势等因素。

二是在综合态势的基础上，通过二维、三维的可视化分析手段，利用战场环境实时监测数据及大量的历史数据资料，分析作战地区当前的自然地理环境、电磁环境、气象水文环境等对作战行动的影响地域、影响时节和影响程度，分析可供利用的物资资源、基础设施条件、当地人民等的支援能力或影响程度，分析当地社会情况、民族宗教、国际公约、法律等因素对作战行动的影响。

2．辅助提出行动构想

根据基本作战指导，围绕战略战役目的和作战任务，基于平时预案，采取目标价值分析、作战任务分析、作战能力分析、信息需求分析、作战效能评估和对策论、博弈论等方法，对本级作战行动进行概略设想，形成初步决心。

目标价值分析是本功能的主要任务之一。在综合态势的基础上，对作战目标的性质、类别、特性、位置及目标之间的相互关系等进行分析，判断目标的几何特性与分布、易毁性、打击紧迫性等；按照目标的价值、性质、范围、威胁程度、地位作用等进行目标分类；采用定性与定量相结合的方法，利用数据分析处理、模拟仿真等手段，为指挥员定下决心及作战过程中的打击效果提供目标评估；拟制目标清单与目标排序。

3．辅助确定作战编成

根据作战任务和战场情况，采取总体估算、分解细算、兵力规划、效益优化等方法和数据挖掘、信息关联、树形动态模型等工具，分析计算作战兵力、数据信息和保障资源需求，优化兵力和信息编成方案。

4．辅助组织行动协同

综合考虑作战效益、潜在风险、时空冲突等因素，采取行动推演、模拟论证、评估分析等方法，对方案计划的作战指标、行动战法、保障措施等检验验证，形成协同方案。

5．辅助生成作战方案

针对敌我战场态势变化，结合作战进程，基于联合作战计划数据库，通过直观形象的综合研讨和人机交互手段的辅助，修订完善作战行动预案，快速调整生成各级各类指挥机构的作战计划、综合作战命令、单个行动指令和火力计划表、作战任务清单等，动态管控战场兵力行动，并在决策支持系统、军事运筹软件、作战文书软件等手段的支持下，形成初步的作战方案（除非时间紧迫，否则通常情况下会有多个），以文字、图表或计算机模拟等形式表现出来。

作战方案一般包括：作战企图、敌方企图及可能行动；作战阶段划分；兵力部署，包括编成、配置和任务；作战重心，包括主要打击目标、作战空间（地区、方向）；作战方法，包括主要作战样式、机动样式和作战手段；各军种部队之间在时间、空间、电磁频谱等方面的协调同步等。根据指挥与控制模式的不同，作战方案的详细程度和控制粒度也不相同。另外，在已有作战预案的基础上调整、综合等也是作战方案生成常用而有效的一种方式。

初步作战方案的多样性，体现在作战目标的多样性、力量编组的多样性、战法与技术运用的多样性等方面。系统要辅助作战指挥机关对所形成的多个初步作战方案进行分析论证，找出各方案的利弊，以便首长决策时参考和进一步修改、完善。它是定下决心的最后一环。系统通过计算机仿真推演、专门软件的定量分析评估、图上或沙盘推演等方法，同时也考虑指挥员的经验评估，建立评估指标体系和评估算法，主要对各方案的成功率、作战效益、风险度、应变性、实施难度、代价大小等方面的指标进行评估。

6. 辅助联动各级筹划

针对多级、多部门同步筹划产生的信息和资源冲突，构建战略、战役、战术三级作战方案筹划整体链路。实现战略、战役筹划成果为战术规划提供条件，战术规划成果为战略、战役筹划提供支撑，有效解决战略、战役、战术三级作战资源的动态共享和高效利用。

7.2.3 作战计划

作战计划是作战指挥人员依据作战方案，借助一体化的计划职能系统，制订跨部门的作战计划，确定作战方案的任务执行过程，并将作战计划以指令形式向相应作战单元发布。作战计划过程如图 7-4 所示。

作战计划阶段的主要功能组成及其实现机理包括目标分配、计划拟制（作战计划和保障计划）、计划协调与推演、指令发布等方面，下面分别进行简要介绍。

1. 目标分配

不同作战部队（单元）根据作战方案，确定各自火力打击方案，选择兵力、弹药、打击时机、打击方法、打击程度、协同方式等要素。

2. 计划拟制

作战计划是作战指挥员及其指挥机关为指导各军种部队实施作战行动而进行的一系列的预先设计和安排。它是将作战方案转化为具体作战行动和保障行动的重要环节，是实施作战指挥与控制的基本依据。

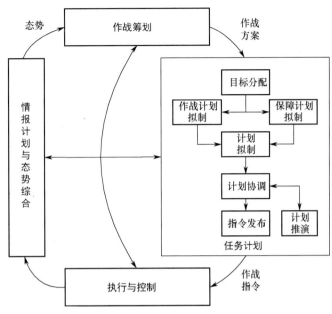

图 7-4　作战计划过程示意图

作战计划是一个由多个计划组成的综合体系，分为作战行动计划、作战保障计划和作战协同计划三类。作战行动计划又区分为作战行动总体计划和作战行动分支计划，作战行动分支计划主要包括兵力机动与部署计划、地面作战计划、海上作战计划、空中作战计划、防空反空袭作战计划、火力打击计划、信息作战计划、特种作战计划、后方防卫作战计划等。作战保障计划又分为侦察情报保障计划、通信保障计划、工程保障计划、伪装保障计划、交通保障计划、军事测绘和气象水文保障计划、用频计划、核生化防护计划、战场管制计划等。作战协同计划对各部队作战行动和保障行动进行时间、空间、电磁频谱等方面的协调。

3．计划协调与推演

对上述一系列作战计划进行汇总、归并，并通过计划推演评估系统对任务计划进行分析评估，依据评估结果对所有相关计划进行调整，使其消除冲突并能够实现各种作战能力的一体化运用与决定性作用的发挥。

4．指令发布

作战计划确定后，作战指挥机关迅速拟制作战指令，通过作战指令发布系统及时准确地将指令发布到作战部队或作战平台。作战指令是实现动态协调作战行动的关键，可以理解为具体明确某一作战单元在某一作战时节的具体作战或保障行动。在一定意义上，作战指令就是将传统意义上的作战计划分散在作战准备与实施阶段进行，以适应快速变化的战场情况，真正体现"以行动为中心"的作战理念。

7.2.4　执行与控制

执行与控制是作战指挥人员通过指挥信息系统，督促、指导部队按规定的时间、地点和方式执行作战任务，监视作战过程中的敌情变化、作战行动的进展情况和作战环境情况的变化，评估作战效果，并依据战场情况的重大变化，重新修订作战计划，调整作战部署。执行与控制过程包括作战同步、行动监控、效果评估三部分，如图 7-5 所示。

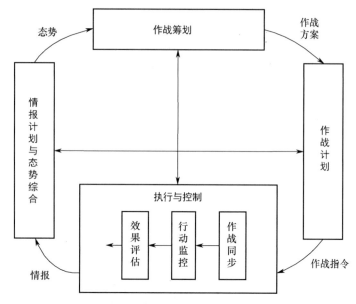

图 7-5　执行与控制过程示意图

执行与控制阶段的主要功能组成及其实现机理包括作战行动监视、作战行动控制协调两个方面，下面分别进行简要介绍。

1. 作战行动监视

与战场态势综合阶段的工作类似，只是掌握情报的侧重点在于对部队行动影响较大的实时情报上，主要包括敌军态势变化、突发威胁、重要目标和时敏目标情况等敌情变化，我军态势变化、机动力量的位置与行动变化、作战效果、作战企图变化等我情变化，以及气象水文、电磁环境等战场环境变化情况。在此基础上，对联合作战行动的效果进行评估。作战行动监视的能力在很大程度上依赖战场侦察监视系统、预警探测系统、导航定位系统的高时空分辨率能力，以及快速准确的情报分析处理能力。

2. 作战行动控制协调

作战行动控制协调，是作战指挥机关在作战实施过程中，为使各种作战行动和保障行动在时间、空间和目标上的协调一致，最大限度地发挥作战体系威力，而随时进行的指挥与控制活动。一方面，指控系统按照作战计划适时下达各种指令，并通过作战行动监视系统进行跟踪协调，及时发现不协调因素并及时纠正，对作战行动的目标、任务、力量、战场区分、时间、性质、样式等方面进行协调，使作战行动从始至终保持有序。另一方面，指挥与控制系统根据作战行动监视系统所获取的战场态势变化、目标实时情报、各种参战力量实时状态、作战企图随时调整、通信链路变化等突发情况，灵活采用临机命令协调法或自同步协调法，临机应变处置。

7.3　关键技术

指挥与控制系统的关键技术主要包括需求与体系结构技术、态势认知技术、规划与计划技术、作战实验技术等。

7.3.1　需求与体系结构技术

军事需求是指挥与控制系统发展的原动力。由于指挥与控制和作战环境的复杂性，以及作战中存在的不确定性因素，使得需求的获取与验证比较困难，必须借助工程化的理论、方法和技术，才能获得准确、全面的系统需求。在明确需求的基础上，基于体系结构技术对信息系统进行战略规划和全局安排。

需求工程是通过运用有效的方法与技术，对系统进行需求分析，确定系统建设目标及用户需求，并用规范化文档描述出来，帮助系统分析设计人员理解问题并定义目标系统的所有外部特征的一项复杂的系统工程，可以划分为需求获取、需求描述、需求验证和需求管理四个阶段，其主要结果是系统的需求规格说明。军事需求工程涉及的技术主要有以下四种。

（1）需求获取技术。根据总体战略目标及可能的作战背景，从作战任务空间角度，通过对作战任务、作战要素、作战环境、作战过程及作战行动的分析，采用工程化方法开发和获取系统的作战需求，进而开发系统的功能需求。

（2）需求描述技术。在对军事行动或军事概念非形式化描述（自然描述）的基础上，采用规范化描述机制，构建描述框架，明确军事概念与军事行动描述的内容，建立需求规格说明。

（3）需求验证技术。以需求规格说明为输入，通过逻辑推理、仿真模拟或快速原型等途径完成需求验证与评估。

（4）需求管理技术。军事需求体系是一个复杂的体系，随时间演进，需要统一管理。需求管理包括：确定需求变更控制过程；进行需求变更影响分析；建立需求基准版本和需求控制版本文档；实施需求变更；记录、跟踪、维护需求变更。

体系结构技术用工程化的方法规范了系统顶层设计的套路和流程，统一了系统建设、应用技术路线和标准，从总体上设计信息系统的组成结构、组成结构之间的相互关系、与外部环境的关系及制约设计和演进的原则与指南，为顶层设计的具体实现提供了有效手段。作为成果，体系结构描述了信息系统的作战需求体系、系统体系和技术体系，实现了业务和技术之间、数据和系统之间、能力和目标之间的关联和互动，从而辅助实现系统的互联、互通、互操作。体系结构技术主要包括体系结构设计技术、体系结构评价技术、体系结构集成开发技术三种技术，下面分别进行简要介绍。

（1）体系结构设计技术。体系结构设计是设计者以指挥信息系统需求为依据，遵循指挥信息系统体系结构框架的要求，有步骤地确立系统的总体结构，确定系统与外界环境之间及系统内各组成部分之间的接口、通信和信息交换关系，规定系统实现必须遵循的技术标准，并以体系结构产品的形式进行描述的过程。

体系结构设计是指挥信息系统设计的第一步，它在用户需求与系统的详细设计之间架起一座桥梁，是系统开发成败的关键环节。体系结构设计技术可分为面向过程、面向数据、面向知识设计三种。

（2）体系结构评价技术。体系结构设计质量的好坏与系统效能的发挥密切相关，因此，必须在体系结构开发阶段就对体系结构设计质量进行评价。体系结构评价是体系结构开发中至关重要的环节。体系结构评价技术可以为体系结构设计决策提供定性和定量的技术支持。体系结构评价技术主要包括体系结构产品到可执行模型的转换技术、体系结构功能验证技术、体系结构效能评价技术等。

（3）体系结构集成开发技术。体系结构的集成开发是在开发过程中，在指南的指导与驱动下，将体系结构设计开发的各个相关工具和资源集成为一个统一的环境，使体系结构设计开发的相关资源能够被设计开发主体所共享，为体系结构设计开发提供全过程支持，提高体系结构设计开发的效率和质量。主要技术包括体系结构设计过程建模技术、过程驱动的方法导航技术、体系结构设计资源共享技术等。

需求与体系结构技术的应用，使系统设计人员与军事人员对指挥信息系统的军事需求达成一致认识，获得明确、全面、规范的系统需求，更好地支持指挥信息系统的分析与设计，使系统更好地满足联合作战的需求。

7.3.2 态势认知技术

态势是指状态与形势，包括人或事表现出的形态、环境或事物的发展状况和情形等。战场态势是作战空间内战场环境及敌我双方兵力和装备部署的当前状态和形势，以及它们的变化发展趋势。战场态势组成包含了两方面的内容。一方面是敌我态势（或称为作战态势），是作战各方部署和行动所形成的状态和形势，以及它们的变化发展趋势。另一方面是战场环境的状态和形势，以及它们的变化发展趋势。除此之外，作战任务及其约束条件、时间与空间关系、机会与风险因素也是战场态势的重要组成部分。

两千多年前，我国军事家孙武在其军事著作《孙子兵法》的形篇、势篇和虚实篇中就详细阐述了战场环境、部署、军事实力及运用对作战的影响，在谋攻篇中提出的"知己知彼，百战不殆"，进一步突显出了掌握战场态势的重要性。

一般来讲，指挥人员对战场态势的认知可划分为四个层次，分别是数据（Data）、信息（Information）、知识（Knowledge）和理解（Understanding）。其中，数据揭示了战场上存在的情况，信息则表示了指挥人员决策时真正需要的内容，知识是针对当前态势需求对信息过滤、提炼、加工、关联而得到的有用信息，理解是形成对态势的主观认识及具备演绎出解决方案并预测未来的能力。前两个层次告诉决策者战场上有什么，而后两个层次意味着决策者已经知道了什么。

态势认知，就是通过对敌情、我情和战场环境等信息从不同层次上进行多角度的处理，获得对当前形势的觉察和理解，以及对未来趋势的预测和估计，并将得到的态势通过一致的共享战场态势图展现出来，进行共享和分发，以达到对态势的一致性理解和认知。

态势认知技术主要包括态势估计技术、态势可视化技术、态势共享技术等。

1. 态势估计技术

态势估计是在信息融合的基础上，对战场上敌我态势及战场环境的综合情况和事件的定量或定性描述，以及对未来战场情况或事件的预测。

态势估计最终形成较为直观、完整的战场态势图及估计结果，包括态势分析报告、情况与威胁判断结论和战场综合态势图，态势估计成果作为作战方案与计划生成的输入，并为指挥员作战指挥提供辅助决策信息。

态势估计技术主要分为三个阶段：态势察觉、态势理解、态势预测，其功能模型如图 7-6 所示。

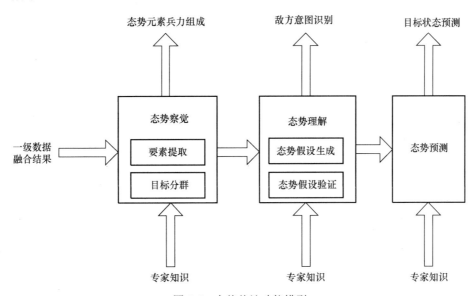

图 7-6　态势估计功能模型

态势估计的内容主要包括态势觉察、态势理解和态势预测。

（1）态势觉察。态势觉察的主要任务是提取态势元素。在态势估计技术中，把态势元素抽象为战场环境、实体、事件、组及行动五个方面。在一定环境中存在的某事物（即实体），当其性质或状态发生改变的时候，就产生了事件。而每个实体所发生的事件在时间和空间上都存在着某种联系，多个实体和事件按照某种关系组合在一起作为一个单位，就构成了组的概念。在特定环境中，成组或单个的实体将会产生某种行动，而态势就是用来描述这一过程的（见图 7-7）。显然态势的两个最活跃元素是实体和事件。

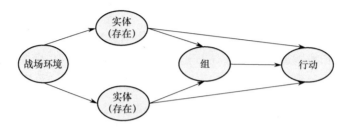

图 7-7　态势估计中抽象的态势元素及其关系

（2）态势理解。根据态势觉察生成的态势特征矢量，结合领域专家的军事知识对当前态势进行解释，用于判断敌方战场部署和行动企图，是对敌方意图和作战计划的识别。

（3）态势预测。基于已得出的当前态势，可对未来可能出现的态势进行预测。即已知 t 时刻态势 $S（t）$，求 $\{S(t+\Delta T)$，$S(t+\Delta 2T),\cdots\}$。对应不同级别的预测，可以是多实体军事单元的未来状态预测，也可以是高层全局态势演变的预测。

实现态势估计的理论和方法有很多，主要的理论和方法有：推理理论、模糊集理论、专家系统方法、黑板模型、智能主体模型等。它们将军事领域知识与不确定性处理技术结合起来，用于解决态势估计中的问题。

2．态势可视化技术

"一幅图胜过千言万语"说明高可视化的信息和知识内涵更丰富，更易于理解，具有高可认知的特性。战场环境和敌我态势等内容均具有二维、三维空间可视化和多维信息可视化特性。因此，最大限度地提供可视化的战场环境和敌我态势信息，能有效地提高指挥人员对战场态势的认知能力。

可视化是将数据、信息和知识转化为一种视觉形式的过程，它充分利用人们对可视模式快速识别的自然能力，将人脑和计算机这两个最强大的信息处理系统联系在一起，帮助人们观察、操纵、研究、浏览、探索、过滤、发现、理解大规模数据和信息，并与之方便地交互，从而可以有效地发现隐藏在信息内部的特征和规律。我们可以把可视化理解为从数据信息到可视化形式，再到人的感知系统的一种可调节的映射。

战场环境可视化是指运用计算机图形学和图像处理等可视化技术，将战场环境状态和形势及它们的变化发展趋势，转换为二维或三维图形或图像，在屏幕上直观形象地显示并可进行交互处理的技术和方法，包括对战场地理环境、气象水文环境、复杂电磁环境等可见和不可见空间信息的可视化及对作战双方军事思想、作战意图、作战编成、作战手段、作战行动等非空间信息的直观展现。

战场环境可视化包括体可视化和信息可视化两类。

战场环境的体可视化是指战场环境的空间数据场的可视化，它显示的对象涉及标量、矢量及张量等不同类别的战场环境的空间数据，研究重点放在如何真实、快速地显示战场环境的三维数据场。

战场环境的信息可视化则是指战场环境中非空间数据的可视化，它显示的对象主要是多维的标量数据，目前的研究重点在于设计和选择什么样的显示方式才能便于指挥员了解战场环境中庞大的多维数据及它们相互之间的关系。

3. 态势共享技术

态势共享是指挥人员在认知域共同拥有在信息域层面的一致态势信息，是态势认知的基础。态势共享分为两个层次：一是态势信息共享，即多个个体在认知域共同拥有在信息域层面的一致态势信息，它是决策的公共态势基础；二是态势认知共享，即组织或个体之间在社会域对认知域的态势认知的一致认识和理解，它是群决策、协同决策及行动同步的共同认知基础。

基于公共战场态势图的态势共享依托公共战场态势图，把态势信息以图形形式显示在一个统一的地图背景上，并通过分布式态势信息管理、态势信息发布与定制、态势信息集成与可视化、态势信息裁剪等技术实现异地分布的联合作战指挥员共享战场态势。

公共战场态势图是面向特定作战任务的一组分层融合的态势图。每个层次的通用战场态势图为相应层次的指挥机构提供的态势信息各不相同，如战略层次的战场态势图一般提供战略性的态势信息，而战区层次的战场态势图则提供较详细的具体战术态势信息以实施指挥与控制。

"公共"不是指所有态势图完全相同，而是指它们由相同的数据生成，其展现范围和精细程度上可能并不完全一样，使得各级指挥员既能各取所需，又能保证对战场态势的一致理解。公共战场态势图是指挥人员对瞬息万变的战场信息进行表示的形式，是对战场进行态势估计、威胁估计及资源管理（分配）的基础。建立公共战场态势图的目标是要能够近乎实时地向各级指挥员提供战场空间内敌对双方的态势信息，形成对战场的一致理解。

战场环境与态势的动态剪裁，是指分发给各级指挥人员的战场环境与敌我态势，能够根据不同部门、不同级别权限的指挥员，在不同空间区域执行不同作战任务的需要量身定制，动态裁剪其不关心、不需要及无关的态势内容，达到"该掌握的态势都掌握了，不该了解的态势都不知"的理想效果，减少指挥员态势认知负担。

7.3.3　规划与计划技术

规划与计划是指将指挥员的意图物化为具体行动计划的复杂决策过程，本质是把有限的资源在正确的时间部署到正确的地点执行正确的任务，并在这一过程中实现对作战目标的优化。它涉及作战行动规划、作战资源调度和指控组织规划等诸多问题。

由于信息技术和网络技术在军事领域的广泛应用，信息化战场环境变化更加激烈、战争节奏更快、战争体系更加复杂，在如此激烈变化和日益复杂的战场环境下，如何快速、高效地生成与战场环境和作战使命相适应的作战计划，并能够根据战场环境和作战使命的变化进行及时调整和优化，是目前军事指挥决策的重难点问题。

作战计划包括作战行动计划和作战保障计划。作战行动计划是指"组织实施部队或分队作战行动的计划，通常包括总体计划、分支计划和协同动作计划等"。作战保障计划是指"组织实施军队作战的各项保障的计划，通常包括侦察、通信、警戒、电子防御、防化、工程、伪装、测绘、气象水文及交通、航海、声呐、防险救生、领航等保障计划"。

根据作战的指挥层次，作战计划可分为战略级、战役级和战术级三类；根据作战的时间特点，作战计划分为周密作战计划和应急作战计划两类。作战计划的拟制过程是支持作战方针、规划、决策、实施、控制、反馈和评估的连续的、可循环的过程。

1. 计划表示技术

作战计划表示模型定义了计划的组成及其表示，通过描述结构，进行作战单元之间的计划信息的共享。作战计划表示模型如图 7-8 所示，作战计划表示模型由 5 部分组成，公共环境描述规范、作战任务描述规范、作战实体描述规范、作战行动描述规范、协调关系描述规范。

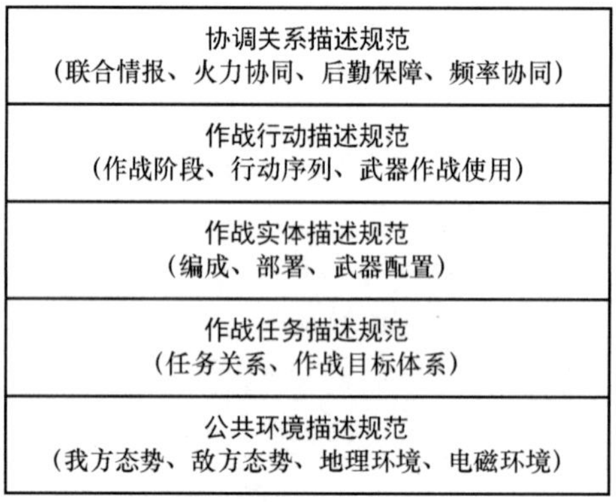

图 7-8 作战计划表示模型

公共环境描述规范是指通过对战场空间范围内的自然环境进行分析和抽象而建立的数据表示模型，依据此模型能够以数据的形式描述和表示自然环境中的各种对象的方法和过程，包括我方态势、敌方态势、地理环境及电磁环境。

作战任务描述规范包括对任务和目标的描述，如任务关系、作战目标体系。对目标的描述包括目标描述、评价标准和评价内容等。对任务的描述体现了使命的过程视图，描述完成一个军事行动或军事使命的过程需求。

作战实体描述规范包括对实体类型、属性、方法、结构、交互等内容的描述。实体包含战场空间中的人、组织、装备、特点等，具体可分为作战编成、部署及武器配置。

作战行动描述规范是对作战实体完成任务的描述，包括作战阶段、行动序列及武器作战使用。作战行动指在军事任务空间中能够对要素状态产生间接或直接影响的军事行动。

协同关系描述规范包括对实体之间的联合情报、火力协同、后勤保障、频率协同等内容的描述。联合情报描述了各作战实体之间的情报支援和共享关系，火力协同描述了各作战实体之间的火力打击和防卫保护协同，后勤保障描述了其他非作战力量对作战力量的支持，频率协同描述了避免电磁干扰并有效实施电子对抗的措施和保障。

2. 作战过程建模与优化技术

作战行动过程建模方法以结构化模型和语义模型为基础，以图为表示语言，对作战行动过程的结构、协同关系和因果关系进行直观表示。作战行动过程建模有很多种方法，如经典作战行动过程建模方法、基于层次任务网络的作战行动过程建模方法、基于马尔科夫决策过程的作战行动过程建模方法及基于案例的作战行动过程建模方法。

经典作战行动过程建模方法中一般将作战行动过程描述为：给定初始状态和目标状态，以及每项行动需要满足的前提条件和效果，搜索出能够实现目标的作战行动过程。经典作战行动过程建模处理的是行动效果确定的规划问题，即计划人员能确知每项行动执行后系统状态的改变。

针对经典作战行动建模，研究人员提出了相应的求解方法。常见的方法为前向状态空间搜索方法和目标导向规划方法。前向状态空间搜索方法的主要思想是从当前系统状态出发，分析在当前状态下能执行的行动及行动执行结果，即下一阶段的系统状态，并从该状态出发重复第一阶段的搜索，直到实现目标状态。前向状态空间搜索的主要缺点是搜索空间次数呈几何级数增长，因此使得搜索的效率比较低。目标导向规划方法又称为逆向规划方法，其核心思想是从目标状态出发搜索能实现目标状态的行动，并将该行动的执行前提作为子目标，以此类推，直到所有子目标都是初始状态的子集。

马尔科夫决策过程是一种根据当前状态的概率分布来推断未来状态分布的判断和决策方法。马尔科夫决策过程方法的关键思想是通过将作战行动过程建模为一个不确定状态转换系统，将行动目标表示为效用函数，将行动结果表示为策略，最终将问题表示为一个最优化问题。基于马尔科夫决策过程的作战行动过程建模方法可以处理建模过程中所面临的不确定问题，因此近年来成了规划领域的新的关注点。马尔科夫决策过程方法的求解算法主要分为值迭代和策略迭代两种。值迭代算法的核心思想是从一系列随机选取的代价值开始，反复地选取使期望代价值最小的行动来改进代价值，并将使代价值最小的行动保存到策略中。策略迭代算法的核心思想是从一个随机选择的初始策略开始，确定该策略的期望代价值，改进策略并用较小代价值的新策略将其替代。

马尔科夫决策过程需要在每个决策时间点进行决策，策略由各个时间点的决策序列组成，求解各个时刻的最优决策也就能求得最优策略。将马尔科夫决策过程用于作战行动过程建模的主要困难在于需要控制状态空间的规模，否则会导致计算复杂度呈指数级增长。同时用概率值描述状态之间的不确定转换在一定程度上解决了作战行动建模中的不确定问题，但是如何获得准确的概率值也是一个难点，通常的方法是统计估算，而获取的这些概率值与实际值之间的差距，会如何影响规划的结果还难以确定。

基于案例的作战行动过程建模方法也是作战计划系统中的一种常用技术。基于案例的作战行动过程建模系统有一个包括以前问题解决方案的预案库，并可以基于该预案库求解新的作战行动过程建模问题。其推理规则是以过去已解决问题的相关经验为基础，进行类比推理以解决新问题。对于一个行动过程建模问题，求解的基本过程为，基于某种相似性标准搜索一个或多个与待求解问题类似的求解预案，对这些预案进行修改以求解行动建模问题，并根据反馈对预案库和检索机制等进行修改。因此，如何建立全面及高质量的预案库是关键，并且在规划过程中还需要调整预案以适应新问题的背景。对预案进行修改的主要技术包括变换类推方法和诱导类推方法。变换类推方法将检索到的预案的行动参数进行修改以求解新问题。而诱导类推方法存储了规划决策的诱导规则，并将该诱导规则用于新规划问题求解过程中的推导。

计划将从预想式计划逐步走向适应性计划，即根据使命环境的变化，动态调整计划组织的结构，实时改变作战计划的内容。在复杂任务环境下，组织可以通过资源的优化配置、组织成员的层次结构和信息链接的调整，以及任务的合理计划，减少组织人员并提高组织效能，同时也证明了通过计算优化技术构建的组织与传统组织相比有更高的效能。

3. 资源调度与优化技术

作战资源调度是将资源分配到任务，其实质是根据资源的能力、属性及任务间的逻辑关系和对资源能力的需求进行规划，以产生最佳的调度方案。因此，作战资源调度是一个任务计划问题，是在所建立的任务流图的基础上进行的资源合理配置与部署，其目标是把合适的作战资源部署到正确的地点去执行正确的任务。

作战资源调度问题是任务—资源调度问题在军事领域的应用。自从人类进入工业化时代，就一直没有停止过对任务—资源调度问题的研究。研究发现任务—资源调度具有以下特点。

（1）计算复杂性。调度问题是在等式或不等式约束下的性能优化，当问题规模及解的搜索空间增大时，调度算法所需要的计算时间将快速增长，使得某些优化算法失去实际应用的价值。

（2）多目标优化与冲突。很难找到某种单一的性能指标来评价调度的优劣，许多调度优化目标对任务计划来讲都很重要，它们之间往往还存在冲突或依赖关系。

（3）随机性。任务进入系统的时间及在系统中处理的时间都是不确定的。

（4）调度问题的解析性差，难以直接采用现有的控制理论和方法。

典型的作战资源调度问题可以描述为，给定一个任务图和可获取的作战资源集合，任务图确定了需要处理的所有任务，任务之间的执行顺序（包括任务的串行、并行及交叉关系）、信息和数据流向，同时明确了任务处理的时间需求、能力需求等基本属性。资源集合确定了执行任务可利用的所有作战资源，资源具备处理任务的功能，具有运动速度、功能能力、信息获取范围等基本属性。

资源和任务之间通过任务的能力需求和资源的功能能力关联，以此进行资源、任务分配。资源到任务的分配通常以完成整个任务流程的时间最短或者以资源的充分利用为目标。分配过程的约束问题包括同一资源能同时处理的任务数量、任务需求的满足程度及整个任务流程的时限等。在资源与任务的匹配需要多维变量测度，任务需要不同资源的协同处理，以及资源个体能同时处理多个任务的情况下，作战资源调度问题的复杂性大大增加。

作战资源调度问题是一类典型的组合优化问题，从问题的数学模型上来看，该问题属于整数规划或混合整数规划问题。同众多其他类型的整数规划或混合整数规划问题一样，求解算法包括精确求解算法和启发式求解算法。精确求解算法能够得到问题的最优解，而启发式求解算法只能得到问题的近似最优解或可行解。但精确算法一般只能在规定时间内对小规模问题求解，而启发式算法更适合对大规模复杂问题进行求解。

4．计划协同技术

作战计划拟制是一个多种作战计划生成系统相互协同、不断迭代的过程。作战计划生成系统根据整体作战意图及当前敌我双方的态势协调、确定各军兵种的作战子计划，并传达给相应的各军兵种的作战计划生成系统。后者将对接收的计划进行进一步细化，并传送到所属的各作战单元的计划生成系统。各作战单元确定的作战计划将最终汇总到联合作战计划系统中进行确认和进一步调整。以上层次式的计划协同示例模型如图 7-9 所示。

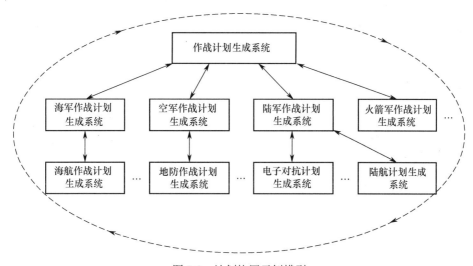

图 7-9 计划协同示例模型

为了灵活适应从完全集中的指控结构到网络中心战自同步等各种指控关系和模式，有三种形式的作战计划生成体系被提出，它们分别是：集中式计划生成体系、层次式计划生成体系和对等式计划生成体系。

在整个作战计划生成体系中，各军种的各级作战决策部门被视为具有一定自治性和独立性的计划生成实体，各实体在不同的指控模式下存在隶属、协商、竞争等关系。作战计划生成系统支持各计划生成实体间的各种交互关系，支持上述三种不同的作战计划生成体系。

在集中式计划生成体系中，只存在唯一的计划生成实体，用于制订所有的作战计划，调度各种作战资源。在系统规模较小的情况下，这种集中式的计划生成方式易于实现和管理，并具有较高的效率。但是当系统规模增大时，集中式计划生成将需要协调和调度更多的来自各军兵种、部门的资源，计划生成难度加大，成为潜在的系统瓶颈。

在层次式计划生成体系中，计划生成实体按隶属关系形成树状的层次结构。根节点负责协调、安排叶节点的作战计划，而其余各节点则根据父节点的协调安排生成各自的作战计划，并将其进一步分解到各自的叶节点。层次式计划生成体系通过逐级分解能够适应大规模的作战计划生成任务。但是，严格层次式的体系依赖上级节点的协调、控制，对于可能影响全局的情况变化需要逐级上报，并由高层节点统一协调，大量底层节点间缺乏直接的沟通途径，因此在快速变化的战场环境中可能会出现适应性问题。

在对等式计划生成体系中，各计划生成实体之间是一种对等、协商的关系，不严格区分层次的隶属关系，各实体根据自身的情况及全局任务目标经过协商确定、优化各自的作战计划，以保证全局任务目标的实现。对等式计划生成体系强调各计划生成实体间更充分有序的交流和协作，体现了网络中心战环境下各作战实体自同步的特点，在快速变化的战场环境中具有高适应性。从软件体系结构的角度看，对等式计划生成体系是一种面向服务的结构，其中各计划生成实体均通过统一的服务调用接口向其他实体提供一定的计划协商与生成服务，在智能主体、对等网、网格等技术的支持下可实现节点间灵活、无缝的资源共享和协调使用，并具备自组织、自适应的特点，适应快速变化的战场环境。对等式计划生成体系也可以进一步支持混合式的协同计划生成体系，即在保证节点间对等交流、资源共享的基础上，在局部体现出一定的集中或层次的计划生成模式，以充分满足联合作战中的计划生成需要。

7.3.4　作战实验技术

实验是指"为发现求知事物或验证已知事物而进行的一切行动或过程"。在自然科学领域，实验是探索自然奥秘的一把钥匙，大量的新发现与新规律都是从实验当中获得或者在实验中得到验证的。现代社会科学的研究也广泛运用了实验的手段。例如，对于复杂的社会问题，如社会经济问题、社会变革问题、心理学问题等，都可以运用实验方法加以研究，这一研究方法产生了一系列重大成果。

军事科学既有着自然科学的特点又有着社会科学的特点。对武器装备系统的研究属于自然科学范畴，而对人与人之间的协作与对抗的研究则属于社会科学范畴。科学实验概念和方法在军事领域的应用为军事问题研究提供了新的思路和方法。

近年来国际战略环境和军事斗争形势已变得空前复杂，战略战役决策科学性的要求更是达到了前所未有的程度。作战实验逐渐担负起未来战争设计、创新理论研究、创新体制编制、创新指挥人才培养、创新装备体系发展等重要功能。[①]而这些功能的实现，必须以完善的作战实验体系、科学的实验方法、先进的实验技术作为支撑。

---

① 马健. 加速推进空军作战实验室建设[J]. 空军军事学术，2009（2）：3.

作战实验与其他自然科学和社会科学的实验在本质上一致的，它是一种研究问题的科学方法论。历史上，很多著名的作战理论都是通过反复的作战实验而形成与完善的，最后才投入到作战实践当中。例如，著名的潜艇"狼群"战术、"闪击战理论"的提出与发展，就是基于反复的实验，最后在实战中取得了非常好的效果。随着信息技术的发展，作战实验手段更加多样化，各种手段的综合运用，使作战实验效果更佳，作战问题的研究也越来越离不开实验的手段。作战实验技术为指挥与控制提供了一条新的、有效的探索之路。

现代作战实验的分类如图 7-10 所示。作战实验一类是实兵实验，另一类是非实兵实验。实兵实验是指基本以实际的作战部队与武器装备为主体参与实验，部分要素用替代品（如敌军及一些使用代价过高的武器装备等），这种实验方式与实战场景的相似度很高，但其组织比较困难，代价高，难以反复实验、分析、研究。非实兵实验没有实兵参与，只是利用一些模拟装置来进行实验推演，包括思想实验、兵棋与图上推演及计算机仿真实验等。思想实验通过人脑的逻辑推演来完成实验探索。兵棋与图上推演则是利用相关辅助工具进行实验探索。计算机仿真实验是指设定相关的实验条件，建立仿真模型，运行仿真模型，以及获取实验结果与分析实验结果的一种活动。它是通过计算机程序来模拟复杂实际问题的一种实验方式，是信息技术发展到一定阶段的产物，也是方法论上的一场革命。计算机仿真实验技术在作战领域得到了广泛的应用，如作战方案的选择、武器装备的论证、指挥与控制体制的优化等领域都离不开仿真实验技术。

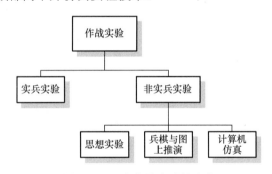

图 7-10　现代作战实验的分类

基于仿真的作战实验技术需要解决的问题如下。

（1）根据实验目标，应选择哪些实验要素？

（2）实验要素变量如何取值？如果全排列组合个数过多，如何选取代表性的组合进行实验，且不影响实验目标？

（3）如何控制实验的进行才能达到实验目标？如何寻找最优方案与可行解集？

（4）如何从实验结果中进行数据分析以得出规律，辅助决策？

解决上述几个问题的关键技术，就是我们通常所说的仿真实验设计与分析。如果只有实验设施，而没有较先进的实验设计与分析手段，那么是无法有效地开展实验的。作战仿真实验设计与分析理论框架可以从实验目标、实验模式、实验环境模块三个方面来描述。

1. 实验目标

实验目标的设立是为了决策，不能为了实验而实验。基于实验的决策通常分为以下三种类型：寻优、寻需、寻规律。

寻优就是通过仿真实验的方法找到一个较优化的问题解决方案，如选择一个较好的作战方案，选择优化的参数设置等。寻优在仿真实验中应用非常广泛。但是，基于仿真的优化是非常困难的。这是因为，仿真计算相对于解析计算而言，其计算量要大得多。直接反复迭代调用仿真模型优化求解的计算量非常大，因此许多学者研究了多分辨率模型计策来优化求解。主要思路包括实验设计、仿真求解、回归拟合、优化等反复迭代的求解策略，充分利用解析形式的元模型来减小计算量。

寻需是通过仿真实验的方法找到符合需求目标的可行解集。在作战仿真寻需中，通常要找到可行策略方案集，或者找到符合任务需求的系统能力指标的需求空间。寻优只是在实验探索空间找一个优化的点，而寻需则是要找到满足一定需求条件的点集，其仿真计算量当然要大得多。对于一般性的寻需问题尚无法像优化问题那样有规范的解决方法，因此只能采用穷举探索的方式来解决。但是对于一些具有特殊性质的探索问题，可以采用相应的优化探索方式来解决，可以极大地提高探索效率，使得一些较为复杂的寻需问题能够被解决。例如，对于作战能力需求空间的探索生成问题，可以利用能力指标的单调性，做到优化寻需，用较小的计算量获得能力需求空间。

寻规律也是作战仿真实验的一个重要目标之一，通过仿真实验的手段，发现系统的内在规律，辅助指挥决策人员利用规律来解决实际问题。例如，可以通过仿真实验，发现作战系统中关联的要素及这些要素之间是正相关还是负相关，也会发现哪些要素往往会同时出现，以及哪些要素的出现顺序不同会对结果产生不同的影响等。指挥决策人员可以通过仿真实验获取作战系统的基本规律，启发思维并决策。联机事务分析、数据挖掘等现代数据分析工具可以运用到作战仿真实验的规律发掘上来。

实验目标的确定依据决策者的决策目标，因此实验的目标是多样的，上述三个实验目标是具有代表性的三类，也是普遍运用的实验目标。

2. 实验模式

实验模式就是通常所指的实验设计模式，即实验对象的基本类型。可以把实验对象分成三种类型：两段型、离散型、连续型。两段型是指实验因子取值只有两段。例如，对于某一个作战指标，我们只实验其最大与最小值，其取值只有两种，另外对于一些定性的实验因子，如各种作战方案，其取值也可分成两段，一段是"有"，一段是"无"。离散型是指实验因子取值分成若干段，比如，上述的导弹圆概偏差 CEP 可以取 100m、150m、200m 等离散值。连续型是指实验因子取值是连续的，在连续的实验空间中进行实验。例如，导弹圆概偏差 CEP 取值范围为某一连续区间，比如[100,200]（m）。不同类型的实验对象具有不同的实验模式。

3．实验环境模块

作战仿真实验环境模块结构如图 7-11 所示，其中包含 4 个模块，即仿真模型模块、实验设计模块、仿真控制模块和数据分析模块。仿真模型模块是指实际问题的仿真求解部分，另外 3 个模块属于仿真实验环境。一个良好的仿真实验环境应做到仿真求解模型与实验环境的独立。

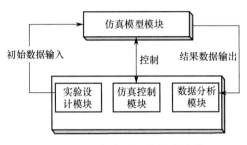

图 7-11　仿真实验环境模块结构

实验设计模块所实现的功能是完成实验因子和各种模式的实验设计。

仿真控制模块所实现的功能是控制仿真实验的运行，包括仿真的起停与仿真实验次数的控制、实验探索空间的动态控制、并行实验控制等。

数据分析模块利用统计分析及数据挖掘分析等分析方法，实现寻优、寻需与寻规律等功能。

7.4　典型系统介绍

美军指挥与控制系统分为战略指挥与控制系统和战术指挥与控制系统。战略指挥与控制系统目前是 GCCS。美陆军战术指挥与控制系统主要由军、师级及旅和旅以下部队使用的二级作战指挥系统（含单兵 C3I）组成。美海军战术指挥与控制系统分为岸基战术指挥与控制系统和海上战术指挥与控制系统。岸基战术指挥与控制系统主要包括舰队、基地、水警区、舰队航空兵、岸基反潜战等指挥与控制系统。海上战术指挥与控制系统主要包括编队旗舰指挥中心系统、各类舰载指挥系统和舰载武器控制系统。旗舰指挥中心系统是海上 C4I 战术数据管理系统，由战术数据处理系统、综合通信系统和数据显示系统等组成。美空军战术指挥与控制系统主要由战术空军控制系统、空军机载战场指挥与控制中心、空中机动司令部指挥与控制信息处理系统组成。

美军指挥与控制系统的发展源于 20 世纪 50 年代各军种单一功能指挥与控制系统的建设，以各军种单一功能 C2 系统为起点，其发展经历三个阶段。

第一阶段：冷战时期，以实施核报复战略为主要目的的全球军事指挥与控制系统（WWMCCS），是一种应急式、适应机械化装备的指挥与控制系统。

第二阶段：美军全球战略部署时期，以实施军兵种互联互通为主要目的的全球指挥与控制系统（GCCS），通过该系统美军尝试将 60 多个业务系统进行互联互通。

第三阶段：21 世纪初，以实现"长期战争"的战略需求，确保未来战场的指挥与控制优势为目的的网络赋能（NECC）计划，其核心是突出网络赋能指挥，具有互联网时代的特点。

7.4.1　美军第一代指挥与控制系统——WWMCCS

20 世纪 60 年代，随着苏联军事力量的增强，美国制订了"单一整体作战计划"。1967年，美国对该计划又做了修订，强调保护第二次打击能力，确定了使用洲际弹道导弹、潜射弹道导弹和轰炸机进行大规模报复的策略。核报复战略要求 C2 系统在受到第一次打击后能够生存下来，并保证能进行报复。由此，美军花费巨大资源，加固指挥中心，发展机载指挥所，扩展通信系统，以提高 C2 系统的生存能力。

美国在战略核武器（洲际弹道导弹）研制成功后，认识到原有的 C2 系统已经不能满足战略核武器指挥与控制的新要求，需要对已经建立起来的 C2 系统进行改进并联网，且逐步研制一些供战略核武器使用的分系统。在这种思想的指导下，美国成立了国防通信局（1991 年改为国防信息系统局），着手建设国防通信系统，把原来由三军独立管理的长途通信系统集中起来管理，作为国防通信系统的骨干，并负责对战略核武器的指挥与控制提供通信支援。1971 年，美国防部决定成立全球军事指挥与控制系统委员会，统一规划和管理系统工程和计划，根据各方面要求对系统进行改进和扩建，目的是建设一个完整、准确、实时的 C2 系统，并正式定名为全球军事指挥与控制系统（WWMCCS）。

1. 系统目标、能力及建设历程

WWMCCS 是一个覆盖全球、具有战略预警探测与通信能力的情报收集、处理和显示系统，用来支持高级军事机构在常规和核战争条件下的指挥与控制功能。它的三项基本任务是：日常的指挥与控制活动；危机处理；战时（包括核战条件下）指挥与控制部队。其核心任务是供国家指挥当局（通过参谋长联席会议）对全球的美国战略核武器系统进行指挥与控制，利用它逐级向第一线作战部队下达命令。

WWMCCS 的建设随着美军战略认识的转变经历了"一枝独秀"的加速发展期和指挥与控制系统建设"百花齐放"的同步改进提升期。

20 世纪 70 年代，WWMCCS 得到了较快的发展，建成了比较完善的体系结构和相当先进的实用系统。这一时期 WWMCCS 一枝独秀，得到了充分的重视。

到了 20 世纪 80 年代，美国当局认识到未来战争并非一定是核大战，更多的可能是局部的常规战争，因此，除继续发展战略核武器外，还应积极发展战术武器。20 世纪 80 年代，美国在实施"战略防御"计划的同时，还实施了"空地一体战"计划。空地一体战计划要求战术 C3I 系统应具有机动、火力支援、防空、情报侦察和电子战、战斗勤务支援等

功能。1985 年，美军提出战术 C3I 系统必须可靠、安全、生存力高，能迅速收集、分析和提供信息，能及时传达命令、协调支援的要求。同年，美军又提出了纵深攻击理论，该理论在战术 C3I 系统建设上的反映便是研制联合监视目标攻击雷达系统、精确定位攻击系统和各种遥控战场传感器等，从而促进了战术 C3I 系统的发展，其中最突出的就是美国陆军战术指挥与控制系统。此外，美军还提出了各种分布式指挥与控制系统、新的战场信息管理系统及空间对抗的 C3I 系统等更高层次的 C3I 发展计划。

在重视战术指挥与控制系统发展的同时，其战略指挥与控制系统也得到了改进和提升。1983 年，美国提出了全球军事指挥与控制系统现代化计划，该计划更换了 35 个系统的 88 个中央处理机，并进行了系统的标准软件开发。改进 WWMCCS 的其他主要措施包括：北美防空防天司令部夏延山指挥中心及其所属预警探测系统实行现代化改造计划，修建航天司令部中心，国家紧急空中指挥所全部改用 E-4B 空中指挥所。

20 世纪 80 年代美军 C3I 系统的发展，无论在全球军事指挥与控制系统，还是战术 C3I 系统上，都取得了较大的成就。在全球军事指挥与控制系统上，由于执行战略现代化计划，研制和改进了 WWMCCS 的诸多分系统，使全球军事指挥与控制系统继续保持技术优势。

2．系统的体系结构

全球军事指挥与控制系统有遍及全球的 30 多个指挥中心，分布在世界各地，其中国家级军事指挥中心、国家预备军事指挥中心、国家紧急空中指挥中心和国家舰载预备指挥中心是全球军事指挥与控制系统的"神经中枢"（见图 7-12）。

全球军事指挥与控制系统的核心是国家军事指挥中心，设在五角大楼内，供总统、国防部长和参谋长联席会议在平时和战时条件下指挥部队使用。该指挥中心内装有先进的计算机设备，6 台 2.4m×3m 的大屏幕显示器和各种先进的通信设备；备有多个战争总计划和战斗行动方案。参谋长联席会议通过该指挥中心，用 40s 时间就可与国外任何一个或全部联合司令部进行联系或召开电话会议。美国中央情报局、国家保密局、国务院、国防通信局及联合侦察中心等有关部门和有关的办公室都派有代表在国家军事指挥中心工作。

国家预备军事指挥中心设在马里兰州里奇堡的一个地下加固的设施内。它与国家军事指挥中心相连，有较完善的情报收集、处理与显示设备，其功能大体上与国家军事指挥中心相似。它设有国家军事指挥中心的重要数据库，并且存放有进行常规战争和核战争的各种方案，可根据美军战备情况，迅速增加人员，当美军进入二级战备后，它可立即承接全部军事指挥、控制任务。

紧急机载指挥所是国家军事指挥系统和最低限度应急通信网双重功能的指挥机构。该指挥所设在 E-4 飞机上，平时不参与指挥，只了解情况。当美军处于临战状态时，它升空待命。总统首次下达核攻击命令时，它取代陆地指挥中心行使对战略部队的指挥权。由于它在空中机动，因此是美军战略指挥系统中生存能力最强的一部分。

国家舰载预备指挥中心设在两艘战略指挥舰上，一艘是诺思安普顿号，一艘是赖特号。它平时不参加指挥，只了解情况，当美军处于临战状态时，它出航待命，根据需要接替国家军事指挥中心行使对战略部队的指挥权。由于它在海上机动,所以它和紧急机载指挥中心一样,具有较强的生存力。

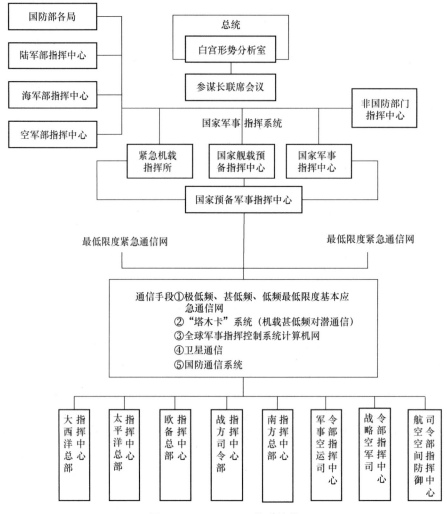

图 7-12 WWMCCS 体系结构

7.4.2 美军第二代联合作战指挥与控制系统——GCCS

美军第二代联合作战指挥与控制系统为目前美国国防部指挥与控制系统,即全球指挥与控制系统(GCCS),该系统于 1996 年投入使用,包括国防信息系统局(DISA)的联合GCCS(GCCS-J)、各军种 GCCS 即 GCCS-A,以及 GCCS-M 和 GCCS-AF。全球指挥与控制系统(GCCS)是其一体化指挥、控制、通信、计算机、情报、监视和侦察(C4ISR)系统的核心和网络中心战体系结构的重要组成部分。GCCS 主要用于提高联合作战管理及应急作战能力;与联合作战、特种部队及联邦机构 C4I 系统连接;确保和平时期和战争时期作战计划的制订和军事行动的顺利实施等。GCCS 使美军已具备了一定的联合指挥与控制能力，该系统是美国国防部指定的 2010 年以前唯一的指挥与控制系统。

1．系统目标和能力

GCCS 的前身是全球军事指挥与控制系统（WWMCCS），其使用的计算机主机是基于 70 年代技术的，系统的互操作性较差，信息不能公用，不但不适合低级别部队的联合作战使用，也不能满足美军当今的作战要求，更不适应未来信息化战争的需要。20 世纪 80 年代美军曾对它进行了两次重大改进，但效果仍然不很理想。于是，美军于 1992 年提出研制 GCCS，用来取代 WWMCCS。

GCCS 的设计目标：一是用户生产率高，二是开发效率好，三是可移植性和可用性强，四是互操作性优，五是安全保密性高，六是可管理性强。初创的 GCCS 所支持的核心功能包括：作战、调动、部署、投入、维护和情报。它的基本任务应用包括：联合作战计划和执行系统（DOPES）、资源和训练系统的 GCCS 状态（GSORTS）、全球侦察情报系统（GRIS）和现代综合数据库（MIDB）。它的核心功能包括：全球运输网络（GTN）、应急战区自动计划系统（CTAPS）和战区自动指挥与控制信息管理系统。

2．系统的体系结构

GCCS 系统属于一种分布式计算系统，可保障指挥和控制功能的软件及数据被分布在通过网络互联的异构与互操作的计算机上，通过三层客户/服务器结构实现其分布式计算。GCCS 通过：威胁识别与评估、战略计划辅助、行动过程拟定、执行计划的实施与监控、危险分析、公共战术图像等功能域来支持作战、动员、部署、兵力运用、支持和情报等项任务。

GCCS 系统的三层结构为：最低层是战术层，由战区军种所属各系统组成；中间层是战区和区域汇接层，主要由战区各军种司令部、特种/特遣部队司令部和各种作战保障部门指挥与控制系统组成；最高层是国家汇接层，包括国家总部、参谋长联席会议、中央各总部、战区各总部等。GCCS 系统的实质是一个基于客户机（Client）－服务器（Server）的分布式的全球指挥与控制计算机网络。GCCS 系统的体系结构如图 7-13 所示。

3．系统的研制

GCCS 研制计划分为三个阶段。

第一阶段，1992—1995 年。主要任务是确定需求和方案，制定系统标准及操作政策和条令，使各军种在一定程度上实现数据、话音、图像、报文和视频系统的互通。

第二阶段，1995—2004 年。主要任务是将所有 C4I 系统互相连接，组成一个联合互通网。

第三阶段，2004—2010 年。最终实现 C4I 网络之间最大程度互通，并将美陆军战术指挥与控制系统、海军"哥白尼"C4I 系统、空军战区战斗管理系统和海军陆战队战术指挥与控制系统完全综合在一起，建立起一个全球的信息管理和控制体系。

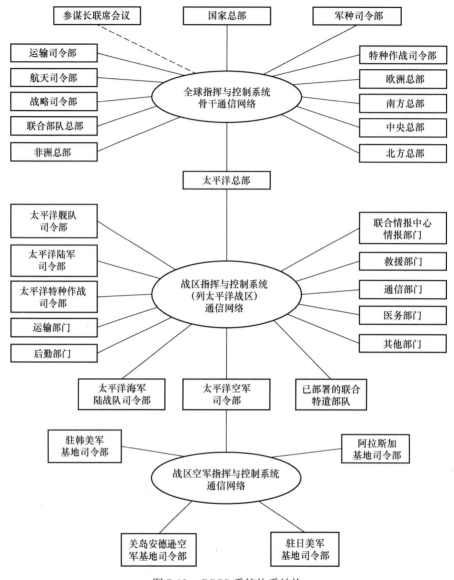

图 7-13　GCCS 系统体系结构

　　1996 年 8 月 30 日，GCCS 具备初始能力，开始替代 WWMCCS。1997 年 9 月，GCCS-T 投入运行，取代 WWMCCS 的最后一部分。1998 年，GCCS 3.0 版软件操作系统取代其 2.2 版。1998 年年底，美军开始开发 GCCS 4.0 版，该版对共用作战图像、综合成像、情报等功能进行了升级，使数据传输方面的能力得到了增强。2001 年 "9·11" 事件后，美军计划对 GCCS 进行二三十次修改，其中包括用一个主数据库取代目前的 16 个不同的数据库，最终版本将是一个全新的体系结构。2003 年 GCCS 在全球部署完毕 625 个基地。其中，在伊拉克战争中，美军利用 GCCS-J6.0/6.2 软件，实现了指挥与控制系统与侦察监视系统的集成，形成了从传感器到射手的一体化结构。GCCS 系统的计算能力是 WWMCCS 系统的 100 倍，美军利用 GCCS 只需 3min 左右的时间便可命令其全球战略部队进入战备状态。

7.4.3 美军第三代联合作战指挥与控制系统——JC2

联合作战指挥与控制能力是综合运用各军种的作战能力、实施有效联合行动的关键。目前，美国国防部指挥与控制系统为全球指挥与控制系统（GCCS），该系统在很大程度上满足了军种内部的纵向信息的交换需要，但由于各军种 GCCS 是为满足各自任务需要而开发的，缺乏联合互操作性和通用的数据结构，因而阻碍了联合部队各军种分部之间横向的信息交换及协作，计划人员需要花费很多时间在大量不相关的数据或重复的数据中找寻所需信息，这就限制了指挥人员对联合作战进行计划、执行和评估的能力。

例如，在制订利用空军近程空中支援和海军支援火力支持陆军和海军陆战队联合地面机动的计划时，这三个军种的指挥人员将分别使用各自的战备数据库、计划制订系统、报告系统进行兵力分配、行军路线和后勤保障规划、确定计划执行的进展情况等。因此，在计划过程中三军指挥人员要花费大量的时间、不断地进行协调以确保作战资源在适当的时间能够到达正确的位置，这样就大大制约了联合作战效能的发挥。

为了克服现有系统缺陷，满足美军联合指挥与控制向网络中心战转型及能力要求，美军提出了第三代联合作战指挥与控制（JC2）系统的研发计划——网络赋能指挥能力（Net-Enabled Command Capability，NECC）计划。

1. JC2 系统的目标和能力

JC2 的顶层建设目标是：提供从总司令（总统）到战区部署的联合部队和下属司令部无缝的联合指挥与控制。包括将 GCCS-J 和各军种的 GCCS 汇聚成一个通用体系结构，以及将全球通信卫星系统并入 GCCS，成为它的组成部分；改进端到端的指挥与控制能力，包括态势感知、情报和战备能力；向 GIG 网络中心企业服务体系结构过渡。

2006 年 3 月，美国国防部将 JC2 的能力描述为网络赋能指挥能力（NECC）。美国国防部认为，由于用户需求的增加，未来 JC2 将会在更多的网络上运行，包括保密网、非保密网及盟国和政府机构内部更多的网络，JC2 的能力也将扩展到无线用户。网络赋能指挥能力一词能够更好地体现"联合"这个概念，体现超越国家的、具有战略性的、互操作的全球指挥与控制水平，它标志着美军联合指挥与控制系统的建设进入新的发展阶段。

JC2 将为美军提供灵活的指挥与控制能力，使得联合部队能实现敌方难以匹配的作战节奏、决策制定和指挥与控制。它将充分利用由网络中心企业服务（NCES）和其他网络中心提供者所提供的技术和核心企业服务，通过横向和纵向的联合指挥与控制操作性能所达成的高度协调的信息共享来发挥信息优势，使作战人员能够及时读取战场信息，并且能够通过连接通信、情报和战斗系统的接口，达到最快的信息处理速度，以支持国防部、盟军和联合作战部队的指挥与控制。

具体地讲，JC2 可帮助美军实现以下能力。

（1）联合部队及海外驻军的指挥员、参谋人员、决策者或者专家，可通过网络化的协同环境联系在一起，位于世界各地的成员可直接与其他成员通信。

（2）分散在世界不同地域的指挥员可使用一套协同工具，就某一问题进行研究并解决问题。

（3）通过在协同环境下以联网的形式工作，指挥员可就某一项任务对所属人员，包括指挥人员、参谋和其他人员进行组织，提高工作效率。

（4）在协同环境下，任何参与者都可在政策和安全限制许可的范围内，访问系统收集或生成的信息。指挥员和参谋人员通过通用信息基础设施，可形成唯一的作战态势图。

（5）可形成各种行动方案，并对其进行评估。指挥员可在决策过程中快速地读取这些行动方案。

（6）指挥员可在关键的时间或者地区调集部队，以便更有效地执行任务。

（7）联合指挥与控制将充分利用分散作战带来的好处，下级指挥员可主动把握和利用机会。

2．系统设计的体系结构

JC2 的组成与功能如图 7-14 所示。JC2 系统主要由 5 个分系统组成，即数据传输基础设施、计算机操作系统、Web 服务、应用程序和数据。其中，应用程序以 Web 服务为基础，以提高其互操作能力为目标，对现有指挥与控制应用程序进行重新设计，采用"系统分离技术"，有助于未来对某一部分进行单独升级和改进。

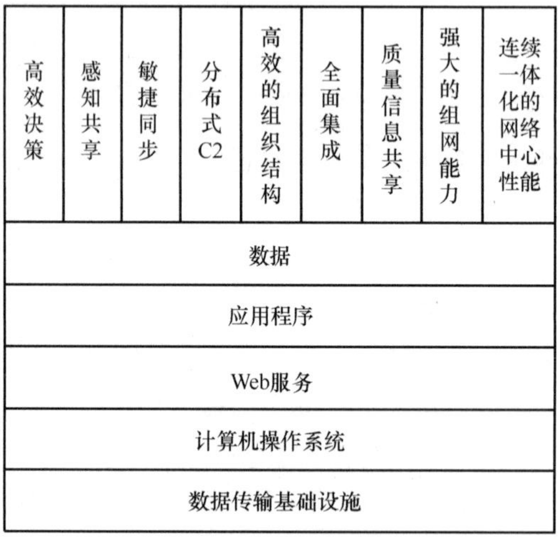

高效决策	感知共享	敏捷同步	分布式C2	高效的组织结构	全面集成	质量信息共享	强大的组网能力	连续一体化的网络中心性能
数据								
应用程序								
Web服务								
计算机操作系统								
数据传输基础设施								

图 7-14　JC2 的组成与功能

JC2 系统包括 8 个使命能力包（Mission Capability Package，MCP）：态势感知、战备、兵力投放、情报、部队防护、兵力运用（空/天作战）、兵力运用（地面作战）、兵力运用（海上/水面作战），今后将取代原先各军种专用任务包如野战火炮支援、空军任务命令的确定等。通过能力模块（CM）提供一种军事能力如态势感知，而这些能力模块则由小型、松耦合的模块化构件（一种或多种服务）组成，驻留在 GIG 上。可以进行合并或重组以适应特定的任务、场所和时间的要求。C2 服务将"以能力为基础"，而不再以系统为基础，C2 相关团体（COI）能访问不同的能力组。

JC2 系统的应用和功能都建立在 GIG 企业服务（GES）之上，它将利用网络中心企业服务实现对各军种、局和联合部队提供数据资源的共享访问。NCES 将为指挥与控制及情报（C2&I）相关机构〔COI〕提供轨迹管理、态势感知、告警、数据融合及其相关功能、消息分析等支持。

轨迹管理：主要内容包括添加、删除、编辑和合并轨迹。

态势感知：在全球范围分发红/蓝军及中立军队的态势感知信息，并实现态势同步，提供 COP 主要视图。

告警：生成和分发高优先级消息，如探测到的导弹发射、核生化事件等。

数据融合及其相关功能：融合来自不同信息源的数据，以获得对目标的全面理解。

消息分析：NCES 服务将处理特定的 C2&I 消息格式，如 USMTF、OTH-GOLD、Link11、Link 16、VMF、IBS 等。

3．系统的研制

美国第三代联合作战指挥与控制系统的建设经历了一个短暂的历程。

2006 年 3 月，美国国防部负责网络与信息集成的助理国防部长宣布将 NECC 确定为 GCCS 的升级目标，也标志着 NECC 正式进入技术开发阶段。

2006 年年底，确定采用面向服务体系架构（SOA），提出了其硬件与软件体系结构、核心企业服务、数据源、过程管理、最终用户环境和安全性要求等。

2007 年第 4 季度，NECC 进入系统开发与演示验证阶段。

2008 年，美国防部为 NECC 启动了一个为期 4 年的投资计划，即"增值"计划，下定决心迁移 GCCS 系统中的所有功能并提供新能力。

2008 财年结束时，NECC 完成了年初信息技术采办委员会（ITAB）计划报告和采办决定备忘录（ADM）中授权的 5 大项能力模块的初步开发，分别为可视化用户定义作战图、天气数据、蓝军地面数据、红军数据和联合管理。

2008 年 7 月 31 日，国防信息系统局采办执行处批准继续对 NECC 计划进行投资，并决定该计划由技术开发阶段进入里程碑 B 阶段。该阶段的工作重点是验证技术成熟度和对计划成本进行评估。

2009 年 1 月 3 日，国防信息系统局采办执行处和里程碑决策权威联合批准了 NECC 的 2009 财年计划。

2011 财年，参议院军事委员会建议终止 NECC 系统，将其资金全部投入完善现有的全军和国防部机构 GCCS。

虽然国防信息系统局（DISA）一再强调 NECC 计划并未出现重大延迟和超支，但历时 4 年短暂发展的 NECC 计划还是走到了尽头。2010 年，美国陆续公布了《2010 年四年防务审查报告》和"2011 财年国防预算"，正式决定终止 NECC 计划。

7.4.4 未来系统建设的挑战

美国联合作战指挥与控制系统从第一代到当前的第三代开发（NECC 计划），其发展是一个持续的、不断演化的过程，其系统不同版本的升级和不同代的演化有其特殊的历史背景、文化和技术基础及方法和策略运用。

NECC 计划的终止是奥巴马政府在备战和转型之间，做出的一次鱼与熊掌的抉择。经过近 10 年转型的磨炼和两次"反恐"战争的洗礼，美国国防部再一次重新确立了未来的发展方式。在 NECC 终止过程中，以"增值"方式获得能力模块的发展方式体现出了前所未有的灵活性，为美国国防部以低成本、及时地调整发展思路提供了保障。

美军的"螺旋式推进，滚动式发展"的系统建设模式，以及明确管理职责、严格管理流程，坚定不移地向面向服务体系架构迁移，积极推动网络中心企业服务的开发，严格按照系统工程方法组织实施系统建设，建立协同的开发、测试、评估环节等有益做法，代表着未来部队武器装备体系发展建设的总体方向和发展规律。对于我军来说，美军正在发展什么项目固然值得关注，但是，美军科学的系统建设与管理模式，以及合理的系统开发、测试、评估等方法，更值得我们借鉴。

美军终止 NECC 项目，并不意味着放弃了联合作战指挥与控制系统的转型。从近期看，美军将重点放在了对联合作战全球指挥与控制系统（GCCS-J）的升级改造上。美军已制订了将 GCCS 过渡到未来联合作战指挥与控制能力的长远计划，坚持向更强的网络中心能力发展。美军瞄准面向服务体系架构的技术优势，放弃旧的公共操作环境（COE），积极推动网络中心企业服务的开发，建立了一套 Web 与信息服务及新工具和新应用程序，并将已获得的成熟模块和工具及成型的网络中心企业服务，用于联合全球指挥与控制系统的升级改造中。美军新推出的联合全球指挥与控制系统"Block V"新增了核生化攻击效果探测、图像目标与公共作战图像上的元数据合成、告警通报集成、信息战规划工具集成等能力，提升了该系统的联合作战指挥与控制能力。

随着信息技术的高速发展，人工智能技术的发展突飞猛进，尤其以机器学习、深度学习和强化学习技术为代表，在图像识别、自然语言处理等领域取得了突破性进展。人工智能时代的到来将会推动战争形态和战斗方式的改变，也必然会引发作战指挥领域的深刻变革。如何将人工智能引入军事辅助决策，预测战场态势的瞬息变化，实时地生成自适应型的作战方案，将是下一代美军联合作战指挥与控制系统的发展方向。

近年来，国内外对智能化指挥与控制的呼声越来越高，各国军队早已开始提升各类作战系统智能化水平，特别是增强信息系统对复杂作战态势的理解与智能规划能力，以及增强指挥与控制系统发展研究的核心能力，并进行了一系列尝试。其中最典型的代表就是美国国防部高级研究计划局（DARPA）支持的"深绿"计划。该计划的核心思想是对实时的态势情况进行模拟分析，预测对手可能出现的行为，并提供智能化作战辅助决策。总体而言，"深绿"旨在汇聚集成作战决策的各要素信息，从而提升指挥员的决策能力。只要对战场环境模拟足够逼真，考虑的作战场景足够丰富，平台所提供的计算能力足够强大，"深绿"所提供的辅助决策方案也就更加"智能化"。

然而由于人员和财力方面的原因，以及技术层面难以达到预期的要求，"深绿"计划从 2007 年启动，到 2011 年被迫终止，尽管这期间经历了数年的努力，但验收成果与理想结果之间仍然有较大的差距。由于战场态势难以直接建模，"深绿"计划面临的直接难题就是难以收集或者生成大量的作战训练样本，对于人工智能而言，这就难以训练出一套自适应的作战决策准则。今天，我们重新看智能化联合作战指挥与控制系统的发展之路，首先必须要解决大数据分析和深度学习两方面的技术难题，才能够实时地为指挥员提供智能的作战决策支持。

第 *8* 章

智能时代的指挥与控制

8.1 智能时代指挥与控制基础理论的发展趋势

随着信息技术的不断深化和发展，指挥与控制领域也不断发生根本性变化，"空海一体战""网络中心战""认知电子战""网络赋能""多域作战""蜂群作战""无人作战"等作战概念，催生出指挥与控制的新模式、新理论和新方法。为适应未来新型作战样式，智能时代的指挥与控制理论需要解决以下三个方面的核心问题。

8.1.1 指挥与控制的尺度问题

科技的快速进展使得"杀手锏"新型武器层出不穷，如"网络航母"、新型战术级弹道导弹、量子武器等，新型武器所带来的作战效果呈几何级数提升，通过一两次战术级火力突击就可达成战役或战略目标。这种某些单一武器系统的战术级行动带来战役，甚至战略级的影响，使得未来作战行动的战略、战役、战术层级划分将越来越模糊，具体体现为以下三个方面。

（1）作战规模界定模糊性突出。在未来信息作战中，作战双方都将不确定作战规模，采取超视距精确打击、非程式化"点穴"和结构破坏等战法，打击对方的战场感知系统与信息系统，以便迅速地达成作战目的。一次战役可能决定战争的胜负，一次战斗也可能实现战争的目的，从而大幅度地提高战役、战斗的战略作用。特别是各种精确制导武器、弹道导弹防御系统、侦察监视系统、隐形武器、C4ISR 系统等信息化兵器的广泛运用和快速反应部队、特种部队、战略预备队等的频繁投入战场，使得作战规模的界定模糊性更加突出。

（2）任务编组模糊化。在未来信息化局部战争中，武器装备向多功能、一体化方向发展，部队的编制趋向混合化、小型化。作战中，各军兵种围绕既定的作战目标，彼此依存，融为有机的整体。在战场上，各军兵种将在陆、海、空、天、网等多维领域，围绕统一的作战目的，既在活动空间上相对独立，又在作战行动上高度融合，使得不同军兵种所执行的任务界线变得更加模糊。

（3）攻防对抗模糊化。以往攻防作战的程序十分明确，进攻一方通常按照进攻准备、突破、冲击、纵深作战等进攻程序步步进行，防御一方按照防御准备、火力反准备、反冲击、纵深抗击等作战程序分段抗击，攻防双方在各个作战阶段展开有序。未来攻防作战将在陆、海、空、天、网及外层空间的前沿与纵深、正面与翼侧、前方与后方同时展开，战场机动频繁，线式作战样式已不适应信息化条件下局部战争发展的需要，取而代之的是非线式作战，形成一种"岛屿式作战基点"，前方与后方的界线、敌我双方的战线变得模糊，战场呈现流动的非线性或无战线状态的多维立体场景。

因此，以往通过局部小胜逐步汇集成战略性胜利的作战理论受到冲击，经典的OODA 环模型发源于空军战术行动过程，对于自上而下的指挥与控制组织来说具有很强的指导意义。但是对于未来战略层需要参与战役、战术级决策的作战场景来说，频繁的进行信息跨尺度流转、跨级别控制将是常态，这种新的指控（指挥与控制）模式是传统自顶向下的指挥理论所解决不了难题。智能指挥与控制理论首先解决指控模式与尺度的关系，研究未来智能指控理论的尺度特征，提出支持指挥与控制的信息跨尺度流转、跨层指挥等新型指挥模式将是未来必须解决的核心问题。智能指控理论的尺度分析如图 8-1 所示。

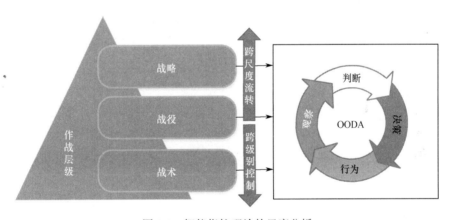

图 8-1　智能指控理论的尺度分析

8.1.2　指挥与控制"域"的问题

跨域协同是未来的高级联合作战形态，虚拟空间与物理空间协同、信息域与认知域协同，未来智能指控理论应当具备多域多环特征，通过未来新技术发展提升信息域指控环路的流转速度，进而带动认知域、作战域的指控环路，提升指挥与控制敏捷性的同时，实现跨域力量投送。信息域的环路可以理解为能量、信号、符号、知识之间的转换，信息处理的本质是信息形态的转换。未来智能时代的对抗将以信息域为中心，由信息流主导对抗进程，红蓝双方作战活动在物理域、认知域和社会域形成行为闭环，同时在以信息系统为核心的联合作战信息环境中投影为信息形态的闭环，从而形成能量、信号、符号、知识的转换，并且这种多域循环特征同时在战略、战役、战术及平台系统间存在。

总体来说，信息域的对抗将主导客观世界红蓝双方的对抗，并且未来信息域智能活动环的流动速度和精度将超过作战活动环，这种多域多环的新特性必将带来作战效能的"升华"，使得现在难以实现的复杂跨域协同成为可能。智能指控理论的多域多环特征如图 8-2 所示。

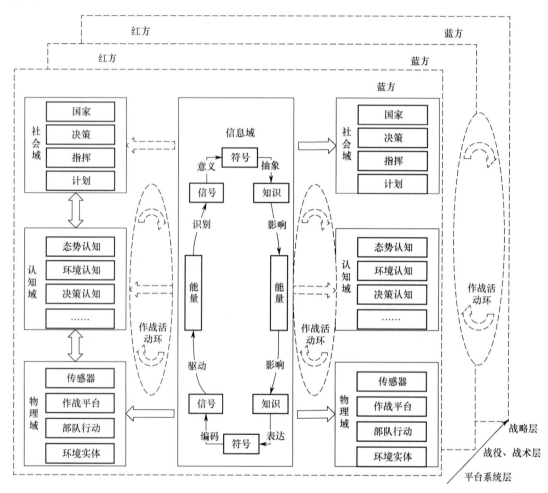

图 8-2 智能指控理论的多域多环特征

8.1.3 指挥与控制的敏捷性问题

指挥与控制的根本目的在于依托有效的组织结构为力量投送提供基础，传统指控组织建立的原则是"三三制"指挥原则，即每个层级指挥三个下级作战单元是最高效的指控模式，由此建立了中心化的指挥与控制组织架构。在智能时代，为应对未来高度不确定、快速变化的战场环境，"蜂群战术""无人作战平台"等新型作战力量设计之初就需要在力量末端实现观察、感知、决策和协同行动，然后将效果反馈给上级指挥机构，这种力量到边的指控需求使高级指挥中枢不堪重负，由此催生了一种新型的自底向上指挥模式。因此，未来智能指挥与控制理论应当是任务和事件的混合驱动模式。

在这种混合指控模式下，各作战域既有独立的指挥与控制环，同时又有相互交织的指挥与控制过程。它们大小嵌套、多环并发、异步运转。为适应多域作战的需求与特点，需要建立一种与多域作战形态相适应的新的指挥与控制理论。实际上，指挥与控制活动机理与"尺度"息息相关，或者与指挥层次关联，也即在不同"尺度"上应该有不同的指挥与控制机理，只有解决这一本质的科学问题，才能破解各级指挥与控制系统建设与运用的难题。指挥与控制理论模型的运用需要根据多域融合及其兵力系统的尺度进行选择，理论模型与尺度不相适应时，其运用就会存在问题。指挥与控制理论模型分类，可采取时间尺度、空间尺度、多域兵力系统规模尺度等建立所有基础理论模型的尺度关联。跨域作战指挥与控制系统需要突破指挥与控制领域的经典理论，建立与跨域作战形态相适应的指挥与控制理论——多域多环嵌套，以此为指导，构建多域作战指挥基本模式，指导跨域作战指挥与控制系统建设运用。

8.2 智能化战争对指挥与控制的要求

机器人大军通过物联网技术将克隆人、所有武器平台、作战资源置于网络中，加以数字标记，通过疏而不漏的天网，监视、控制和计算着整个战场空间，通过纳米技术将战场中的草、木、鸟、虫变成各种类型用途的微型和超微型纳米武器，从而为攻击武器导向、甚至直接攻击对方的武器控制系统使之丧失功能。这种天马行空的战争场景无时无刻不在提醒我们颠覆性技术对战场空间、作战样式、作战方法的改变，战争形态虽然千变万化，但是战争系统的本质依然是在人控制下的决策、指挥、组织的过程，以下从分析未来战争的变化入手，探索未来指挥与控制发展的新要求。

8.2.1 未来战争范式的变化

战争形态是人类社会经济形态的产物。可以说，有什么样的生产方式，就有什么样的战争样式。农业时代，进行的是冷兵器战争；工业时代，进行的是机械化战争；信息时代，是以信息化武器装备为主导的信息化战争；智能时代，人工智能代替人脑运算的生产方式，决定了无人装备能够自主、能动地执行作战任务。未来战争动因复杂、突发性强、涉及面广，不同域内的"明战""暗战"以多样化混合形态表现，军队处于更多样、更混沌的动态环境，战争形态发生"颠覆性"变革，智能化战争的雏形将由此登上战争历史的舞台。

1. 军事网络信息体系发生革命性的变化

军事智能化不仅是人工智能和军事的叠加，而且是由人、武器装备及作战方式构成的力量体系的整体运转描述，包括智能武器大量嵌入作战体系，但又不仅指智能武器的广泛应用。军事智能化既有社会智能化的共性，又有鲜明的军事特色，这就使军事网络信息体系从武器平台、指控体系、作战终端等方面多方位、全领域进行升级、换代、重塑，以形成人机一体、智能主导、云脑作战的军事新体系。

2. 全新作战概念必将层出不穷

当前世界军事强国关注先进作战武器、平台研发的同时，也非常注重智能化战争和无人化作战的理论研究与实践探索，"蜂群作战"、"族群作战"、"马赛克战"、多域作战、全域作战、边缘作战等新型作战概念层出不穷，新美国安全中心高级研究员戴维·巴诺的《硅、铁和影子：三种战争将定义美国的未来》报告称，未来战争的主导样式将是硅战争、铁战争和影子战争叠加的"混合战争"。法国国际战略研究所在 2015 年初发表的《军事平衡报告》中称，在一些不同场所且在参加人员大不相同的情况下，目前混合战争的情况越来越多。这种"混合战争"将有时被隐蔽的常规军事行动、拥有先进手段的游击战，甚至网络战混合在一起。颠覆性的新型战争形态，需要指挥员转变思想观念，对其必然性、紧迫性、重要性提起足够的重视，以敏锐、前瞻的眼光充分认识到智能化战争虽然是未来的战争，但是未来并不遥远。现实是智能化战争已显露端倪并迅速发展，正深刻改变着战争形态和作战样式。

3. 未来作战理论会有新的发展

在网络化、智能化技术的支撑下，战争的对象包括有意志、有目的和学习能力的人及其活动，人、装备、系统间的交互中贯穿着人的主观因素和自觉目的。战争外部环境充满了复杂的随机因素及强对抗，不具备可重复性。各种效果之间的相互作用，再加上与级联效应相关的不确定性，进一步造成了作战任务及过程的复杂性。因此，在诸多因素的影响下，作战指挥与控制充满了复杂和不确定性，效果是非线性的，不但与大数据相关，还对涉及"蝴蝶效应"的临界小数据也极为敏感，简单的交互也可能产生不可估量的影响和后果。研究未来战争的基础理论不但与系统论、控制论和信息论等"老三论"相关，更与耗散结构论、协同论、突变论等"新三论"有关；同时，又与管理科学，以及新兴的感知科学、认知科学也密切相关。广义地看，指挥与控制系统的研究范式不仅仅包含科学的范式，如推理、实验、模拟、大数据等，而且还可能涉及艺术的方法，如直观、揣测、思辨等。

与此同时，应正确认识战争的本质，以正确的态度看待和应对未来战争的深刻变化。智能化战争是信息化战争崭新的高级阶段，基础是基于人工智能技术的无人化自主作战。人工智能和军用机器人等先进技术，使武器装备具有自主战场感知、自主作战决策、自主规划计划、自主采取行动、自主协同配合、自主评估效果等"自主能力"，成为脱离人直接操控或者遥控，又能与人密切协同行动，实现人的目的的"战争主体"，是对以往战争形态和作战观念的一种颠覆性变革。所谓的"无人"，主要是指战场一线无人，作战平台无人，凡是能够用机器代替人的战位和行动，都由机器充任和完成。人则"隐身"幕后，主要担任指挥员和参谋人员。

可以看到使作战力量"翩翩起舞"的最本质核心是指挥员的"指挥棒"。特别是战役、战略级对抗过程中，"指挥艺术"不会过时。无论战争形态如何演变，人始终是智能化武器装备的发明者、制造者和运用者，是战争指导和作战力量不可替代的能动主体，并且在拥有强大作战效能的智能作战平台的支持下，指挥员决策的效果被成倍放大。这对指挥员决策相应也提出了更高的要求，而作为辅助指挥员发挥作用的媒介"指挥与控制系统"将依然是未来战争的核心。

8.2.2　智能化战争的特点

智能化作战是以人工智能为核心的前沿科技在作战指挥、装备、战术等领域渗透、拓展的必然结果，呈现出与机械化、信息化战争不同的鲜明特征。

1．作战空间全域化

智能化作战不仅可以在陆地、海上、空中、太空等传统战场空间的一个或多个中进行，而且遍及上述物理实体空间和认知、赛博等无形空间。美海军新海上战略文件强调，"全域进入"行动所要"进入"的作战领域，是"海上、空中、陆地、太空、网络空间及电磁波谱"的六维作战空间。作战在联合指挥下，围绕统一的作战目的组织实施，不同空间域的作战行动相互配合、互为支撑，作战效果叠加、补充，形成统一的态势优势、全局战果。多域一体，对智能化作战的侦察、指挥、打击等要素都提出了严峻挑战，要求能够利用智能化手段和方法及时、准确、高效处理多域数据、信息，应对来自全域空间的威胁，具备跨域打击和防卫的能力。

2．作战方式灵巧化

智能自主武器的大量运用，作战效能的大幅提高，催生了大量新的作战手段和作战样式，智能化的战争依托新型作战手段，作战方式将告别"粗放式""集团化"的模式，向"灵巧化"发展。无人化和自动化是未来装备发展的明显趋势，未来无人操纵平台（无人机、水面无人艇、水下潜航器）数量将超过有人操纵平台，在新概念武器方面，激光、电磁轨道炮等新概念武器也将成为现实，将颠覆原有的作战模式，使"无人作战""人机对抗""侦打一体""秒杀""点穴"等新作战样式成为现实。网络战、电磁机动战、综合火力战等作战方式，利用其在信息感知、信息对抗领域的非对称优势，通过"跨域行动"对敌方的武器发射平台及其系统实施先发制人的"点穴"式软硬杀伤，是信息化条件下进行灵巧化的体系对抗作战的典型作战方式。

3．信息环境融合化

一个安全可信、无缝互通的高度融合化信息环境是智能化的战争展开的基础，融合化信息环境应当包括共享性信息技术设施、体系级信息服务、统一安全架构，在实施全域作战行动中，能够为联合部队及其各方任务合作伙伴提供一种统一、安全、可靠、实时、有效且灵活的信息环境，任何行动、任意条件下的指挥、控制、通信与计算功能都可依托其展开实施。通过融合化的信息环境，确保整个军事信息网络实现无缝、互通、高效的信息共享，达成基于云计算技术的协作互动和体系服务，加速推动指挥与控制网络扁平化，依托统一安全架构，为作战人员及任务合作伙伴提供信息技术基础设施和共享服务的支持。

4. 作战体系柔性化

智能化作战的内在是能够实现作战体系的柔性重组。智能化系统、数据链、作战云的支撑，使作战体系由以往的相对固定性向快速重构性转变，各作战要素根据作战需要进行自适应组合，实现广域精确聚能、释能。一是体系分布多域拓展。未来作战空间向陆、海、空、天、电、网及认知域、社会域等多个领域拓展，能够在更为广阔的空间进行非线式、不规则、广域疏散式部署。二是体系运行跨域聚能。作战力量结构更为灵敏、轻便、精干和高效，动态重组和战场适应能力不断增强，能够根据作战需要，快速灵活调整，实现在物理域、信息域、认知域深度跨域聚能。三是体系效能精准释放。能够通过智能、半智能自主控制协调，达成全域空间内各种作战力量、作战平台的实时反应、快速机动和协同行动，作战效能由逐步释放和作战效果的线性叠加，向非线式、涌现性、自适应、自组织性等各系统效应融合转变，实现作战力量的精确释能。

5. 指挥决策超脑化

空间多维、力量多元、样式多样、节奏加快趋势的突出，指挥员有效指挥战争面临智能不足的"瓶颈"，借助基于大数据的智能辅助决策系统，以"人－机"协作为基本方式的新决策模式正悄然形成。人脑的优势在于创造性、灵活性、主动性，高层决策、总体规划等艺术性强的工作应由人脑来处理；机器的优势在于不会疲劳、不会遗忘、没有情绪、速度快、精度高，把需要大量、精确、高速的数据信息记忆、计算、管理任务交给机器，通过构建作战模型规则，以精算、细算、深算和专家推理方式，辅助指挥员在战略、战役、战术等多级筹划规划和临机处置中实现快速决策，充分发挥脑机两者优长、弥补短板。

8.2.3 智能指挥与控制的主要特征

智能化指挥信息系统将以"人脑+智能系统"的方式协作运行，智能系统将辅助甚至部分替代人在指挥与控制中的作用，掌握算法优势的一方将享有未战先胜之利，认知权将成为敌对双方争夺的焦点。这些智能化无人装备系统，实现了与人在物理实体上的分离，使拥有大量智能化无人装备系统的军队，可以远离随时都有伤亡危险的一线战场，不仅可以大大降低己方人员伤亡，而且能够达到精准杀伤敌人、减少附带伤亡的目的，彻底改变以往"杀敌一千、自损八百"的粗放式作战方式，从而使几千年来战争指导者和作战指挥员共同追求的目标成为现实。在未来高度复杂的战争形态下，指挥与控制需要被重新认识与定义，为适应未来作战需求，智能时代的指挥与控制应当在组织、决策、网络、数据及计算五个方面具有鲜明的智能化特征。

1. 组织智能：敏捷的新型组织结构

敏捷组织结构是指与动态竞争条件相适应的具有不断适应环境和自我调整能力的组织，"最成功的组织趋向于高灵活性"，以及最好的组织设计高度依赖于应用和环境。未来具有智能特性的指挥与控制组织将是军事力量新的组织方式，这种组织方式是集权和分权的统一，稳定和变革的统一，通过共享感知信息和动态知识来增强作战部队的战斗力，从而在组织要素间达成互操作性和敏捷性。

2. 决策智能：智能化的参谋助手

未来战争高烈度对抗、快节奏演变、不确定性剧增是趋势，通过信息流牵引指挥流、行动流，达成信息优势主导决策与行动优势生成，战争进入"秒杀"时代，传统依赖指挥员/作战人员经验的大量人工决策任务难以满足越来越快的 OODA 环路。智能化的参谋助手是在信息化基础上，对信息价值的再挖掘、再融合与再利用，减少甚至消除不确定性，生成智能化产品，争夺战场决策与行动优势。这种决策模式是在确保信息顺畅通联与共享融合的基础上，更加强调智能要素在战场态势感知、指挥决策、攻防行动、综合保障等方面发挥作用，实现自主化侦察预警、智能化辅助决策、无人化打击防护等，以智能化优势夺取战场主动权。

3. 网络智能：健壮的网络环境

健壮的网络环境是遂行作战使命的基础，美军尤其重视网络基础设施的建设，提出"联合信息环境（JIE）"建设项目的主要目的就是为各军兵种提供能够主导所有任务的单一性、体系级信息技术平台。当前，以 5G、区块链技术、物联网、软件定义网络等为代表的新一代基础通信网络技术的快速发展，使得以前想象的作战概念和指挥与控制应用场景越来越接近现实，这些新技术将增强陆、海、空、天、电、网多维、多域系统（有人/无人）链接到更广泛网络的能力，实现多维、多域联合作战实时共享信息，改善跨服务、地域和领域的通信水平，具备了从中心到战术边缘的可靠信息共享能力，未来支撑指挥与控制的网络环境的韧性、鲁棒性、安全性及可信接入便利性将发生质的变化。

4. 数据智能：全域军事大数据

随着大数据时代到来，数据已经成为继材料、能源之后，各国竞相争夺的第三大战略资源。特别是在军事领域，全域、高质量的军事大数据就是未来智能时代的核心作战资源。大数据本身具有不精确、混杂、海量等特点，军事大数据在复杂性上则更为突出，但是军事应用对数据的全面性、可靠性、保密性要求又远超民用大数据，并且国防大数据存在大量不公开、非合作数据及欺骗性的伪装数据，如何集成并融合多源多样化的数据，如何从海量数据中提炼出有价值的情报并预知变化，如何识别不公开非合作数据中的数据伪装与数据欺骗，如何让机器像人一样掌握知识并深入理解情报数据，如何存储和管理及有效分析和理解，如何利用海量数据进行决策等，这些都是未来数据智能应用所需要解决的重大问题。

5. 计算智能：军事超脑计算环境

云计算将数据密集型计算任务纳入大规模中心化设施，可提供近乎无限的安全计算资源，边缘计算将计算、存储等能力扩展到网络边缘，为受网络环境制约的场景提供低时延、高可用的计算支撑，新的计算资源组织模式具有很强的互补性，军队由于作战环境复杂多变、数据传输保密要求高、计算资源需求量大等特点，决定了未来服务于智能决策的"军事超脑计算环境"不是单一的云计算或边缘计算环境，如何组织计算资源，在处理能力、处理效率、网络需求、安全可靠等方面取得均衡是一个有待深入研究的课题。

8.3 智能技术牵引的未来指挥与控制决策新形态

信息是智能时代的标签，数据经过处理形成信息，经过认知提炼形成知识，运用知识的能力即为智能。可见，数据、信息、知识、智能是一个层层递进的关系，知识、智能是信息的高级形式，信息将有效减少战争迷雾和阻力，知识将塑造战场空间，智能将知识转化为分析、判断和行动，我们认为未来指控决策中，数据是智能的基石，算法是实现转化的催化剂，运用是知识升华的上帝之手。

8.3.1 大数据支撑的全域对抗

未来，无论是持续发展的信息化战争形态，还是迅速推进的智能化战争形态，数据将是克敌制胜的关键，甚至可以将其称之为未来战争制胜的"阿喀琉斯之踵"。由于数据在未来战争中的作用愈发明显，数据武器化的特性也将日益显露。一方防止对手获取己方数据、阻止对手形成全面态势，或制造散布虚假数据、误导对手智能系统的判断、阻碍对手作战功能实现的"数据战"，将成为重要的作战样式。早在 2010 年，美国动态研究公司与美国陆军合作开发的基于"云"计算环境的智能系统"求雨者"就已部署到了阿富汗战场，美国国防部高级计划研究局（DARPA）、美国地质勘探局（USGS）等部门每年投入数据提取、存储、分析领域的经费超过 2 亿美元。

军事大数据已突破过去军事数据的概念范畴，成为以海量军事数据资源为基础、以数据智能处理分析技术为核心、以军事领域广泛应用需求为牵引的一系列活动的统称。鉴于军事活动的特殊性，军事大数据除具有数据量（Volume）庞大、具有多样性（Variety）、数据价值（Value）密度小、处理速度（Velocity）快、真实性（Veracity）的一般特征外，还具有"一超一高一强"的特性。"一超"即超复杂性，指数据来源于陆、海、空、天、电、网等多个空间，信息维度更高，非结构化特征更明显，数据关系更复杂；"一高"即高安全性，指面临的威胁复杂，包括敌方的侦察窃取、己方泄密失密、系统漏洞，遭敌"软""硬"手段打击等，可用性削弱或丧失风险更大；"一强"即强对抗性，指信息获取与反获取手段的博弈对抗、数据迷雾伪装欺骗现象普遍存在，真假数据错综交织，对数据真伪辨别能力要求极高。

军事大数据具有"强对抗性"特点。由于军事大数据是对抗环境下的数据，数据质量差，价值密度低，通常具有不确定性、不完全性和虚假欺骗性。我们知道，现阶段的人工智能主要是建立在数据驱动的机器学习之上的。而机器学习需要样本数据，但目前战争是小样本数据，未来战争甚至没有样本数据。此外，军事行动的特点是"人在回路"，人的活动很难用大数据经典方法学习预测。这就使得军事大数据在应对小样本数据学习及不完全、不确定信息下的博弈，以及复杂环境下的场景建模与理解等问题方面，比民用大数据要困难得多，遇到的挑战要大得多，必须采用新的理论、新的方法、新的技术去解决。

大量的数据为实现更加高效、智能的作战决策奠定了基础，同时也使作战分析、军事决策的可视化及战场态势的可视化认知成为可能。战场态势可视化囊括全部的军事对象，支持海、陆、空、天、电五维空间态势一体化呈现，在战略、战术、战役各个层面进行可视化呈现。复杂电磁态势、作战辅助信息——系统支持各类传感器、雷达信号、通信链路等可视化呈现和分析，支持航线、轨道、坐标系及网格显示。武器装备的位置、运行的轨迹、空中的姿态等动态呈现，全部基于数据实时驱动实现。能够通过网络接收实时数据并与后台数据平台对接，驱动仿真画面实时更新。装备性能参数数据库，可嵌入各种仿真计算模型——结合先进的仿真引擎技术和组件化建模技术，基于模板的组件化建模机制及灵活的模型装配手段，内置常见型号装备设计性能参数数据，可构建多领域、多层次仿真系统。大数据时代的到来，改变了传统军事情报分析的面貌。基于先进的大数据处理技术和工具，构建现代军事情报分析与服务系统成为一种新的解决思路。基于大数据的情报分析与服务系统可以根据作战需要，动态引接多种源头和多种类型的情报数据，包括预警雷达、侦察卫星和航空侦察等多种来源，也包括报文、图形图像、视频、电磁等多种载体类型。根据情报保障需求，系统分析得到的情报产品按照用户制定订阅/分发关系，自动推送给联合指挥所、区域指挥所、部队情报用户、单兵情报用户及其他授权用户等。

8.3.2　战争算法的作战潜力

"算法战"是一个崭新的概念，由美国国防部于 2017 年 4 月正式提出。在这个概念的指导下，美国国防部组建了"算法战跨功能小组"，以推动人工智能、大数据及机器学习等"战争算法"关键技术的研究。算法的基本含义是指对一类问题解题的准确而完整的描述，代表着用系统的方法解决问题的清晰指令和策略机制，常用于计算、数据处理和自动推理。随着人工智能技术的迅猛发展，战争的艺术色彩渐淡，科学色彩渐浓，智能化趋势愈发凸显，而"战争算法"就是重要的技术支撑。

"算法战"提出的初衷是应对军事行动中的海量数据处理压力。信息化导致的"信息爆炸"不可避免地扩展到战场。当前，美军地面、海上和空中情报监视与侦察平台呈爆炸式增长，情报监视侦察行动产生海量数据。自"9·11"事件以来，仅源自无人机和其他监控技术的数据量就增长了 16 倍；美军分布式通用地面系统每日采集的视频流数据超过 7 太字节（TB）；空军每天收集的情报侦察视频数据约 160 小时。激增的信息，仅仅依靠人工难以有效地应对和处理。同时，战场的非线性、跨域、网络化等特点，在时空范围、要素种类、行动节奏上都对决策、指挥和协同提出了极高要求，传统以人工为主的方式难以适应。2017 年 3 月，美军曾就"算法战"对支持打击"伊斯兰国"恐怖组织的作用表示，希望能够使用计算机视觉和机器学习技术，分析数千小时的"伊斯兰国"恐怖组织监控录像，使分析师只检查无人机拍摄视频中的重要内容，而无须观看所有画面，从而更好地承担起分析职责。"算法战"的出现可以"以软补硬"，充分发挥美军在数据资源占有和人工智能、大数据等方面的优势，从而谋求这样的目标：对手虽然在装备规模和技术硬件等外在"显性"特征上迫近，但在敏捷性等"聪明"程度的"隐性"特征上被拉大了差距。

"算法战"是新一轮军事变革的催化剂。根据美军的规划，"算法战"的首要功能是用于"情报战"，即运用大数据、计算机视觉及模式识别技术，提升"处理、分析与传送"战术无人机获取视频数据的自动化水平，支持反恐作战。在此基础上，美国国防部未来还考虑将"算法战"应用于其他领域。例如，在"反介入/区域拒止"作战方面，"算法战"可以提升"有人/无人"作战的协同能力，可以实现蜂群式无人作战系统管理；在城市战方面，针对城市进攻、防御、机动、防护需要，在地形测绘、应对"城市峡谷"对信号接收的影响、开展社交媒体监视等方面，发挥重要作用；在网络战领域，通过"算法战"能完成大规模快速攻击；在电子战领域，可通过开发新算法迅速识别敌方雷达信号并实施干扰；在指挥与控制方面，智能技术的应用将明显缩短任务规划与任务执行之间的时间间隔，实现任务执行过程中的再规划，明显加快作战节奏，增强作战灵活性。

总体来看，"算法战"会从思想、技术和应用模式上对军事能力产生全面影响。目前已在三个方面初见端倪：一是智力会超越火力、信息力成为决定战争胜负的首要因素；二是控制取代摧毁成为征服对手的首选途径；三是在作战体系中，集智的作用有可能超过集中火力和兵力的作用。

8.3.3 去中心化的"马赛克战"

随着技术扩散和全球化速度不断提高，技术更新迭代的周期不断缩短，任何一个国家都很难长期垄断技术，未来武器装备压制不了对手，这种创新模式使得在新形势下战争对抗的双方很难形成对对手的代差优势。在这种背景下，美国国防部高级研究计划局（DARPA）正在发展名为"马赛克战"的新作战概念，"马赛克战"概念已成为 DARPA 系统作战体系研究的顶层核心概念，旨在发展动态、协同、高度自主的作战体系，逐步并彻底变革整个装备体系和作战模式。

"马赛克战"的核心目的是构建一个动态、协同、高度自主的作战体系，解决的核心问题是资源的组织和运用问题。这种新的作战体系相对当前以大型关键武器系统为中心的作战体系来说，"感知—指控—杀伤"这种杀伤链完整的武器平台风险不再过于集中，受到敌方杀伤链攻击的可能性会大大降低，而且从成本、难度上来说升级相对迅速、容易。例如，当前美军在发展"福特级"航母、F22 等核心武器装备过程中面临着周期长、费用高、升级维护复杂等问题，这些问题正是由传统以大型、复合型作战武器系统为中心的作战概念发展所带来的，这种作战体系的运行高度依赖核心装备，一旦核心装备被击毁，就存在体系崩溃的可能。而"马赛克战"倾向于将低成本、低复杂度的系统以多种方式连接在一起，系统中部分组合被敌方摧毁或中和，仍能做出快速响应，实现适应任何场景的、实时响应需求的预期。而在"马赛克战"概念的指导下，各种传感器、通信网络、指挥与控制系统、武器系统或平台等在功能层次上被视为"马赛克碎片"，通过网络信息系统将这些"碎片"单元链接起来。"碎片"单元之间动态协同组合，增强"碎片"的自主性，形成一个极具弹性、灵活机动的作战效果网。在这种作战理念下,"观察—判断—决策—行动"各个环节的功能被拆分开,各种传感器可以与各种决策方法相连,继而与各种行动平台相连,从而带来各种可能的排列组合,迫使敌人与各种攻击组合对抗。

"马赛克战"旨在发展自主化、智能化的战场指挥与控制技术,可推动不同作战域、不同功能的智能作战平台、智能集群体系化的设计、构建与作战运用,装备体系各要素的智能化,加上指挥与控制的智能化,将真正推动作战体系智能化的发展。与目前应用广泛的"系统之系统"有许多共同点,都注重体系级作战能力的构建,可以认为"马赛克战"是"系统之系统"理念在信息化、智能化技术大发展背景下的新形态,是体系作战的一种新手段。"马赛克战"理念系统工程中模块化、共享的概念,设想了一种自下而上的组合能力,不局限于任何具体机构、军兵种或企业的系统设计和互操作性标准,而是专注于开发可靠连通各节点的程序和工具,寻求促成不同系统的快速、智能、战略性组合和分解的方法,实现无限种作战效能,彻底改变军事能力的时间周期和适应性。

在"马赛克战"概念的引领下,未来作战体系的指挥与控制系统将呈现出明显的"去中心化"设计,这种设计可以更好地适应具有耦合、非线性、异构和智能体描述特征的复杂环境,人类与自主武器系统的协同作战场景,使得杀伤链更有弹性,并且也增加了体系的鲁棒性,体现了未来装备和装备体系发展的一种新范式。

8.4　智能化指挥与控制平台架构

瞬息万变的作战环境要求指挥人员能快速掌握作战行动的演变轨迹并前瞻性地形成多种应对方案,对于指挥人员来说,及时拥有多种作战应对方案远比拥有更多的更重要。基于这些需求,发展新一代指挥与控制平台这一智能化程度更高的指控系统,从能力维度来说,平台应当具备的核心能力包括决策、作业与控制;从作用范畴来说,应当支持物理域、信息域、认知域及社会域的跨域融合。智能指挥与控制平台的能力与构成如图 8-3 所示。

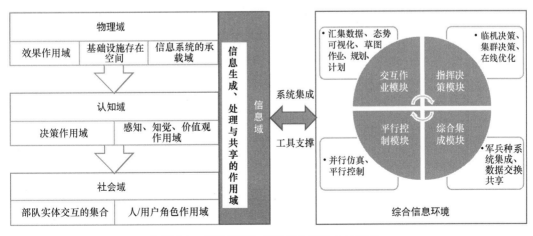

　※ 图 8-3　智能指挥与控制平台的能力与构成

智能指挥与控制平台所追求的理想效果是，只要能提供我方、友方和敌方的兵力数据和可预期的计划，通过指挥决策模块和平行控制模块就会很精确地辅助指挥员做出正确决定，在交互式作业模式中将决策转换为作战计划、命令，进而通过综合集成模块链接作战力量，大大提高指挥效率。这种作业模式不仅要在战术级指挥与控制场景中进行试验，而且还要推广到战役级，甚至战术级指挥与控制场景。

交互作业模块的核心功能为信息汇聚和规划作业，通过获取我方、友方、敌方、中立方和非战斗地点的准确信息，向指挥员提供有价值的态势信息；通过信息化工具，最大限度地提供符合指挥员的决策分析与操作习惯的交互式筹划、计划作业功能。在指挥与控制领域中，其功能范畴覆盖了从战场态势感知、目标价值分析、作战方案编制、指挥员决策，到作战行动执行、作战效果评估的全流程。

指挥决策模块是遂行"算法战"的核心，其面临的最大挑战在于需要克服大量未知不确定性的组合爆炸，随机事件、态势突变、非线性效应等不确定因素会对作战体系的结构、状态和运行造成扰动，扰动引起的偏差超出允许范围，作战体系就难以有序运行乃至丧失功能，指挥决策的目标就是通过临机决策、在线决策、博弈对抗条件下的决策新理论、新方法，为获得最大收益提供科学、可信的决策依据。

平行控制模块将在未来 5G 技术、去中心化区块链网络技术等新通信和网络技术大发展后，发挥出巨大的作用，平行指挥与控制将具备坚实的基础。在虚实平行的过程中，数据驱动的管理智能化和交互实时性要求将不再是瓶颈，在超算平台支持的仿真环境中，平行驱动、平行执行和平行学习的任何一个步骤，任务的确定和描述可以以交互方式进行，真实的实时态势及可能的指挥员决策通过这种虚实互动，实现虚实之间的闭环指挥和决策反馈，将改变未来的作战模式。

综合集成模块的主要功能是将各军兵种的态势系统、决策、规划等信息系统集成进未来指挥所，通过综合集成模块定义联合数据交换标准、信息服务标准及通用任务清单，打破信息化建设时代的信息孤岛问题，实现现有军兵种"烟囱式"信息系统的深度融合，建立高可用性、高性能、大容量、高可拓展性、渠道集群化的综合集成平台。

附录

多域作战及其指挥与控制问题探析

A.0 引言

当前的作战环境已没有明显的单一作战域，需要打破传统的以军种为核心的作战域边界，从单纯的军种能力同步转向全面的军种能力整合。正是在这种作战环境的急速变化下，多域作战（Multi-Domain Operation，MDO）应运而生。多域作战代表着美军对未来联合作战场景设计的最新观点，也反映出美军对更加高效联合作战行动的理论认知。多域作战将从单纯的能力同步走向全面的能力整合，在指挥与控制方式上有着革命性的变化。如何在复杂的多域作战条件下实施有效的指挥与控制成为赢得战争的先决条件。

A.1 多域作战相关概念与特点

克劳塞维茨曾说过："任何理论首先必须澄清杂乱的、混淆不清的概念和观念。只有对名称和概念有了共同的理解，才可能清楚而顺利地研究问题，才能同读者常常站在同一个立足点上。"[①]要了解多域作战及其指挥与控制问题，必须先了解相关概念，把握其作战特点。

A.1.1 多域作战的兴起与发展

"域"是多域作战最基本的概念，也是研究多域作战指挥与控制的逻辑起点，在研究多域作战之前，有必要厘清"域"的定义。韦氏大词典里对"域"的定义是"行使主权的领土"和"一个有着明显不同物理特征的区域。"[②]《朗文当代高级英语词典》对"域"的定义是"活动、兴趣、知识的领域、范围，界"和"领地、领土、版图"[③]。在《现代汉语词

① [德]克劳塞维茨. 战争论（上卷）[M]. 北京：解放军出版社，1994：86.

② 韦氏大词典，"领域"，http://www.merriam-webster.com/ dictionary/domain。

③ 朗文当代高级英语词典 (英英·英汉双解)[Z]. 朱原，等，译. 北京：商务印书馆：1998：438-439.

典》中，"域"有两个意思，一是表示"在一定疆界内的地方"，如区域、异域、域外；二是泛指某种范围，如境域、音域①。

多域战和多域作战理论都肇始于美国，然而"域"（Domain）这个词尚未在美国重要的国家安全和军事文献中被正式定义过。"域"已经在美军联合出版物（JP）中广泛使用，该联合出版物乃至美军其他作战条令同样没有对"域"做出明确定义。值得一提的是，联合出版物 3-0，归纳出域的几个重要特征：一是能够从物理层次进行描述；二是在方法、影响和结果方面存在区别；三是军事和作战行动可以在这个域或通过这个域进行。进一步分析，我们认为多域作战的"域"主要指作战的范围、空间；通过打通"域"的界限，实施多域作战的目标：编组跨军兵种一体化部队、建设跨领域一体化战场。为了更好地把握多域作战中各作战领域在时间和空间上复杂的互动，就有必要打破某一军种主导某一作战领域的传统思维框架，将陆、海、空、天、网五个作战领域放在一个整体的作战环境中加以认识和理解。

自 2011 年美军提出"空海一体战"以来，就形成了以下共识：每个军种应采用新的和创造性的方式进行合作，以解决所谓的"反介入/区域拒止"（A2/AD）问题。而后，美军四大军兵种于 2012 年签署了一份谅解备忘录，确立在建设联合部队过程中实施"空海一体战"概念的框架，发挥海空域跨域火力和机动优势，目的就是保持美军的优势，确保其在全球的行动自由。受此启发，美国陆军 2016 年 10 月推出"多域战"概念，以更好地应对 A2/AD 威胁②。目前，美军高层已经达成共识，"在多域战场作战并取得胜利必须成为美军发展的重点"③。美军深感在对手日益强大的环境下，所有领域都面临竞争，无法再占尽优势。地面部队必须与其他各军种进行联合和整合，提供多种选择，以阻止和击败潜在的对手④。这意味着陆军将能够击沉敌舰、压制卫星、拦截导弹，乃至入侵或破坏敌方的指挥与控制系统。

按照美军定义，多域作战是指打破军种、领域之间的界限，各军种在陆、海、空、天、网等领域拓展能力，以实现同步跨域火力和全域机动，夺取物理域、信息域、认知域和社会域方面的优势⑤。美陆军在全域作战、跨域打击能力跃升的基础上，最终实现与其他军种高度融合，丰富和拓展了各个军种的作战职责和生存空间。多域作战的应用场景可以破解所谓的 A2/AD 挑战、应对多域威胁，适应与先进的旗鼓相当之敌进行大规模、高强度、信息化战争。美陆军提出多域战概念仅半年，就得到其他三个军种的认可。可以说，这一次美陆军阐明了一个条理清晰、令人信服的框架，所有的军种可以相互帮助，面对共同的问

① 中国社会科学院语言研究所词典编辑室. 现代汉语词典[Z]. 北京：商务印书馆，1996：1543.

② Army Training and Doctrine Command, Version1.0, Multi-Domain Battle:Evolution of Combined Arms for the 21st Century 2025-2040, Oct, 2017.

③ 慕小明. "多域战"：美军联合作战新亮点[N]. 解放军报，2017-05-11（11）.

④ American army. The US army operating concept:winning in a complex world 2020-2040［EB/OL］. (2014-10-07)［2018-07-13］.https://www. army. mil/.

⑤ American army. Multi-domain battle: evolution of combined arms for the 21st Century 2025-2040(Version 1.0)［EB/OL］. (2017-10)［2018-07 -10］. http:/ /www. arcic. army. mil/.

题。此后，多域作战概念快速迭代，逐步从概念走向现实。2016 年 11 月 11 日，"多域战"概念列入顶层条令《作战》（ADP 3-0）[①]。这是美陆军乃至美军联合作战指导思想的重大转变，对美军后续发展和能力建设具有重要意义。"多域战"概念并非一成不变的，其目的是促进对军队作战方式的思考和讨论。

2018 年 5 月，美陆军训练与条令司令部宣布，多域战概念正式转变为多域作战，这是联合作战概念的自然升级。2018 年 12 月，美陆军训练与条令司令部发布《2028 多域作战中的美国陆军》，将多域作战概念写入条令。至此，多域战完成了它的使命。美军不仅在理论上大力推进多域作战的发展，而且开始了演习和实战化进程。目前，美军已多次在军演中进行多域战作战演练[②]。在多域战概念的实践推动方面，太平洋司令部（2018 年 5 月更名为印度太平洋司令部）走在前面，该司令部前司令哈里·哈里斯在 2017 年 5 月就明确要求其所属部队将多域战概念纳入以后的演习中。美国太平洋陆军 2017 年开始筹建多域特遣部队。2018 年，多域战概念在该司令部全年的训练中进一步得到体现。如在"2018 环太平洋"演习中，为击沉目标舰船，美国太平洋陆军部队从岸上发射了一枚海上打击导弹。2019 年 11 月，美军开展联合作战评估，全面评估多域作战概念和能力。美军未来还将进行一系列的演习，以推动多域作战框架的发展。2020 年 1 月 10 日，美国陆军部的部长指出，美军拟在 2025—2040 年全面融合全部五类作战领域，并逐步增强能力。除军方外，希望从多域战中分得一杯羹的军工企业也非常重视这个新的作战概念，并对其进行了作战推演。如著名的洛克希德·马丁公司就开展了一系列保密级作战推演，以探索"反介入/区域拒止"（A2/AD）的作战战略、战术和武器的概念。

A.1.2　多域作战是联合作战的最新形式

第二次世界大战以来，美军十分重视联合作战理论及联合作战力量的发展，强调军兵种之间的结构优化、行动同步、力量合成，形形色色的联合作战理论层出不穷。美国 2015 年版《国家军事战略》要求，"美军要与盟友在多个作战域投送力量，迫使对手停止敌对行为或解除其军事能力，以果断击败对手"。为此，美军针对"假想敌"在陆、海、空、天、网领域的长足发展，加快整合各种力量要素，以实现从"军种联合"向"跨域协同"，再向"多域融合"的过渡，获得战场上的相对优势。所有能力，从陆到海、从海到空、从空到天，"无缝连接，实现同步跨域火力和全程机动"[③]。虽然有人认为，多域作战实际上是美军继"空海一体战"后，新推出的用于应对高端对手"反介入/区域拒止"战略的新概念。但从发展脉络上看，多域作战是美陆军新版"未来作战概念"的自然延伸。未来作战概念着重关注"如何在未来混沌、复杂的世界中赢得战争"，强调陆军部队必须向传统陆地以外的海

① RB Brown，DG Perkins. Multi-domain battle:tonight，tomorrow，and the future fight[EB/OL]. (2017-08-18)[2018-07-10]. https://waron therocks. com/2017/08/.

② Army's multi-domain battle to be tested in PACOM,EUCOM wargames[EB/OL]. [2020-10-18]. ttps:// breakingdefense.com/2016/11/ armys-multi-domain-battle-tested-in-pacom-eucom-wargames/.

③ 林治远. 多域战：美国陆军作战新概念[J]. 军事文摘，2017（10）：7.

洋、空中、太空及网络等领域拓展能力，并与多种合作伙伴密切协作，在多个领域内展开行动，避免失去其他军种支援，丧失独立作战能力。

多域作战并没有跳出联合作战的框架，而是联合作战的最新发展形式。在这一作战理念中，任何军种都不起主导作用，任何领域都没有固定边界，而是发挥多域融合优势。当然，各军种在开发多域作战时也有侧重，如陆军和海军陆战队提倡多域作战，空军强调多域指挥与控制，海军强调分布式作战。开发这一新的作战概念，不是简单追求概念创新，而是有着深层的原因。一是适应作战环境显著改变的需要；二是消除同级别对手威胁的需要；三是提升美陆军地位和作用的需要。其核心是地面作战力量编组部署具有灵活性和适应性，可以从陆地向其他作战域投送兵力，使得联合部队能够自由行动、夺取相对优势地位并控制关键区域来巩固取得的作战效果。

多域作战将是军事行动的常态，它已经不是简单的作战概念，而是联合作战的制胜基础。它利用"域"协同和融合优势，创新作战模式，提升不对称打击的能力，由单个域、少数域的能力空间升维到多个域能力空间。这一思维模式的转换，激发能力空间的跃升。它不仅发展了物理空间内的联合作战方法论，而且也着重关注了太空、网络空间和其他对抗领域（如电磁频谱、信息环境和认知域）。值得一提的是，多域作战在目前也存在一定的局限性，如多域作战要求美军重新思考部队组织设计、训练和装备，而目前的组织结构、训练和装备远远不能适应多域作战的要求。同时，由于军兵种之间存在固有壁垒，因此在协同实施多域作战时也存在一定的难度。

A.1.3　多域作战的主要特点

多域作战是联合作战框架内继"空地一体战""空海一体战"之后的一种新型作战样式，具有与以往各个阶段的联合作战不同的特点。

一是作战领域多域化。当前的作战环境已没有明显的单一作战域，在每个作战域都面临着脆弱性和机遇。多域作战需要打破传统的以军种为核心的作战域边界，从单纯的军种能力同步转向全面的军种能力整合，将尽量避免与对手开展诸如"导弹对导弹"等正面直接对抗。联合作战力量要能够同步协调行动，综合运用各种作战能力，在某个或多个作战域创建并利用好稍纵即逝的作战机遇，削弱对手在多个域的作战能力。这就要求联合作战指挥员必须能够理解和塑造包含所有作战域在内的战场空间。

二是作战要素融合化。多域作战区别于现有联合作战模式的一个突出特征，是各军兵种可以在不同作战域共享信息和资源，甚至同步行动，也就是我们常说的无缝连接。随着未来作战空间渐趋一体化，维度单一、军种独占的作战域将不复存在。为整合作战能力、创建并利用优势窗口，将更加注重军种联合向作战要素融合、能力融合、体系融合的转变，通过作战要素的"多位一体"融合，使各军种能够遂行多元化作战任务，确保联合部队在各个作战域拥有充分的机动自由并保持作战优势。

三是作战编成弹性化。在错综复杂的多域作战环境里，弹性和韧性往往意味着成功。多域作战要求部队必须有很强的适应性，不仅要具备在所有域内实现投送与介入的能力，而且要能够在扩展的地域开展自主作战，同时还要具备与上级保持不间断通信的能力。正是由于作战条件和战争形态的变化，对作战编成弹性的追求更加紧迫。

四是作战体系去中心化。追求效率的中心化组织是根植于工业革命的产物，它在解决确定性问题时得心应手，军兵种内部垂直的层级化管理就是中心化组织的典型。只有去中心化，打破军兵种内外树立的"烟囱"和藩篱，进行跨部队、跨部门的协作，才能克服联合作战"牵一发而动全身"的短板。

A.2 多域作战的指挥与控制

要使得由个体组成的一个群体能够完成某项任务，就需要对这些个体的技能和能量进行指挥与控制[1]。指挥与控制在信息时代的作用变得越来越重要了。"如果期望驾驭 21 世纪的战争，我们就必须透彻地理解指挥与控制。"[2]多域作战理论涵盖的内容非常广泛，包括多域指挥与控制、编成、训练和保障等诸多问题。其中，多域指挥与控制无疑是最核心的问题，它是多域作战指挥的基础，是赢得多域作战胜利的先决条件。

A.2.1 实现跨域融合的关键

指挥与控制是军队指挥员及其指挥机关在完成任务时，对所属部队及配属部队的作战和其他军事行动行使权力与指导的一类组织领导活动。相应地，多域作战指挥与控制是指军队指挥员及其指挥机关在完成多域作战任务时，对所属部队及跨域部队的作战和其他军事行动行使权力与指导的一类组织领导活动，包括跨域资源的有效使用，以及部队的组织、指导、协调、控制及计划使用。多域作战虽是空地一体战和空海一体战的继承和发展，但在作战理论上有着重大的转变，是从军种联合向跨域融合的巨大转型，在基本内涵、作战空间、核心思想，特别是指挥与控制方式上有着革命性的变化。

跨域融合是多域、电磁频谱和信息环境中能力的快速和持续集成，通过跨领域协同和多样化的攻击，优化效果，以击败敌人。通过融合，多领域能力被整合在一起，实现了"侦察—发现—打击"或"发现—打击"的组合，破坏、削弱、摧毁或瓦解敌人系统，或为己方利用多域战斗力创造优势窗口。所有这些都是由多域指挥与控制和有纪律的主动性行为来实现的。如果无法保障指挥与控制，则多域作战部队无法一起协调作战，多域训练、多域保障等更是无从谈起。跨域融合主要通过全域、电磁频谱和信息环境中以军种为中心集成方案来实现的。军种为中心集成方案相对先进。为了在决定性的空间支持时间和目的上

① David S Alberts，Richard E Hayes. 信息时代军事变革与指挥与控制[M]. 郁军，朱建冲，等，译. 北京：电子工业出版社，2005：126.

② David S Alberts，Richard E Hayes. 理解指挥与控制[M]. 赵晓哲，杨健，译. 北京：电子工业出版社，2009：1.

的融合能力，多域作战通过准备时间、计划和执行时间、持续时间、重置时间和周期五个阶段实现可视化能力的融合。然而，融合并不容易实现。问题主要来自两个方面，一些来自技术方面，另一些则来自概念方面。在技术方面，两个最重要的技术缺陷是缺乏联合通用作战图（COP）及联合传感器到射手回路中存在功能限制。在概念方面，问题主要是在任务式指挥、授权和弹药优化计划等方面需要改进。目前，联合部队主要通过领域联合解决方案的偶发性同步来实现跨域能力融合，但未来必须持续快速地整合跨域能力。可以毫不夸张地说，在复杂的多域作战条件下实施有效的指挥与控制成为赢得战争的先决条件。

当前，美空军正积极发展多域作战指挥和控制（MDC2）①。它寻求构建一种全球网络，协调美军各军种及盟军的行动。美空军以"暗影"作战中心为名在内华达州内利斯空军基地成立"多域指挥与控制"实验中心，在实装基础上，平行开展多域作战指挥与控制实验，如兵力编组、决策授权、数据共享等。2018年，美空军首次通过兵棋推演探索如何构建多域指挥与控制组织设计问题。最近，美海军作战部长和空军参谋长正致力于推进将海军、空军的指挥与控制网络连接成一个单一的联合全域指挥与控制（JADC2）网络。

A.2.2 经典理论难以适用于多域作战的指挥与控制形态

早在20世纪70年代，美国学者博伊德基于空中作战平台的分析就提出了"观察—判断—决策—行动"OODA环模型，解释了空中作战平台对抗优势获取的机理。OODA环从空战中产生，被广泛运用于其他军兵种，指导作战平台级指挥与控制系统建设与运用，成为指挥与控制领域的经典理论。经典并不意味着完备，或者说一劳永逸。

指挥与控制经典理论模型都有各自产生的背景，但在使用上存在泛滥的现象。以OODA环理论为例，从作战单元至联合作战各级指挥机构和指挥信息系统建设，从微观到宏观，从局部到整体，都持有相同的理论指导，这是一种不正常的现象，尽管已有不少学者提出质疑，指出OODA环在运用过程中的问题，但还没有分析指挥与控制机理，界定不同理论模型的使用范围。OODA环理论具有在作战平台微观"尺度"条件下的适用性，但难以解释宏观"尺度"——作战体系的指挥与控制活动。实际上，OODA环在上升至作战体系后，暴露出越来越多的常识性问题，如决策方式在经典理论中是基于规则的，而作战编队、战区层次的决策方式发生了本质的变化，通常需要组织多种类型的筹划决策。在经典理论中，决策即可转入行动，但在作战编队、战区层次，决策到行动不可忽视一系列的活动，如兵力部署转换、战斗等级转进及直前筹划等。从系统科学的角度看，在指挥与控制领域，兵力系统从单一作战单元到体系对抗，理应有相应机理的涌现，但从目前的研究看，从任务部队（如海上合成编队）至战区联合作战指挥，都缺乏相应的理论指导，尤其是多域作战，在指挥与控制领域的理论探索仍然空白。

---

① 秦洪，许莺，吴蔚. 美军多域作战概念及其特点研究[C]. 第五届中国指挥与控制大会论文集，北京：中国指挥与控制学会，2017：87.

A.2.3　典型指挥形式

多域作战强调以域为中心，各作战单位有序协同，是实施自上而下的任务式指挥的重要基础。同时，多域作战过程中，预料不到的机会和威胁会随时出现，多域行动的性质要求一线指挥员勇于承担责任并临机决策，因此更需要自下而上的事件式指挥。

1．自上而下的任务式指挥

"任务式指挥"的广泛使用是在第二次世界大战之后。从狭义上说，任务式指挥是指使用"任务式命令"的指挥方法，即上级通过简洁的命令明确任务和意图，不规定完成任务的具体方法，赋予下级决策自主权和行动自由权。从广义上说，任务式指挥是一种指挥理念，或者说指挥哲学，包括对战争本质特征、领导艺术、指挥方式和指挥关系等的认识。任务式指挥是实现多域作战指挥与控制的主要方式之一，也是一种自上而下的指挥与控制方式。在这一指挥模式中，上级指挥员是任务式指挥中的核心人物。行动中，指挥员要合理分配领导参谋机构推动作战流程及向下级指挥人员和士兵提供足够的指示。

任务式指挥的基本内涵是统一意图下的按级指挥，上级通过明确作战意图和下放指挥权，充分发挥下级的主动性和创造性，使其在充满不确定性的战场上及时决策、果断行动，"既打破了以全能型指挥员为核心的'团体迷思'效应，又可防止下级出现各自为政的局面。"[①]任务式指挥并非单纯的分散指挥，"而是一种分散与集中融为一体的指挥方式"[②]。任务式指挥的集中，主要体现在统一的意图上；任务式指挥的分散，主要体现为各级在职权范围内保持决策和行动自由。2012 年，美参联会发布了《任务式指挥白皮书》。参联会主席邓普西上将指出，在日益复杂和不确定的作战环境中，探索、灌输和推进任务式指挥对有效捍卫国家安全至关重要。2013 年修订颁布的美军第 1 号联合条令出版物——《美国武装力量条令》明确指出，"任务式指挥是指挥与控制的首选概念""联合部队司令运用任务式命令分散实施作战行动。"美军参联会联合参谋部发布的《任务式指挥与跨域协同》研究报告指出："过去 10 年的作战强化了分散指挥和授权下级及参谋人员及时做出反应的需要。那些不能恰当实施分散指挥的人失去了灵活性和主动性，并且冒着任务失败的危险。我们也看到指挥员意图聚焦'做什么'和'为什么'，而不是'如何做'，让下级发挥自律的主动性，以增强灵活性和效率。"在《多域战：21 世纪的合成部队》中，美军将任务式指挥能力作为多域作战所需能力的第一项能力，即在任务条件下对任何编组实施任务式指挥的能力。这与多域作战的使命任务变化是高度吻合的。

2．自下而上的事件式指挥

事件式指挥是实现多域作战指挥与控制的另一种主要方式，与任务式指挥相反，它是一种自下而上的指挥与控制方式。多域作战充满危险、迷雾和不确定性，加之很多关键时刻需要现场决策，谁在最前沿，往往谁就最熟悉当前态势情况，也就最能做出合适的决策。

---

① 杨洋，王云雷. 任务式指挥为不确定性的应对提供新思路[J]. 指挥与控制学报，2018（4）：332.

② 曹继锴，等. 集中还是分散？——美军任务式指挥解析[J]. 国防科技，2015（5）：85.

事件式指挥是处理战争不确定性的最佳途径。多域作战强化了分散指挥和授权下级及参谋人员及时做出反应的需要，因此需要下放部分决策权，减少上级决策的压力，提高下级决策的灵活性和速度。事件式指挥并不是为了提高指挥与控制能力，其追求的目标也不是施加更多的指挥与控制，而是试图减少所需的指挥与控制。实现的方法是下级发挥主动性，并进行必要的协同。指挥员应当接受下级的冒险和失误，促进信任和相互理解，与下级保持交流，并培育团队精神。近年来，美军采取多种措施，不断强化事件式指挥的教育训练，以提高下级军官的领导能力、适应能力和创新能力，并通过人事政策改革，培育适应事件式指挥要求的制度机制和文化环境。实施事件式指挥比敌人决策更快，事件式指挥应当作为一种行为方式融入军队的中枢。

A.3 启示

A.3.1 多域作战指挥与控制系统需要突破指挥与控制领域的经典理论

多域作战条件下各作战域既有独立的指挥与控制环，同时又有相互交织的指挥与控制过程，它们大小嵌套、多环并发、异步运转，为适应多域作战的需求与特点，需要建立一种与多域作战形态相适应的新的指挥与控制理论。实际上，指挥与控制活动机理与战争"尺度"息息相关，或者与指挥层次关联，"在不同的尺度上，对同样的活动可能观察到不同的现象，遵循不同的规律和机理。"①只有解决这一本质的科学问题，才能破解各级指挥与控制系统建设与运用的难题。指挥与控制理论模型的运用需要根据多域融合及其兵力系统的尺度进行选择，当理论模型与尺度不适应时，其运用就会存在问题。C2 理论模型分类，可采取时间尺度、空间尺度、多域兵力系统规模尺度等建立所有基础理论模型。多域作战指挥与控制系统需要突破 C2 领域的经典理论，建立与多域作战形态相适应的 C2 理论——多域多环嵌套理论，以多域多环嵌套为指导，构建多域作战指挥基本模式，指导跨域作战指挥与控制系统建设运用。

A.3.2 建立以全域能力和多维效果为核心的作战体系柔性重组模式

传统力量重构模式围绕火力编成来组织作战体系，以火力和火力支援为主线，以平台为依托，以简单叠加和线性组合为特征。多域作战中作战对象范围发生了拓展，要采用传统作战、非传统作战、信息战、网电空间作战等多种作战手段，在物理域、信息域、认知域、社会域，以及陆、海、空、天、网等多个域中进行对抗来达成作战目标，这就对作战体系的组成和运用方式提出了新的要求。一个崇尚自上而下任务式指挥运转的部队，"其成员都会等待来自上级的指令，以至他们必然缩手缩脚。"②多域作战的高节奏和行动敏捷等特性，要求指挥与控制系统面向作战任务，建立以全域能力和多维效果为核心的作战体系

---

① 阳东升，等. 从平台到体系：指挥对抗活动机理的演变及其 PREA 环对策[J]. 指挥与控制学报，2018（4）：270.
② 麦克里斯特尔，等. 赋能：打造应对不确定性的敏捷团队[M]. 林爽喆，译. 北京：中信出版社，2017：126.

柔性重组模式，实现全域能力面向任务的汇聚。完成任务时，既可以依托军种建制，也可以打破军种建制。

A.3.3　加强多域对抗条件下的认知和决策的智能演化机理研究

随着军事装备的智能化、作战规模的多维化及能源保障的网络化，战场正从传统物理空间向物理、信息、认知和社会等多域延伸，形成虚实结合、人机一体、多域融合的多域作战空间。当前，多域作战空间情报数据存在异构分散、碎片化、不连续、非结构化的问题，特别是网络、电磁、太空目标的跨域信息融合尚处于空白阶段，难以准确认知作战目标体系全貌。针对不完全信息条件下多域战场空间的作战体系智能认知的需求，需要研究多域对抗条件下的认知、决策和体系的智能演化机理，如加强无人机系统、智能航母等的研究，重点突破以知识为中心的强对抗条件下的部分理性博弈理论、不确定条件下的学习型智能认知模型、智能化多域目标打击决策、多域体系演化分析等关键算法，为提升多域战的智能化指挥与控制水平提供理论和方法支撑。

A.4　结束语

多域作战是美军近年来推出的最新概念，是一种具有战略、战术意义的作战概念，是联合作战的最新形式，它经历了一个发展演变的过程，呈现出一些新的特征，特别是在指挥与控制方式上有着颠覆性的变化，值得我们深入研究。面对多域作战行动空间多域化、作战要素融合化、作战编成弹性化、作战体系去中心化等特点，需要突破指挥与控制领域的经典理论，研究探索多域理念和总体规划，建立一种与多域作战形态相适应的指挥与控制理论。

附录

指挥与控制的新范式：边缘指挥与控制

B.0 引言

范式是美国学者库恩在《科学革命的结构》一书中阐述的核心概念，本质上讲是一种理论体系，其内涵有两层："一方面，它代表着一个特定共同体的成员所共有的信念、价值、技术等构成的整体。另一方面，它指谓着那个整体的一种元素，即具体的谜题解答。"[①]将该概念应用至指挥与控制领域，可以视为指挥与控制广泛采用的、公认的模式。在高速网络和电子通信出现之前的指挥与控制主要是他组织下的中心化指挥与控制范式，也是一种自上而下的指挥方式，其发展的成熟阶段以任务式指挥为典型标志。这种指挥与控制范式在解决确定性和静止性问题时非常有效，因此被指挥员广泛采用，形成了一定的思维模式。从这个意义上讲，中心化的他组织堪称机械化时代指挥与控制的范式。中心化指挥与控制范式设计的科学原理如下：通常基于过去的经验和对未来的假设设计组织的使命任务，对使命任务进行分解，建立最佳程序或过程，设置程序或过程处理需要的决策单元，建立决策单元之间的层级关联，形成"决策中心"[②]。中心化指挥与控制范式的基本原理示意如图 B-1 所示。

中心化指挥与控制范式在网络信息时代依然可用，但已远远不够了。随着战争形态的改变、不确定环境的显现和去中心化趋势的加强，中心化指挥与控制范式具有诸多的不足，去中心化的事件式指挥弥补了中心化指挥与控制的不足。这种指挥与控制方式是典型的自组织方式，也是一种自下而上的指挥与控制方式，它特别适用于解决突发性战争和冲突。未来战争很大程度上是边缘作战，战争的规模进一步缩小，战场环境更加充斥着不确定性和偶然性，单纯依靠他组织或自组织显然难以做到收放自如、进退裕如，需要有新的指挥与控制范式。

当前，战争形态发生了根本改变，传统世界大战发生的概率变得微乎其微，局部战争成

---

① [美]库恩. 科学革命的结构[M]. 金吾伦，胡新和，译. 北京：北京大学出版社，2012：147.

② 阳东升，张维明. 边缘崛起：边缘 C2 背景、概念与模式机理分析[J]. 指挥与控制学报，2020，6（2）：114-115.

为战争的主要形态；不确定性成为信息时代的鲜明特征；同时，去中心化的趋势进一步加强。应对信息时代变革的关键在于增强边缘力量。边缘的崛起成了时代发展的必然，这也提高了边缘作战的重要性。美军提出的"马赛克战"正是小单元和边缘地位提升的反映，是网络信息时代典型的边缘作战。面对战争形态的改变、不确定性凸显的环境和去中心化趋势的加强，传统中心化的指挥与控制方式亟待改变，一种全新的指挥与控制方式——边缘指挥与控制应运而生，它必将成为指挥与控制的新范式。这种范式不是单纯的任务式指挥或事件式指挥，是自组织和他组织有机结合的灵活指挥方式，具体而言是大环上的他组织和小环上的自组织的有机结合，这也与时代变革高度契合。与传统的指挥与控制相比，边缘指挥与控制具有"自任务、自组织、自行动、自适应、自评估"的鲜明特征，呈现出新的机理：这种新的指挥与控制方式是他组织和自组织的有机结合，边缘组织必须具备自任务或自行动的能力，边缘指挥与控制应具备评估完成任务的能力，建立奖惩机制。在新的指挥范式中，自组织起基础性的作用，但不排斥他组织。他组织和自组织都是实现有效指挥的手段，大环上的他组织有效就用他组织，小环上的自组织有效就用自组织。有时是它们单独起作用，有时是它们共同起作用，总之不拘一格、灵活多变地实施边缘指挥与控制，与这个时代的鲜明特征同频共振。

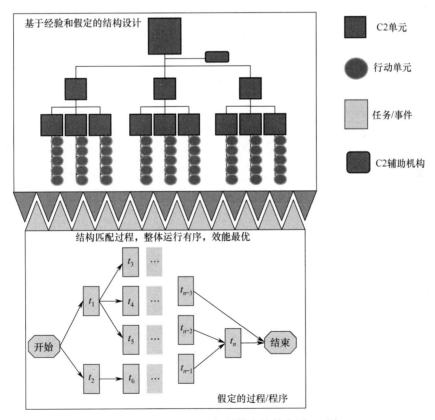

图 B-1　中心化指挥与控制模式的基本原理示意

B.1 网络信息时代变革

21 世纪是网络信息时代,也是一个更互联、频率更快、更难预测的时代,战争形态发生改变、不确定性凸显和去中心化趋势更为明显。

B.1.1 战争形态发生改变

每个时代有每个时代的战争。进入 21 世纪后,由于军事技术的迅猛发展,以及由此带来的新军事革命,不但战争的内涵和外延发生了重大变化,而且战争规模和作战样式发生了改变。正如有的学者所预言的那样,"今天爆发国家间正规战争的可能性比过去 500 年间的任何时候都要小"[①];未来"世界大战发生的概率极低,低到微乎其微的程度。"[②]当前,由政治矛盾导致的局部战争成为战争的主要形态,反恐作战、城市作战和特种作战等已成为常见的作战样式。参战力量的部署更加分散,机动更加快捷,联系更加紧密,一线和边缘的重要性更为突出。从近年来美军遂行的作战行动实践看,大兵团的战役作为一种作战形态已经式微。在网络信息时代,往往边缘地带一个旅级乃至更小规模的战斗,就是一场战争。与此同时,军队的力量编成向呈现出"小而精、小而全、小而强"的特征,"旅、营或更低级别的战术单位将成为主要的作战单元,并可能出现按作战职能编成的小型联合体。"[③]战术单位的重要性日益重要。

B.1.2 不确定性凸显

当今世界正处在百年未有之大变局中,其标志就是发展变化速度更快,各种因素彼此高度关联,并且可以频繁互动。万物的关联性和互动的高密度使得系统呈现非线性运行状态。尽管我们追踪和测量的能力增长了,但事态的发展速度往往超出我们的理解和预测,不确定性成为时代的鲜明特征。对战争而言,战争的迷雾不但没有减少,而且进一步增加了。在这种情况下,"获取成功的办法更多的是应对持续变化的环境,而不是根据一堆已知的或者相对稳定的变量进行选择。敏捷性必须成为我们首要的素质,而不是效率。"[④]敏捷、适应力强在正常情况下是边缘团队和小型团队才具有的特质。因此,必须按照快速重组、信息分享等原则重新进行组织设计,发挥边缘组织在应对不确定性环境时的独特作用。

---

① [美]马克斯·布特. 战争改变历史:1500 年以来的军事技术、战争及历史进程[M]. 石祥,译. 上海:上海科学技术文献出版社,2011:491.

② 余爱水. 军事与经济互动论[M]. 北京:中国经济出版社,2005:44.

③ 李诗华. 深刻把握战争形态智能化演进特点[N]. 解放军报,2020-01-23(7).

④ [美]斯坦利·麦克里斯特尔,等. 赋能:打造应对不确定性的敏捷团队[M]. 林爽喆,译. 北京:中信出版社,2017:13.

B.1.3 去中心化趋势更为明显

中心化意味着集中统一，是宏观组织体系发挥整体效能的有效手段。中心化伴随着人类文明的发展，成为人类社会建立并维护社会秩序的有效方式，通过这一方式迸发强大的集体智能，战胜了大自然带给人类的诸多危机。中心化组织本质上是一种他组织，它在解决确定性和静态问题时得心应手，但弹性、灵活性、适应性显得不足，常会因一个点失败而崩溃。去中心化组织起源于互联网，它"没有绝对的、固定的中心节点存在，每个节点都可以成为中心。"①这种组织能克服僵硬的、自上而下的组织弊端，它看似没有中心，各自为战，但围绕着一个目标开展行动的自组织具有极大的弹性、灵活性和适应性。在解放战争时期的胡家窝棚战斗中，东北野战军指挥部弃用中心化的指挥方式，下放指挥权，指战员围绕捣毁"廖耀湘指挥部"这个目标，分开行动，大胆穿插、渗透、分割，自己主动去发现敌人。哪里有敌人就往哪里打，哪里有枪声就往哪里追，使高度集中、自上而下的廖耀湘兵团毫无还手之力，只能陷入被动挨打的境地。这一去中心化打法大大加快了廖耀湘兵团的覆灭。网络信息时代，去中心化、共享意识和赋能一起作用，就能迅速应对各种不确定性问题。

B.2 边缘崛起与边缘作战

科技技术的发展，特别是网络技术和电子通信技术的发展，使以往遭受忽视的边缘获得了前所未有的能力和影响力，边缘作战应运而生。

B.2.1 边缘作用的凸显

由于边缘的不可控制性，在漫长的时期中，边缘的作用往往受到忽视。高速网络和电子通信意味着协作可以实时进行，分布式的互联网、去中心化的网状架构使每个人都有能力参与这种协作。同时，实时创新、实时解决问题的必要性，也要求权力下放，使团队的每个成员都能获得权力。通过网络的互联以快速传递信息的能力使边缘和小团队迅速获得前所未有的能力和影响力。实践证明，在不断变化的环境中，"处理大量同时出现任务的关键在于增强边缘力量。这是因为获得力量的个体和组织所构成的边缘组织，要比传统等级结构中没有获取力量的个体和组织拥有更宽的行动'带宽'"②。边缘作战组织能很快适应这种不确定的环境，它没有传统意义上的中心化指挥模式，其去中心化的组织能够快速打击及重新布局。这种具有持续适应能力的边缘组织在一定时间内能够压倒人员和装备占据绝对优势，但集群运作、等级森严、缺乏协作的部队。后者习惯依赖上级指挥部发出的命令行事。只有彻底改变这种僵化的指挥与控制方式，学习对手的长

① 傅国. 联合作战体系构建怎样"去中心化"[N]. 解放军报，2018-04-24（7）.
② [美]阿尔伯特，等. 信息时代军事变革与指挥与控制[M]. 郁军，等，译. 北京：电子工业出版社，2005：249.

处，才能在战争中具有优势。

B.2.2 边缘及边缘作战的内涵

边缘是相对于中心而言的，耦合作战即为边缘作战。边缘作战也是自古以来就有的。游击战相较于正规战也是边缘作战，人民战争在某种程度上也是边缘作战。边缘的内涵体现在三个方面：一是力量边缘，也就是这类体系的构成成员有较高的自主和智能化水平。传统的指挥决策、交互协作、行动控制等"能力"被授权和分散到底层成员。二是结构边缘，这种结构是去中心化的，不具备一个"重心"，而是网状结构，且边缘结构韧性十足，能够自我压缩、自我伸展，能够演变成各种各样的形态。三是任务环境边缘，这类体系执行的是高、远、边、深、快环境下的严酷任务。网络信息条件下的边缘作战是利用高速网络、电子通信、人工智能等高新技术为网络化、去中心化的边缘赋能，通过广泛的信息分享和团队协作使边缘具有自任务、自组织、自行动、自适应、自评估敏捷反应能力的作战形式。

B.2.3 "马赛克战"：体现边缘地位提升的作战概念

在建筑领域，运用简单、多用途的小砖块可以制作出各种复杂的马赛克设计。2017 年，DARPA 战略技术办公室（STO）将这种概念运用至战争，提出了"马赛克战"，即通过各种传感器、多域指挥与控制节点、有人与无人平台的快速、灵活有效集成，对敌形成新的不对称优势。"马赛克战"将工程设计方法转变为新系统，其中单个元素，犹如马赛克中的单个瓷砖，组合起来可以动态产生先前未预期的效果。在战争中，即使部分马赛克组件被敌方破坏或中和，但整体系统仍可以根据需要做出快速响应，创造出适应于任何场景的、实时响应需求的理想期望。"马赛克战"虽是美军为了保持不对称优势而提出的新作战样式，实际上体现了小单元和边缘地位的提升。在"马赛克战"构想下，去中心化更加明显，小单元和边缘的作用更加重要，它要求以分布式作战管理取代集中式指挥与控制，以自适应体系重组取代传统作战力量编成。

B.2.4 传统指挥与控制范式亟待改变

中心化指挥与控制模式的困境源于其基于过去已有的知识和经验对假想的环境和事件做出充分而完美的设计，一旦出现新事件、环境变化或自身变化都有可能导致其措手不及，出现混乱甚至崩溃。时代的巨变使新世界和旧世界之间横亘着一条鸿沟，不能指望用新的、更复杂的、自上而下的中心化指挥与控制来弥补这条鸿沟。面对不确定性凸显的环境、去中心化的趋势，以及战争形态的改变，传统中心化的指挥与控制方式、组织设计、确定的流程及锻造并培育的关系亟待改变。如果继续单纯地使用中心化的指挥与控制方式，显然难以跟上时代的发展变化。最明显的是，当处于指挥与控制末端的部队提出一个行动计划并且等待批准时，这个计划所针对的战场态势已经发生了改变。无论这个计划在最初设计出来时有多么天衣无缝，枪声一响，往往不合时宜。这种类似计划经济的自上而下的指挥与控制方式无法预测敌人会攻击哪里，而且当攻击开始时，也无法足够快速地做出反应。为了在不确定的环境中获胜，传统的指挥与控制方式必须改变。

B.3　边缘指挥与控制的模式机理

指挥与控制是边缘作战的核心问题，它开启了指挥与控制的新范式，呈现出新的特征。这种新的指挥与控制范式是他组织和自组织的有机结合。

B.3.1　边缘指挥与控制的概念解析

边缘作战是从边缘指挥与控制，旨在达成边缘作战环境综合感知，自己发现任务，并在自身能力不足时以快速识别和寻找能够支撑任务的能力，通过有效的指挥关系将边缘、局部和全局能力整合起来，在陆、海、空、天、网领域之内及之间实现敏捷和弹性作战。边缘作战是从全面战争、他组织向局部战争、自组织的巨大转型，在核心思想、基本内涵、作战空间和指挥与控制方式上有着革命性的变化。

边缘指挥与控制是位于体系边缘的作战单元（作战行动单元和指挥与控制单元），在应对突发事件时，及时赋能或释能，实现角色互换，从行动单元转为指挥与控制单元，或从指挥与控制单元转为行动单元，或两者兼而有之。在角色互换后，以网络信息技术和智能技术快速整合可获取的边缘资源，局部重组原中心化指挥与控制体系结构，对突发事件进行有效处理，为中心化指挥与控制体系的调整或变革赢得时间。边缘指挥与控制的原理是复杂系统的自适应、自组织。实际上，边缘指挥与控制并没有抛弃中心化指挥与控制模式，边缘指挥与控制可能仍然存在中心，只是这一中心是游离的，藏匿在所有边缘单元中。

B.3.2　边缘指挥与控制的特征

边缘指挥与控制与传统的指挥与控制相比，具有自任务、自组织、自行动、自适应、自评估的鲜明特征。

1. 自任务：自己发现任务

垂直和金字塔式的层级化指挥与控制在数个世纪的时间里维持了军队的秩序，在这种指挥与控制条件下，任务一般都是上级赋予的。快速变化且各方面因素相互依赖的环境与这种层级化的指挥与控制方式已经格格不入了。边缘组织应根据动态形势自我发现任务，此谓自任务。普利高津"非平衡是有序之源"的论断和自组装原理的发现证明了高效边缘自组织是完全可能的，也是技术发展的必然趋势。自组装原理是用来形容一个无序系统在没有外部干预的情况下，由个别部件间的互动组成一个有组织结构的过程。在错综复杂的环境里，干扰和互动是不可避免的，这种吸收冲击波的能力正变得越来越重要，应该学会用自组装原理所体现的韧性思维来应对不确定性。边缘组织不仅能够应对未曾预料到的威胁，还能在遭到打击后恢复到以前的状态。在错综复杂的环境里，韧性往往意味着成功。

2. 自组织：自己寻找资源和伙伴

战争系统的中心问题同时也是复杂系统的中心问题，即他组织与自组织。在漫长的历史进程中，指挥与控制的实现机制主要是他组织的。军队通过层级化的上级设定目标、指令或指导组织起来，并通过这种自上而下的机制分配资源和发挥力量。在网络信息化的条件下，边缘作战远离中心、态势瞬息万变、机会窗口稍纵即逝，指挥与控制很大程度上需要自己寻找资源和伙伴。仅凭他组织显然难以满足现代战争的要求。实际上，边缘指挥与控制两种组织形式都需要，本质上是一个不断适应的过程，需要两者之间进行快速转换。一方面，边缘作战的自组织趋势也并不完全排斥他组织性。边缘组织接受上级组织赋予的任务，是他组织的一员，需要接受他组织的框架约束。这种约束主要通过贯穿整个组织中的自我约束得以加强。另一方面，边缘组织更需要有自组织的特性，主动围绕发现的任务形成任务联盟，即自组织。他组织和自组织之间并没有绝对的边界，关键在于尊重战争自身的规律，在二者之间保持一种张力。

3. 自行动：根据任务决定自己的行动

在边缘作战中，各个作战部队对自身的优劣短长有着客观的认知，并且知道自己擅长什么、不擅长什么，该干什么、不该干什么，也即具有某种程度上的自觉，因此不用上级下达具体的指示和命令。参与边缘作战的部队可以根据战场整体态势和作战总体目标决定自己的行动，即自行动。这就使得下级部队指挥员的主观能动性得到极大的发挥，而不像中心化指挥与控制那样要固守上级的具体行动规划。"很显然，这就要求各部队指挥员具有很高的综合素质，能根据战场整体态势和作战总体目标决定自己的行动。"[1]边缘作战力量要能够协同行动，这种作战协同是以跨军种的横向直接协同为主的协同。"如对同一作战目标既可以用海军舰艇发射导弹攻击、又可用空军飞机突防打击，还可选择特种兵渗透袭击等，总之用最优方案、最突然手段，达成最佳效果。"[2]边缘作战能够获得胜利的必要条件是，信息流不会受到过度限制构成组织的关键特征，其中组织的关键部分共享感知，并且个体部分的动作可以自主协同。

4. 自适应：自己适应环境

边缘指挥与控制的自适应是指在应对战场态势或环境变化的需要时，调整部队组织体系和工作过程的能力。作为边缘指挥与控制的重要属性之一，自适应是就内部而言的，其行为主要包括：信息分发方式的调整，包括分发对象、内容和路径等；联合、合同或协同

---

① 胡晓峰. 战争科学论——认识和理解战争的科学基础与思维方法[M]. 北京：科学出版社，2018：302.
② 吴中和，朱小宁. 多域战：美军推动联合作战新"抓手"[N]. 解放军报，2017-11-30（11）.

方式的调整；组织结构、指挥与控制关系的重构；工作流程的调整等。这种自适应能力的发展能够直接促进其他能力的发展，能更加有效地应对边缘作战的各种任务。在以往层级式、宝塔式指挥体系下，"作战指挥通常按照自上而下的层级顺序进行，上下级之间纵向联系多、横向沟通少，使各作战单元处于信息孤岛状态。"[①]在边缘作战中，指挥与控制单元或行动单元可按照具体冲突需求，促成原来分属不同组织的各种单元快速、智能、战略性转换、分解和重组，依据赋能或释能快速重组可获取的战场资源，生成成本较低廉的具有多样性和适应性的多域杀伤链，可以应对诸如城市战、荒漠战、无人岛屿值守等多作战场景，以及各种突发性事件。任务完成后，重组的单元可以释放回归到原来的系统，彻底改变军事行动的时间周期和作战体系的适应性。

5. 自评估：自己评估完成任务

边缘指挥与控制是一种自我调节型的指挥方式，横向沟通频繁，作战力量必须不断地适应变化的战斗环境，实施必要的紧密协同。这种协同通过局部行为实现，而不是通过中心支配实现。因此，边缘指挥与控制应具备评估完成任务的能力，为发布任务及构建任务组织提供依据，为任务的实现提供合理保证。自评估表现在对作战要素、资源和能力的理性认知，形象地说就是我们在建立一个完成任务的微信群时，对哪些人具备入群的条件有一个清晰的认知。同时，边缘指挥与控制各类权限、资源可灵活转移和配置，必须解决随之而来的监管问题，建立奖惩机制，以利于边缘组织共同参与任务的完成。边缘指挥与控制的资源是动态构建的，它的指挥系统（"神经中枢"）、控制系统（"手脚"）、情报侦察系统（"耳目"）、通信系统（"神经脉络"）、火力打击系统（"拳头"）等可以临时来自不同的单位，形成一个新的自组织。其指挥与控制的有效性依赖于灵活重组的各参与方主动加入与积极协作，因此必须建立奖惩机制。一方面鼓励具备相应资源的边缘组织共同参与任务的完成，在完成任务后，对提供"耳目""手脚""拳头"的组织进行"好评"和激励。另一方面，对出于保存实力、具备相应资源而没有积极协作的边缘组织进行复盘分析和惩罚，避免类似事件的发生。

B.3.3　边缘指挥与控制的模式：任务式和事件式融合驱动模式

边缘作战过程中，预料不到的机会和冲突会随时出现，要求一线指挥员临机决策并勇于承担责任，因此边缘指挥与控制的基调是自主决策，主要实施以自组织为特征的自下而上的事件式指挥。同时当情况变化超出边缘组织的能力时，需要与上级保持密切联络，及时获得上级的指导和帮助。上级将在远方关注边缘情况。因此也需要实施以他组织为特征的自上而下的任务式指挥，也即自组织和他组织的有机结合。

[①] 赵秋梧. 自组织的信息化作战[J]. 南京理工大学学报（社会科学版），2009，22（2）：109.

1. 以他组织为特征的任务式指挥

任务式指挥是一种自上而下的指挥与控制方式，主要是他组织形式，也是实现边缘作战指挥与控制的主要方式之一。其基本内涵是统一意图下的按级指挥，上级通过明确作战意图和下放指挥权，充分发挥下级的主动性和创造性，使其在充满不确定性的战场上及时决策、果断行动。它"既打破了以全能型指挥员为核心的'团体迷思'（Group Think）效应，又可防止下级出现各自为政的局面。"[①]任务式指挥的中心化特征虽然很明显，但并非单纯的集中指挥或分散指挥，"而是一种分散与集中融为一体的指挥方式。"[②]任务式指挥的集中，主要体现在统一的意图上；任务式指挥的分散，主要体现为一定程度的决策和行动自由。网络信息时代的作战强化了分散指挥及授权下级和参谋人员及时做出反应的需要。因此，上级指挥员应聚焦"做什么"和"为什么"，而不是聚焦行动的细节，应该让下级发挥主观能动性，以增强灵活性和效率。国外一些军队将任务式指挥能力作为未来作战所需能力的第一项能力，即在任务条件下对任何编组实施任务式指挥的能力。这与边缘作战的使命任务快速变化是高度吻合的。

2. 以自组织为特征的事件式指挥

事件式指挥是实现边缘作战指挥与控制的另一种主要方式，与任务式指挥相反，它是一种自下而上的指挥与控制方式，因此主要是自组织的。未来边缘作战充满不确定性，加之很多关键时刻需要现场决策，谁在最前沿，往往谁就最熟悉当前态势情况，也就最能做出合适的决策。事件式指挥是处理边缘作战不确定性的最佳方式。OODA 环和"观察—判断—决策—行动"周期随着指挥层级的降低而缩短。下放决策权，降低决策门槛，确保部队的行动自由，可以有效提高作战指挥的时效性。因此需要下放部分决策权，减少上级决策的压力，提高下级决策的灵活性和速度。事件式指挥"实现的方法是下级发挥主动性，并进行必要的协同。"[③]指挥员应当接受下级的冒险和失误，增进信任和相互理解，与下级保持交流，并培育团队精神。

3. 边缘指挥与控制是自组织和他组织的有机结合

一直以来，指挥与控制的实现形式主要是他组织。军队通过这种自上而下的机制分配资源和发挥力量。网络信息化条件下，战场空间多维、参战力量多元、战场态势多变，指挥与控制很大程度上呈现出自任务、自组织、自行动、自适应、自评估的特征，需要自己发现任务、自己寻找资源和伙伴、根据任务决定自己的行动，同时具备自己适应环境和自己评估完成任务的能力。显然，单纯地依靠任务式指挥和事件式指挥难以满足现代战争的要求。实际上，边缘指挥与控制需要他组织和自组织两种组织形式，两者在指挥与控制过程中不断适应，并且进行快速转换。边缘指挥与控制既需要自组织这只"看得见的手"，也

---

① 杨洋，王云雷. 任务式指挥为不确定性的应对提供新思路[J]. 指挥与控制学报，2018，4（4）：332.

② 曹继锴，等. 集中还是分散？——美军任务式指挥解析[J]. 国防科技，2015（5）：85.

③ 张维明，等. 多域作战及其指挥与控制问题探析[J]. 指挥信息系统与技术，2020，11（1）：5.

需要他组织这只"看不见的手"，是自组织和他组织的有机结合。在大环上主要是他组织起作用，需要经过"任务规划/规划调整、任务准备、任务执行、任务评估"等环节；在小环上则主要是自组织起作用，一线部队按照"激励、假设、选择、响应"，或按照"观察、调整、决策、行动"的步骤来应对各种情况，他组织成了"看不见的手"。他组织和自组织都要用好，努力形成自上而下和自下而上的协同指挥格局。边缘指挥与控制的过程模型如图 B-2 所示。

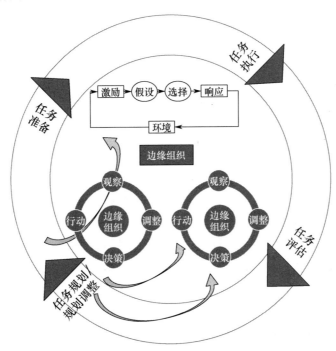

图 B-2　边缘指挥与控制的过程模型

一方面，边缘作战的自组织趋势并不完全排斥他组织。边缘组织接受上级组织赋予的任务，是他组织的一员，需要接受他组织的框架约束。这种约束主要通过贯穿整个组织中的自我约束以加强。而且中心化是相对而言的，边缘指挥与控制可能仍然存在中心，只是这一中心是下沉的、游离的，藏匿在所有边缘单元中。边缘指挥与控制从崛起到融入重组或变革成新的中心化 C2，一般要经历四个步骤。

一是赋能，即某边缘单元重组局部资源，应对突发事件。赋能后，边缘单元实现职能转换，由行动单元转向"指控+行动"单元。

二是局部重组，即崛起的边缘单元与整合的边缘单元共同构成新的组织。

三是中心化指挥与控制重组或变革，一方面是适应崛起的边缘，另一方面是应对战场全局态势的变化。

四是边缘回归，崛起的边缘组织整体融入重组或变革后的中心化指挥与控制体系，形成新的常态。另外，边缘组织更需要有自组织的特性，主动围绕发现的任务形成任务联盟。

他组织和自组织之间并没有绝对的边界，关键要在二者之间找到最佳结合点。

B.4　边缘指挥与控制能力的提升途径

边缘指挥与控制需要自组织、自同步、信息的有效共享，以及一线指挥员敢于负责任、敢于主动思考解决问题的态度，应发展边缘信息技术、建立敏捷的网状组织、打破传统的部门藩篱和创造宽松的体制环境的文化土壤。

B.4.1　发展先进的边缘信息技术

在军事领域，指挥与控制作为"力量输出"的核心，一直紧跟着信息技术的发展快速迭代升级。边缘指挥与控制的产生同样得益于边缘信息技术的异军突起。边缘指挥与控制要进一步发展，无疑需要边缘信息技术持续不断的支撑。所谓的边缘信息技术，主要指能将权限、信息及能力赋能于边缘，从而构建起一个自组织和他组织相结合，收放自如、进退裕如、灵活多变的敏捷组织，以增强末端力量投射能力的技术。边缘信息技术主要包括边缘网络、边缘数据和边缘智能技术，其中边缘网络和边缘计算是基础，边缘智能是释放能力的倍增器。科学技术是推动指挥与控制进步的原动力。提升边缘指挥与控制能力应大力发展边缘信息技术，基于此技术构建边缘智能指挥与控制系统，向军事指挥与控制应用提供态势动态感知、权限下放、算力共享协同、装备智能协作、后勤联合保障等边缘智能服务，实现边缘作战态势感知、资源动态构建和功能重组、边缘指挥与控制能力的聚合，进而促进指挥与控制的革命性变化。

B.4.2　建立敏捷的网状组织

层级管理、追求效率的中心化组织是根植于工业革命的产物，它在解决确定性问题时得心应手，但敏捷性和韧性显然不足。打破层级架构，强调个性化的灵活设置，构建去中心化的网状组织在效率上未必高于传统组织，但这种网状组织拥有充分的调整适应能力，易于"实现 C2 结构与流程可重构、可重组，即柔性设计。"[①]它不会因为一个节点的失败或损失而崩溃。曾经担任驻伊拉克、阿富汗美军司令官的麦克里斯特尔在认清"基地"组织适应力强和网络化的特质后，就意识到特遣部队僵硬的、自上而下的架构的弊端，并积极开展去中心化。特遣队不断地"去中心化"，直到"去中心化"到了让其不舒服的地步。

B.4.3　打破传统的部门藩篱

边缘作战框架下，作战窗口稍纵即逝，只有突破"深井"、打破部门藩篱，实现作战要素深度融合乃至无缝融合，才能创造优势窗口，为边缘作战部队达到己方既定目标创造机动自由。作战要素融合化是边缘作战理论框架下的一个突出特点。没有作战要素的深度融

① 阳东升，张维明. C2 过程与机理的尺度关联性分析[J]. 指挥与控制学报，2019，5（3）：204.

合化，就没有边缘作战。边缘作战要求在时间、空间上跨多个域、多种作战环境，整合与运用军队乃至非军事部门的力量、致命能力与非致命能力，这就要求具备能够将上述作战资产有效整合起来的新框架、新条令、新组织、新能力。边缘作战强调的融合，从军兵种看，是由形式组合转向功能耦合。或许在过去，陆军与海军在共同参与的军事行动中也强调联合，但这种联合是松散的，甚至形式重于内容。具体而言，陆军的特种部队与海军的海豹突击队，所处理的问题没有多大关联，它们各自为战也没有什么问题。在边缘作战中，这种情况将被最大限度地避免，它更加注重行动速度、协调与同步。防空力量可能由陆军部队实施，反导任务可能由海军陆战队担负。一线指挥员将努力运用来自各域的、建制内及外部的各种能力，为边缘作战部队提供互补的能力。如此，以往军种能力短板将得到弥补，边缘作战部队将更具敏捷性。

B.4.4 创造宽松的体制环境

边缘一定要重视人的主观能动性的发挥。因此，需要创造宽松的体制环境，在组织中培育一种宽松文化，让组织中所有的个体都能进行创造性的思考，反对简单地执行命令。"中国传统文化的重群轻人意识过分强调团队精神与人际关系，而不鼓励独立个性与自由探索"[1]，这种文化一般说来利于团队发挥而不利于个体创新。鲁迅先生在百年以前曾针对中国重群体轻个人的传统文化，发出了"任个人而排众数"[2]的呼吁，与马克思、恩格斯"每个人的自由发展是一切人的自由发展的条件"[3]的经典理论相一致，值得百年之后关心指挥与控制主动性和创造性发挥的人们深思。如果能培育出尊重创造、平等交流、宽容失败的体制环境和文化氛围，则可以期待边缘指挥与控制模式必将得到大力贯彻和推广。

---

[1] 黄松平，朱亚宗. 关于中国工程首创性的文化思考[J]. 工程研究——跨学科视野中的工程, 2015, 7（01）：39.

[2] 鲁迅. 鲁迅全集：第 1 卷[M]. 北京：人民文学出版社, 1991: 46.

[3] 马克思，恩格斯. 共产党宣言[M]. 中共中央编译局, 译. 北京：人民出版社, 1964: 46.

参 考 文 献

[1] 张黎，李德毅，曾占平. 发展中的指挥自动化[M]. 北京：解放军出版社，2004.

[2] 强军. 指挥与控制组织全闭环测试分析方法研究[D]. 长沙：国防科学技术大学，2012.

[3] Boettcher K L, Levis A H. Modeling the interacting decisionmaker with bounded rationality[J]. IEEE Transactions on Systems, Man, and Cybernetics, 1982, 12(3): 334-344.

[4] Boettcher K L L. An information theoretic model of the decision maker[D]. Massachusetts Institute of Technology, 1981.

[5] Boettcher K L, Levis A H. Modeling and analysis of teams of interacting decisionmakers with bounded rationality[J]. Automatica, 1983, 19(6): 703-709.

[6] Pub J. Doctrine for Joint Operations[J]. Washington, DC: Government Printing Office, 1995.

[7] Brehmer B. From function to form in the design of C2 systems[C]//Proceedings of the 14th International Command and Control Research and Technology Symposium, Washington, DC. 2009.

[8] Wohl J G . Force management decision requirements for air force tactical command and control[J]. IEEE Transactions on Systems, Man, and Cybernetics, 1981, 11(9): 618-639.

[9] SAS N. 050. Exploring New Command and Control-Concepts and Capabilities-Final Report[J]. 2006.

[10] Alberts D S, Hayes R E. Understanding command and control[R]. ASSISTANT SECRETARY OF DEFENSE (C3I/COMMAND CONTROL RESEARCH PROGRAM) WASHINGTON DC, 2006.

[11] Alberts D S, Huber R K, Moffat J. NATO NEC C2 maturity model[R]. OFFICE OF THE ASSISTANT SECRETARY OF DEFENSE WASHINGTON DC COMMAND AND CONTROL RESEARCH PROGRAM (CCRP), 2010.

[12] Alberts D S, Hayes R E. Power to the edge: Command control in the information age[R]. Office of the Assistant Secretary of Defense Washington DC Command and Control Research Program (CCRP), 2003.

[13] Atkinson S R, Moffat J. The agile organization: From informal networks to complex effects and agility[R]. ASSISTANT SECRETARY OF DEFENSE (C3I/COMMAND CONTROL RESEARCH PROGRAM) WASHINGTON DC, 2005.

[14] Garstka J, Alberts D. Network centric operations conceptual framework[M]. Evidence Based Research, Incorporated, 2004.

[15] Office of Force Transformation. NCO Conceptual Framework，Version 2. Prepared by Evidence Based Research，Inc. Vienna，2004.

[16] Manso M, Manso B. N2C2M2 Experimentation and Validation: Understanding Its C2 Approaches and Implications[R]. EDISOFT SA MONTE CAPARICA (PORTUGAL), 2010.

[17] Manso M, Moffat J. Defining and measuring cognitive-entropy and cognitive self-synchronization[R]. MINISTRY OF DEFENCE SALISBURY (UNITED KINGDOM) DEFENCE SCIENCE AND TECHNOLOGY LABORATORY, 2011.

[18] Manso M. N2C2M2 validation using abELICIT: Design and analysis of ELICIT runs using software agents[J]. 2012.

[19] Ruddy M. ELICIT—The Experimental Laboratory for Investigating Collaboration, Information-sharing and Trust[J]. 2007.

[20] http://www.dodccrp.org/html4/elicit.html.

[21] Ruddy M. ELICIT 2.2.1 Web-based Software Guide For Human Experiment Directors[J]. Parity Communications, 2008（12）.

[22] Ruddy M, Wynn D M, McEver J. Instantiation of a sensemaking agent for use with ELICIT experimentation[C]//14th International Command and Control Research and Technology Symposium, Washington DC, USA, 2009.

[23] 高云，沙基昌，罗雪山. 指挥与控制参考模型[J]. 计算机仿真，2000（3）.

[24] 高云，沙基昌，罗雪山. 指挥与控制参考模型研究进展[J]. 火力与指挥与控制，1999（4）.

[25] 高云，沙基昌，罗雪山. 指挥与控制参考模型综述[J]. 火力与指挥与控制，1999（1）.

[26] 阳东升，张维明，刘忠. 指控组织设计方法[M]. 北京：国防工业出版社，2010.

[27] 阳东升，强军，张维明，等. 指挥与控制组织资源集成策略与方法[J]. 系统工程理论与实践. 2011（12）.

[28] Liu Zhong， Yang Dongsheng， Wen Ding. Cyber-Physical-Social Systems for Command and Control，IEEE Intelligent Systems，vol.26（4）：92-96.

[29] Qiang Jun， Yang Dongsheng， Liu Zhong. Controller Agent for Distributed C2 Organization. International Conference on Fuzzy Systems and Knowledge Discovery (ICNC'10-FSKD'10)，August 2010 in Yantai，China.

[30] Qiang Jun， Yang Dongsheng， Liu Zhong. Integration Environment of Test Bed for C2 Organization，International Conference on Management and Service Science，2010.

[31] 季德源. 中华军事职官大典[M]. 北京：解放军出版社，1999.

[32] Baron Antione Henri de Jomini. The Art of War. New York，NY: Greenhill Press，1838.

[33] 吴皓. 作战控制概念辨析[J]. 国防大学学报, 2005 (8): 68-70.

[34] Creveld，Martin van. Command in War. Cambridge，MA: Harvard University Press, 1985.

[35] Lawson J S. Command and control as a process[M]. IEEE Control Systems Magazine，1981（3）：5-12.

[36] Boyd J. A discourse on winning and losing. Maxwell Air Force Base，AL: Air University Library Document No. M-U 43947 (Briefing slides) .

[37] Brehmer B. The Dynamic OODA loop: Amalgating Boyd's OODA loop and the cybernetic approach to command and control. Proceedings of the 10th International Command and Control Research and Technology Symposium，McLean，VA.

[38] Alberts , Hayes. Planning: Complex Endeavors. Washington，DC: CCRP，2007：29.

[39] Alberts , Hayes. Understanding Command and Control. Washington，DC: CCRP，2006：154.

[40] Lawson J S. Command and control As a Process[M]. IEEE Control Systems Magazine，1981（3）：7.

[41] Raymond J Charles Ristorcelli. Information WarfareProgramDirectorate (PD-16). Information Warfare Implementation Plan andAcquisition Strategy. Washington，DC: Space & Naval Warfare Systems Command (SPAWAR)，1996.

[42] Hammond，G T. The mind of war. John Boyd and American Security. Washington: Smithsonian Press.

[43] Boyd J R. An essay on winning and losing[OL]. http://defence and the national interest. d-n-i-net，2001.

[44] Brehmer B. The Dynamic OODA Loop: Amalgamating Boyd's OODA Loop and the Cybernetic Approach to Command and Control[C]. Department of War Studies Swedish National Defence College, 2005.

[45] Rousseau R，Breton R. The M-OODA: A Model Incorporating Control Functions And Teamwork In The OODA Loop[C]. Decision Support Systems Section Command and Control Process Modeling GroupDefence Research and Development Canada – Valcartier. 2004.

[46] 代建民，齐欢. C4ISR 系统的指挥与控制认知模型[J].兵工自动化, 2005, 24(4): 1-2.

[47] 石少勇, 王精业, 陈启宏, 等. 基于信息加工理论的指挥决策行为建模研究[J]. 系统仿真学报, 2012, 24(9): 1988-1992.

[48] 鱼静, 王书敏, 王峰, 等. 指挥与控制行为模型研究[J]. 舰船电子工程, 2015, 35(9): 20-23.

[49] 周丰. 指挥与控制系统模型的分析与扩展[J]. 2014 第二届中国指挥与控制大会论文集 (上), 2014.

[50] 阳东升, 姜军, 王飞跃. 从平台到体系: 指挥对抗活动机理的演变及其 PREA 环对策[J]. 指挥与控制学报, 2018, 4(4): 263-271.

[51] 王照稳, 付明华. 现代战场战斗力生成新的增长点——信息化战争认知域作战探析[N]. 解放军报, 2015-07-28（10）.

[52] 罗爱民, 刘俊先, 曹江, 等. 网络信息体系概念与制胜机理研究[J]. 指挥与控制学报, 2016, 2(4): 272-276.

反侵权盗版声明

电子工业出版社依法对本作品享有专有出版权。任何未经权利人书面许可，复制、销售或通过信息网络传播本作品的行为；歪曲、篡改、剽窃本作品的行为，均违反《中华人民共和国著作权法》，其行为人应承担相应的民事责任和行政责任，构成犯罪的，将被依法追究刑事责任。

为了维护市场秩序，保护权利人的合法权益，我社将依法查处和打击侵权盗版的单位和个人。欢迎社会各界人士积极举报侵权盗版行为，本社将奖励举报有功人员，并保证举报人的信息不被泄露。

举报电话：（010）88254396；（010）88258888
传　　真：（010）88254397
E-mail：　dbqq@phei.com.cn
通信地址：北京市万寿路 173 信箱
　　　　　电子工业出版社总编办公室
邮　　编：100036